铁路信号集中监测典型案例分析

《铁路信号集中监测典型案例分析》编委会　编

中国铁道出版社有限公司

2020年·北京

内 容 简 介

本书主要通过铁路信号集中监测图形曲线对转辙机道岔控制电路、轨道电路、信号机点灯电路的典型故障进行分析，涉及 ZYJ7 型液压转辙机、S700K 型电动转辙机、ZD6 型电动转辙机、25 Hz 相敏轨道电路、ZPW-2000A 型轨道电路等多种设备，对故障发生的原因进行分析总结，以提高现场工作人员在设备故障处理时的应急处置能力，缩短故障处理时间。

本书可作为铁路信号设备维护人员学习和培训用书，也可供信号工程技术人员学习和参考。

图书在版编目(CIP)数据

铁路信号集中监测典型案例分析/《铁路信号集中监测典型案例分析》编委会编．—北京：中国铁道出版社有限公司，2020.10
ISBN 978-7-113-27014-8

Ⅰ.①铁… Ⅱ.①铁… Ⅲ.①铁路信号-监测系统-故障诊断-案例 Ⅳ.①U284.91

中国版本图书馆 CIP 数据核字(2020)第 109266 号

书　　名：铁路信号集中监测典型案例分析
作　　者：《铁路信号集中监测典型案例分析》编委会

责任编辑：李嘉懿　　**编辑部电话**：(010)51873147　　**电子信箱**：ljy_jtu@163.com
封面设计：尚明龙
责任校对：焦桂荣
责任印制：高春晓

出版发行：中国铁道出版社有限公司(100054，北京市西城区右安门西街 8 号)
网　　址：http://www.tdpress.com
印　　刷：国铁印务有限公司
版　　次：2020 年 10 月第 1 版　2020 年 10 月第 1 次印刷
开　　本：787 mm×1 092 mm　1/16　印张：12.75　字数：310 千
书　　号：ISBN 978-7-113-27014-8
定　　价：48.00 元

编 委 会

前　　言

铁路信号集中监测系统是铁路信号系统重要组成部分之一，能 24 h 实时监测信号设备运用情况，记录信号机、轨道电路、转辙机、继电器、电源屏、计算机联锁等设备的模拟数据量和开关数据量，为信号维护人员维护设备和处理故障提供参考信息。本书通过研究、分析转辙机、轨道电路和信号机典型故障模拟曲线、继电器开关量及相关电路图纸，结合相关信号设备工作原理剖析集中监测系统记录的故障数据成因，研判信号设备故障时可能存在的问题点，为现场维护人员在设备故障处理时提供思考方向，以提高故障处理人员的应急处置能力，缩短故障处理时间。

全书共分三章，分析、总结了 63 个转辙机、轨道电路、信号机典型故障案例。第一章道岔监测曲线典型案例分析，介绍 ZYJ7 型电液转辙机、S700K 型电动转辙机、ZD6 型电动转辙机动作电流曲线、表示电压的集中监测采样点，分析道岔在不同故障状态下的动作电流曲线和功率曲线的成因，研判造成设备故障可能存在的问题处所。第二章轨道电路监测曲线典型案例，对 25 Hz 相敏轨道电路、ZPW-2000A 型轨道电路电缆混线、钢轨断轨、绝缘破损等典型故障案例进行深入分析。第三章信号机监测曲线典型案例分析，分析区间通过信号机、站内信号机最容易发生问题的典型案例，剖析问题的根源。

本书由中国铁路广州局集团有限公司株洲职工培训基地组织编写，由中国铁路广州局集团有限公司职工培训部组织编审。第一章由欧阳征、朱国纬、杨彩虹、向志平、徐世健编写。第二章由谢立、黄婉莹、邓礼万、白龙飞、李建忠、雷飞、张俊兴编写。第三章由欧阳征、万九云编写。在编写、审定过程中得到了有关单位的大力支持，在此一并表示感谢。

编者本着深入浅出、图文并茂、通俗易懂的原则编写教材，但由于时间仓促和编者水平所限，教材中不免有疏漏、不妥之处，望读者提出宝贵意见。

编委会

2019 年 5 月

目　　录

第一章　道岔监测曲线典型案例分析

铁路信号轨旁设备包括转辙机、轨道电路、信号机三大件。道岔是使机车车辆从一股道转入另一股道的线路连接设备，以往道岔的转换需通过人工手扳控制，人工检查开通位置，效率低且受人为因素影响，安全性不高，而通过 ZYJ7 型、S700K 型、ZD6 型转辙机远程控制牵引道岔转换，再通过电气接点和安全型继电器检查开通位置，其安全可靠性、工作效率大大提高。由于 ZYJ7 型、S700K 型、ZD6 型转辙机及用于道岔转换的锁闭连接杆件安装在工务枕木、钢轨上，连接控制电路与转辙机的信号电缆埋设在铁路、公路、山坡及田埂下，其工作受外界环境影响大，通过集中监测系统实时监测、记录转辙机动作时的工作电流、工作功率、表示电压及继电器开关量，并设定上、下限数值和道岔正常动作参考曲线，能及时预警道岔设备异常情况，为信号维护人员处理道岔隐患提供参考数据，以实现对道岔设备的状态修。

第一节　ZYJ7 型转辙机提速道岔典型案例分析

ZYJ7 型转辙机提速道岔在高速铁路、普速铁路中广泛使用，集中监测系统对 ZYJ7 型转辙机提速道岔工作状态监测，主要采集第一道岔启动继电器(1DQJ)开关量、道岔动作电流、动作功率、道岔表示电压值。

下文通过对 ZYJ7 型转辙机提速道岔 18 个故障案例动作电流曲线和功率曲线成因的分析，判断造成设备故障可能存在的问题处所。其中第一至第三个案例主要分析 ZYJ7 型转辙机动作到位时，二相 380 V 电源接通二极管电阻支路形成的电流“小台阶”曲线变化；第四至第十一个案例主要分析机械特性电缆芯线造成道岔动作电流曲线锯齿波的成因，及类似曲线问题的查找；第十二至第十五个案例主要分析室内器材故障时道岔动作电流曲线的表象；第十六至第十八个案例主要分析室外设备部件不良时集中监测表示电压、动作电流曲线的变化特征。

一、ZYJ7 型转辙机道岔集中监测采样原理

(一)ZYJ7 型转辙机道岔集中监测采样原理

集中监测设备对 ZYJ7 型转辙机道岔的采样主要由 1DQJ 状态采样、道岔动作电流采样和表示电压采样组成。

1. 道岔 1DQJ 开关量采样

对道岔 1DQJ 开关量的采样，使用开关量采集器，采集 1DQJ 的落下接点来监测道岔的转换起止时间，如图 1—1 所示。

就近将开关量采集器安装在道岔组合 1DQJ 背面。

2. 道岔动作电流采样

道岔动作电流的采样原理及安装配线如图 1—2、图 1—3 所示，采样形式为将道岔动作回

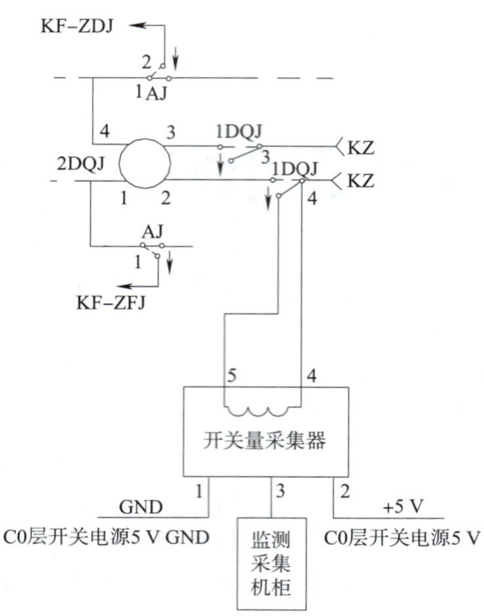

图 1－1　ZYJ7 型转辙机道岔 1DQJ 开关量的采样原理

线 A 相、B 相、C 相穿过道岔电流采集模块的穿心孔后接到原有端子上，穿线只需要一圈即可，采样次序与道岔 1DQJ 状态采样次序一一对应。

分散安装时，就近将采集模块安装在道岔断相保护器背面。

3. 道岔动作电压采样

对道岔 380 V 三相动作电压的采样(图 1－2)是从 DBQ(BDZ)断线保护器 11、31、51 端子各引一根线到电流/功率传感器模块。

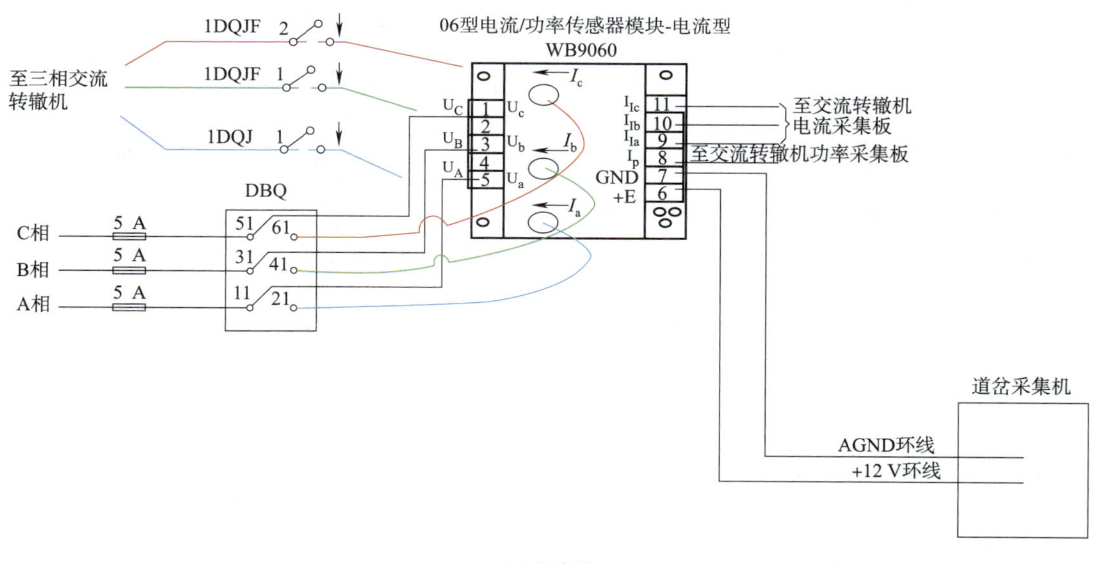

(a)电路图

图　1－2

(b)实物图

图1－2　ZYJ7型转辙机道岔动作电流采样原理

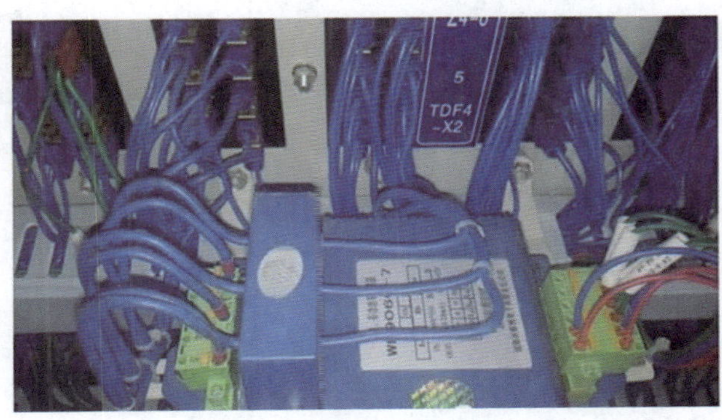

图1－3　ZYJ7型转辙机道岔电流/功率传感器模块安装及配线

4. 道岔表示电压采样

道岔表示电压的采样原理如图1－4所示，采样形式为在分线盘道岔控制线(X2与X4为一对，X3与X5为一对)与道岔表示采集板间使用多股铜芯软线连通。

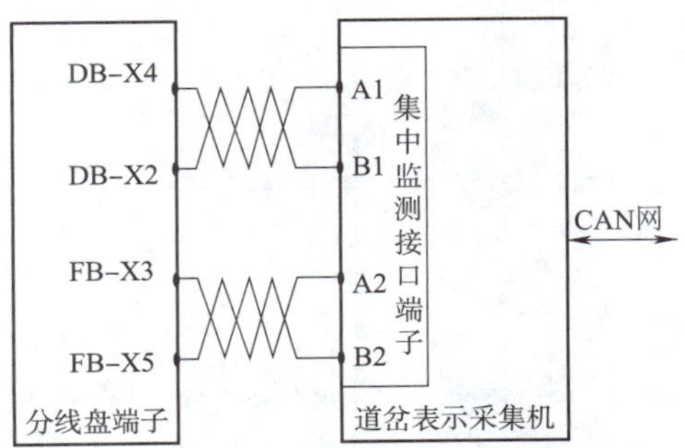

图1－4　ZYJ7型转辙机道岔表示电压采样原理

（二）ZYJ7 型转辙机道岔正常动作电流曲线采样

ZYJ7 型转辙机道岔转换分解锁—转换—锁闭三个过程，ZYJ7 型转辙机道岔单机启动电流小于或等于 5 A，ZYJ7 型转辙机道岔动作电流小于或等于 1.8 A，ZYJ7 型转辙机道岔动作时间小于或等于 9 s。

ZYJ7 型转辙机道岔正常动作电流曲线如图 1—5 所示。

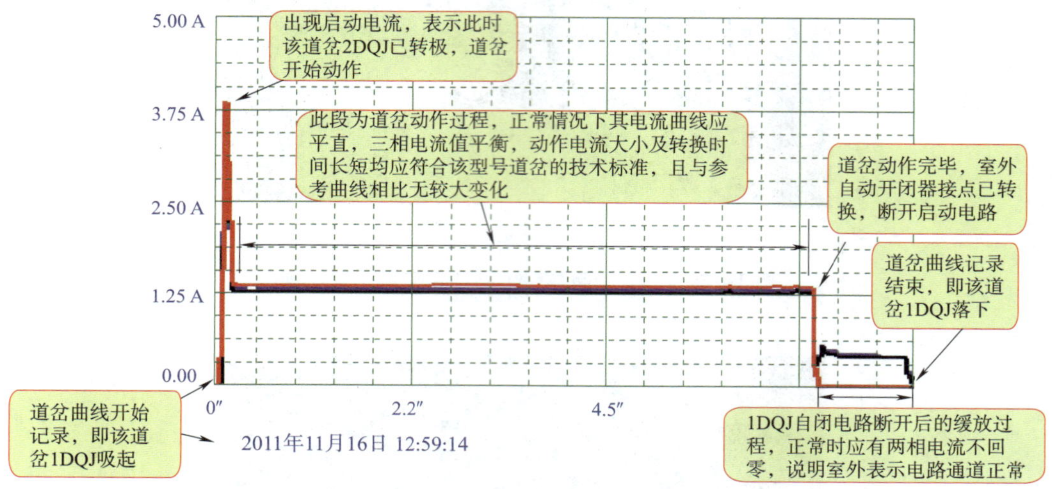

图 1—5　ZYJ7 型转辙机道岔正常动作电流曲线

（三）ZYJ7 型转辙机道岔故障时动作电流曲线采样

ZYJ7 型转辙机道岔转换不解锁、不锁闭或转换过程中空转时动作电流值将升高，如图 1—6 所示。

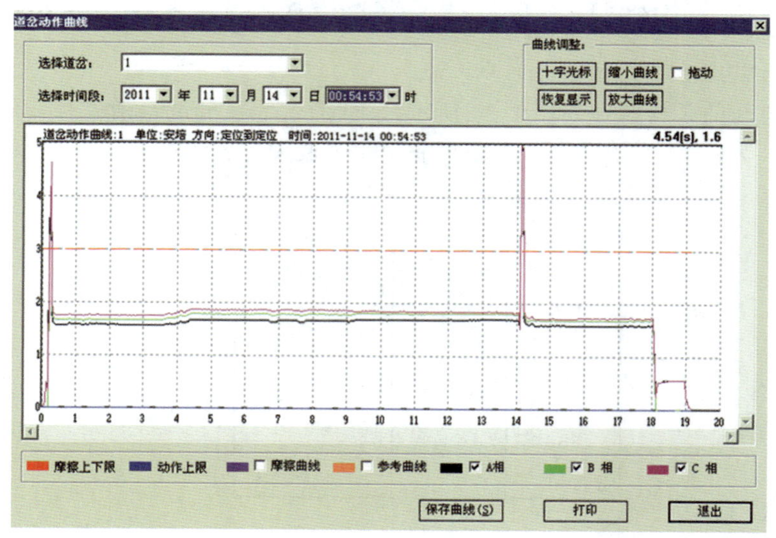

图 1—6　ZYJ7 型转辙机道岔动作电流故障曲线

二、ZYJ7 型转辙机道岔动作电流“小台阶”曲线变化

（一）案例概况

某年 9 月 8 日 18:10,11 号道岔在排列进路时，从定位操纵到反位时，道岔动作电流曲线和功率曲线存在“小台阶”前移现象，道岔到定位后有表示。反位操定位时也有类似现象。

（二）监测数据分析

1. 集中监测图形分析

(1)18:10:38,11 号道岔定位操反位，道岔动作电流曲线和功率曲线显示道岔转换、锁闭正常，控制电路复原后道岔有定位表示，但在道岔启动之前存在 1 s 的“小台阶”，此“小台阶”与道岔到位后的“小台阶”相似，如图 1－7 所示。

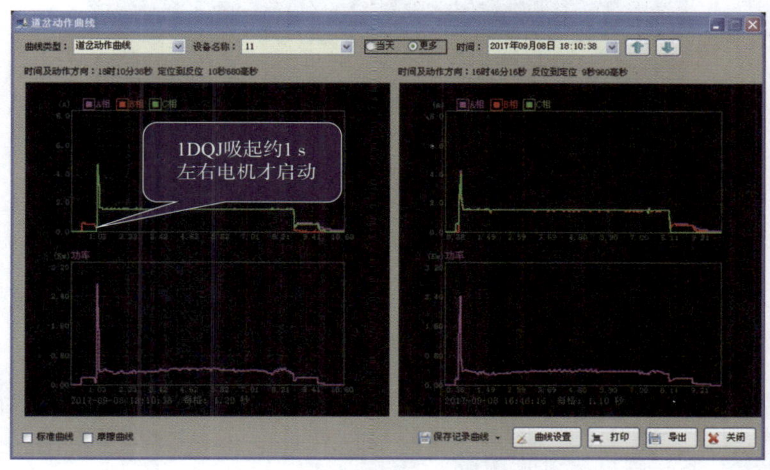

图 1－7　11 号道岔动作电流曲线和功率曲线

(2)“小台阶”前移至道岔启动电流曲线之前，且道岔动作到位后再次出现“小台阶”(图 1－7)，道岔能给出正常表示信息。说明 1DQJ、1DQJF 励磁后通过 2DQJ 接点接通了二极管和电阻支路，之后出现的启动电流是 2DQJ 转极后再接通转辙机三相电机的定子线圈所形成的电流，其原因是由于 2DQJ 动作迟缓所造成。若道岔 1DQJ、1DQJF 励磁后，2DQJ 因其他原因一直不转极，在操纵道岔过程中将只有“小台阶”电流曲线，而无道岔启动电流曲线，如图 1－8 所示。当调阅集中监测系统发现道岔动作电流曲线为图 1－7 所示曲线时，可以判断为 2DQJ 不良。如为图 1－8 所示曲线时，可以判断为 2DQJ 不良或其励磁电路故障，通过更换 2DQJ 快速判断故障范围。

(3)若道岔到位后没有“小台阶”，道岔无表示，说明道岔缺口调整不达标，将造成锁闭(检查)柱落在锁闭(检查)杆上平面故障，转辙机内表示电路第 2 排静接点(或第 3 排静接点)与动接点环断开，A 相与 C 相(或 B 相)电源至二极管电阻的通道被切断(图 1－9)，牵引道岔动作的三相电流将由工作电流值直接降为 0 A，不能形成道岔动作电流曲线的“小台阶”，如图 1－10 所示，而道岔工作电流的持续时间与正常动作时间一致。当道岔发生故障，调阅集中监测系统

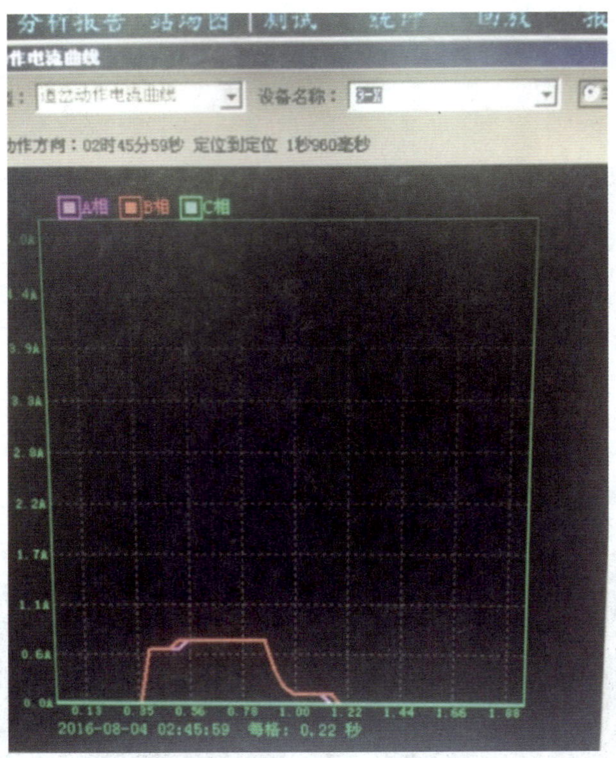

图 1—8　道岔动作电流曲线只有“小台阶”

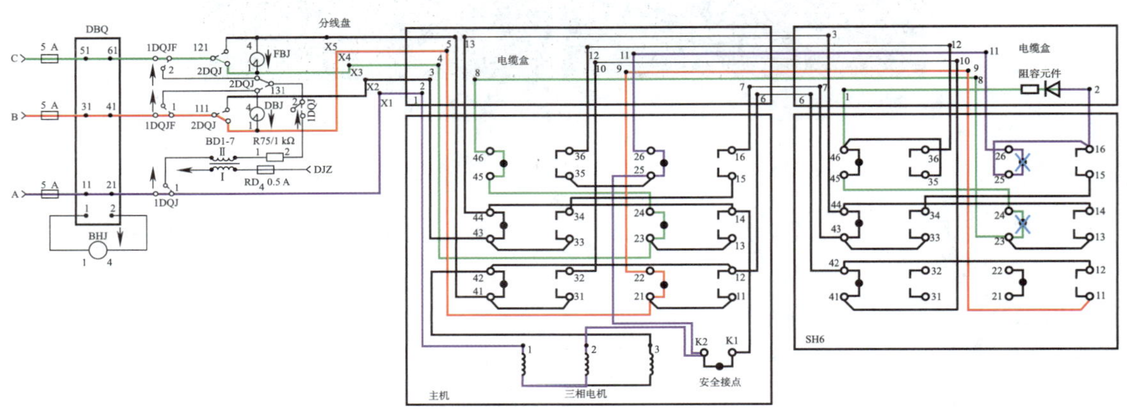

图 1—9　道岔操纵到位，1DQJ 缓放时间内动作电流流向

发现为此类型动作曲线时，可以快速判断为道岔卡缺口故障的概率在 90%以上。

当道岔转辙机主机与副机之间的表示电缆芯线断线、电缆芯线接触不良、自动开闭器动静接点间开路、密贴检查器拉簧弹力不达标（图 1—11）时，也会形成此类型动作曲线，但此类问题发生的概率均较小。

（4）若道岔未操纵到位，三相电源的电流值均直线下降为 0 A（没有“小台阶”），道岔无表示，说明道岔一、二、三动（三机牵引）或一、二动（双机牵引）动作不同步，在道岔转换到续操电

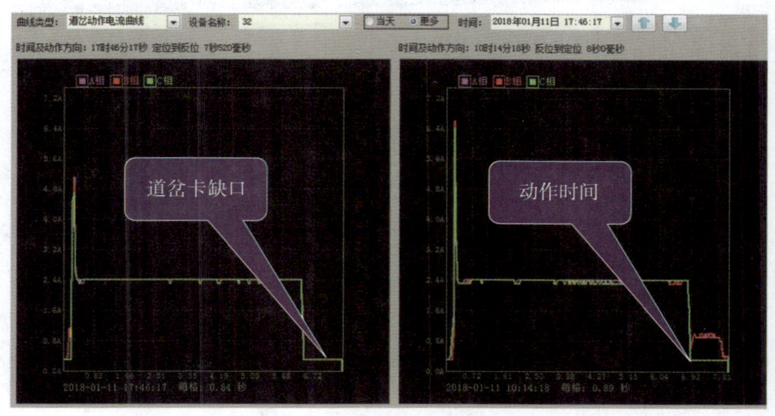

图 1－10　转辙机卡缺口时道岔动作电流曲线

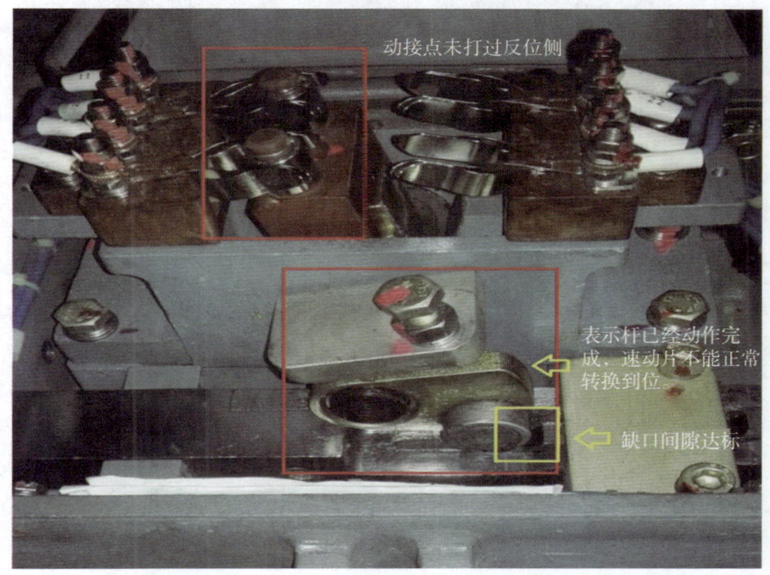

图 1－11　密贴检查器拉簧弹力不达标，不能拉动动接点转换

路过程中一、二动(三机牵引)或一动(双机牵引)的自动开闭器未快速切换到续操电路，三相电源被切断，造成道岔未操纵到位而无表示信息。如图 1－12 所示，白色和黄色动作曲线是标准的参考电流曲线，紫色、红色和绿色是道岔实际操纵的动作电流曲线，道岔实际动作时间比参考时间少 2 s 多；如图 1－13 所示，道岔从定位操反位正常时间为 7.6 s，而故障时动作电流曲线是 6.76 s，比正常动作时间少 0.84 s。

此类问题的特点是道岔故障时转换时间比正常动作时间短，发生的主要原因是道岔动作不同步，一、二动(三机牵引)或一动(双机牵引)卡缺口，未接通续操电路使三动(三机牵引)或二动(双机牵引)运行不到位。检查道岔是否操纵到位，可以检查 SH6 型转换锁闭器内启动片的滚轮位置，若滚轮在动作板平面上，说明道岔未操纵到位；若滚轮在动作板斜面上，且有 0.5 mm 以上间隙，说明道岔已经操纵到位。

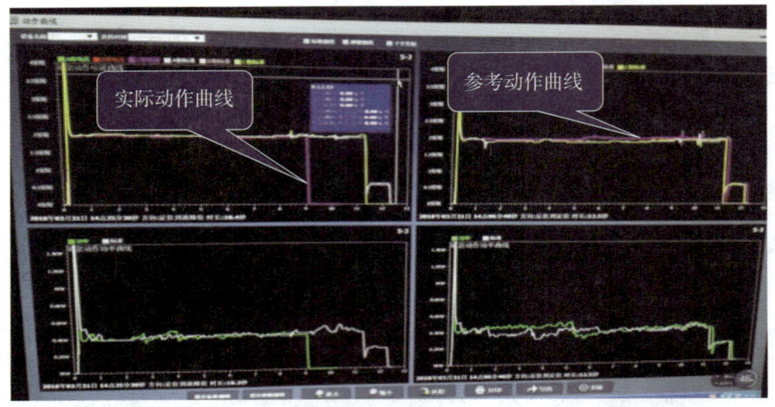

图 1－12　道岔未操纵到位动作电流曲线

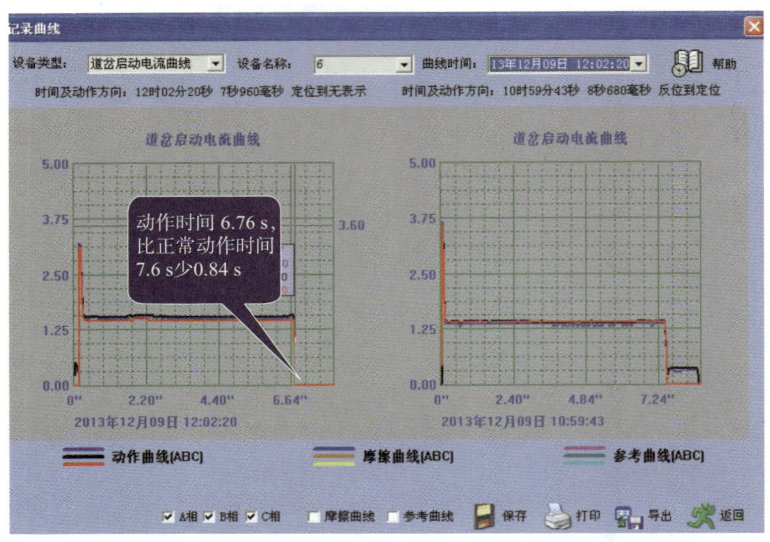

图 1－13　道岔未操纵到位动作电流曲线

2. 电路分析

“小台阶”的形成是三相电源的 A 相电源与 C 相(或 B 相)电源在二极管处相连,也就是 380 V 电源经过电阻、二极管连通成半波整流电路,如图 1－14 所示(R_L 为信号电缆芯线电阻值,根据电缆长度测算),道岔动作电流曲线的“小台阶”电流值就是转辙机动作电流经过电阻和二极管串联的半波整流后的电流值 0.57 A(不计信号电缆芯线电阻值)。0.57 A 的电流经过室外 300 Ω 表示电阻,在电阻上将产生 1 s 左右 97.47 W 的功率,故在道岔来回操纵后,此 300 Ω 电阻将电能转换为热能而有发烫的现象。若室外表示电阻短路,二极管上将承载大电流而被烧毁。

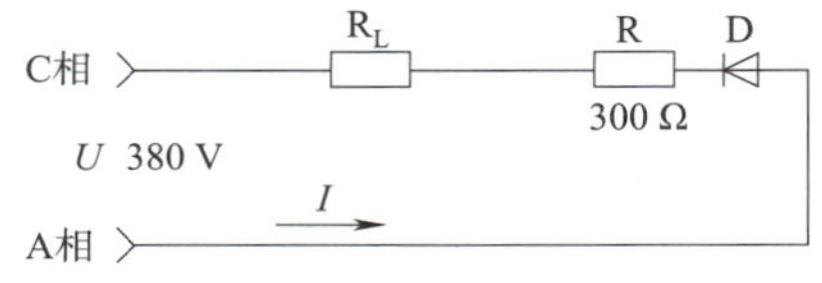

图 1－14　半波整流电路

（三）检查处理

更换电气特性发生变化的 2DQJ。

（四）总结

1. 通过观察道岔动作电流曲线的“小台阶”，可以快速缩小故障范围。

2. 道岔动作电流曲线的“小台阶”在道岔启动之前出现，说明 2DQJ 转换迟缓，电气特性发生变化或存在机械卡阻。

3. 道岔操纵到位后，动作电流曲线无“小台阶”，道岔卡缺口的问题概率在 90％以上。

4. 道岔操纵到位后，动作电流曲线“小台阶”电流值比平时偏高，说明二极管电路板存在放电问题，需及时检查二极管工作状态及工作环境，防止电路板因受潮而被击穿短路。如图 1－15 所示，道岔动作到位后“小台阶”明显壬高，加在二极管电阻支路上的二相 380 V 电源未经过半波整流，其电流值比道岔正常动作电流值大。

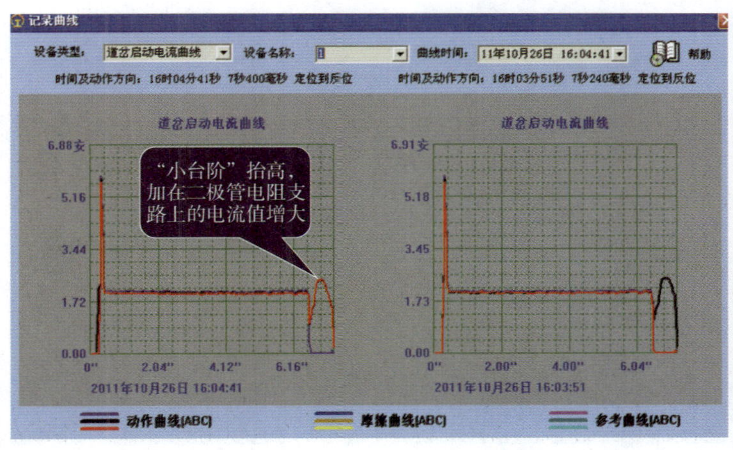

图 1－15　道岔表示电路二极管电路板被击穿动作电流曲线

5. 道岔操纵到位后，动作电流曲线“小台阶”电流值比平时偏低，说明二极管电阻支路中的电阻特性发生变化，存在电阻值逐步变大，加在二极管电阻支路上的二相 380 V 电源经过半波整流后，其电流值比正常电流值小，如图 1－15 右图所示。当室外电阻特性持续恶化，电阻值变化为无穷大是(开路)，则道岔定、反位操纵正常，定反位均无表示，如图 1－16 左图所示，其道岔动作电流曲线与道岔卡缺口、二极管开路故障现象一致。

如图 1－17 右图所示，道岔到位后动作电流曲线“小台阶”电流值正常，在图 1－17 左图中“小台阶”电流值只有正常值的一半，同时道岔表示电路的交、直流电压存在明显的变化。

如图 1－18 所示，当室外 300 Ω 电阻值增大时，定位直流表示电压从正常的 21.9 V 下降到 17.2 V，定位交流表示电压从正常的 59 V 上升到 69 V，室外测试道岔表示电路 300 Ω 电阻电压由正常的 12 V 上升到 20 V，更换电阻后正常。

6. 判断道岔是否操纵到位，可以检查 ZYJ7 型转辙机和 SH6 型转换锁闭器内启动片的滚轮位置，若滚轮在动作板平面上，说明道岔未操纵到位；若滚轮在动作板斜面上，且有 0.5 mm 以上间隙，说明道岔已经操纵到位。

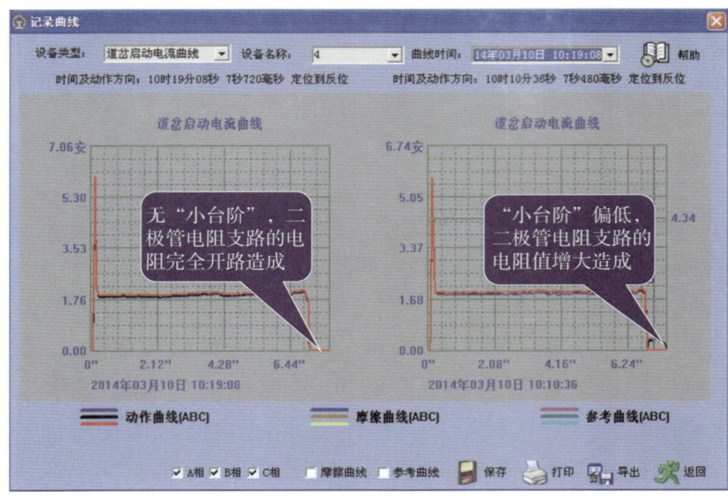

图 1—16　道岔表示电路室外 300 Ω 电阻不良时动作电流曲线 1

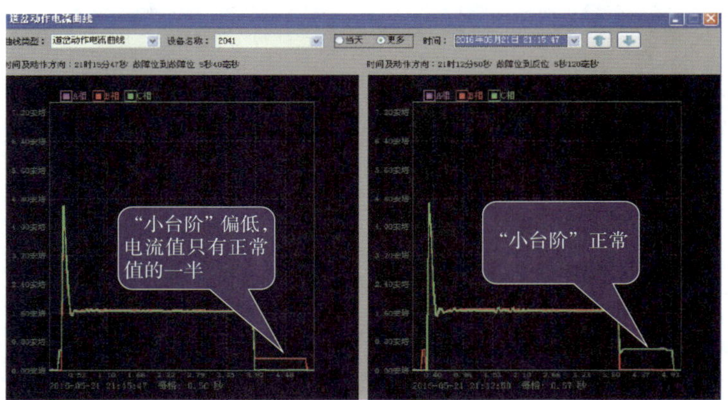

图 1—17　道岔表示电路室外 300 Ω 电阻不良时动作电流曲线 2

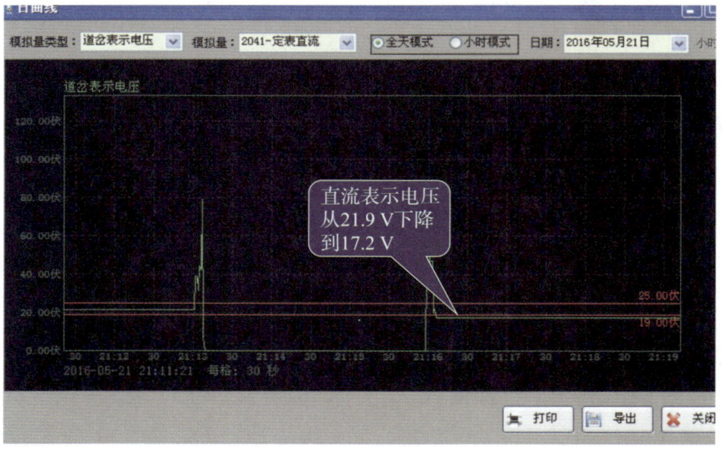

图 1—18　道岔表示电路室外 300 Ω 电阻不良时道岔直流表示电压曲线

三、ZYJ7 型转辙机动作电流“小台阶”由线变“高台阶”

(一)故障概况

某站的某组道岔心轨在排列进路时，从定位操纵到反位时，动作电流曲线的“小台阶”变成了“高台阶”，反位正常。

(二)监测数据分析

1. 集中监测图形分析

(1)道岔心轨反位操定位时，道岔转换 8 s 到位后出现“小台阶”，电流值为 0.6 A。而定位操反位，道岔转换到第 7.2 秒时，C 相电流值直线下降到 0 A，A 相和 B 相电流值从 1.8 A 上升到 2.2 A，形成“高台阶”，持续时间 0.7 s 左右，到第 8 秒时三相电流均下降为 0 A(图 1－19)。图形显示道岔反位操定位与定位操反位到位时间均为 8 s，但定位表示在第 9 秒多时显示，反位表示在第 8 秒时显示，显示时间早 1 s 左右。

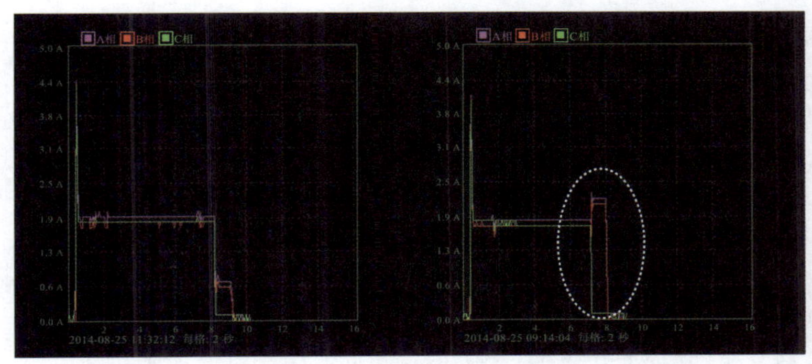

(a)反位操定位动作曲线　　(b)定位操反位动作曲线

图 1－19　道岔动作电流曲线

(2)从定位操反位动作电流曲线分析，两相电源没有经过二极管和电阻支路进行半波整流，没有形成道岔到位后正常的“小台阶”。

2. 电路分析

(1)当 ZYJ7 型电液转辙机(以下简称 ZYJ7 转辙机)与 SH6 型转换锁闭器动作不同步，ZYJ7 转辙机先到位，SH6 型转换锁闭器后到位，在续操电路发生断线问题时，转辙机三相电机上的三相电源其中一相电源因断线将直接由 1.8 A 降为 0 A，另两相电源虽接通三相电机定子线圈，电机绕组变为单相运行，在电机内部形成不了旋转磁场，只有脉振磁场，如图 1－20 所示，但三相电机转子绕组由于惯性继续旋转，对脉振磁场作相对运动切割磁力线产生感应电动势，该感应电动势产生的磁场与脉振磁场相互作用，从而维持电机继续旋转，带动道岔继续动作(电机转速下降，通过绕组的电流超过额定电流，运行时间过长将使绕组过度发热而烧损)。

单相断线时，三相电机旋转的时间为 1DQJ 缓放落下时间。原因是电源断相保护器 DBQ 监测到三相电源其中一相无电流时，DBQ 内的桥式整流堆的直流输出电压为 0 V，使 BHJ 无电压而落下，BHJ 落下切断 1DQJ 自闭电路，在 1DQJ 缓放时间(0.7 s 左右)内仍将三相电源

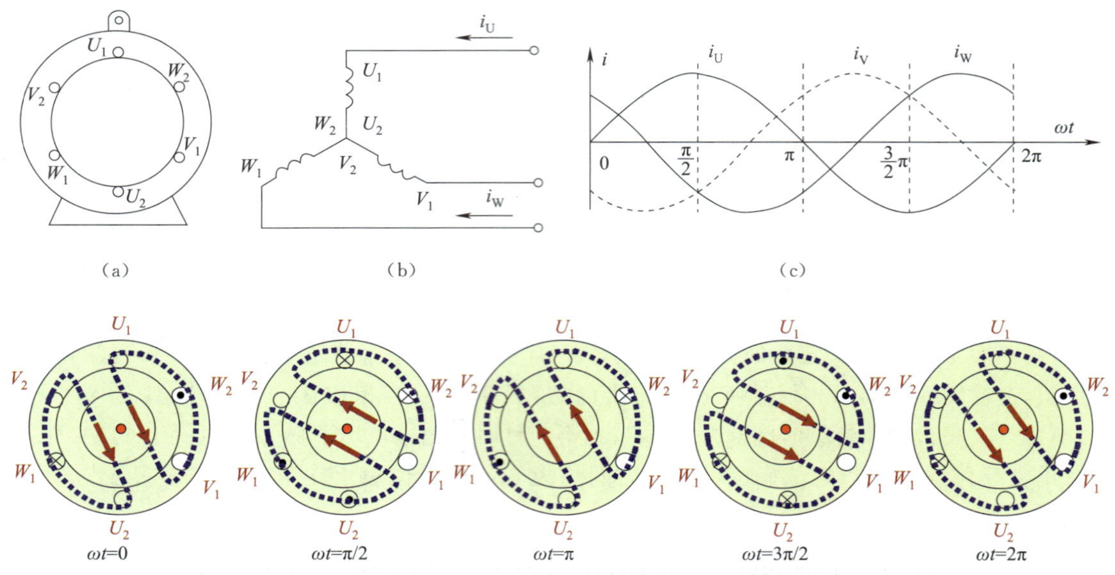

图 1－20　与 V 线圈连接线断线时产生的脉振磁场

通过继电器接点送往室外。1DQJ 缓放落下后，切断三相电源的输出。故在 1DQJ 缓放时间内，另两相电源将道岔转换到位(道岔正常转换 8 s 到位，当续操电路断线时道岔动作 7 s 左右后一相降为 0，另两相用 0.7 s 时间将道岔转换到位)，在道岔转换到位的同时 1DQJ 落下切断道岔动作电源而接通道岔表示电路，二相动作电源不能经过二极管电阻支路产生半波整流电流，在道岔动作到位 8～9 s 间不形成“小台阶”，而在道岔动作期间 7～8 s 形成“高台阶” 。经 ZYJ7 转辙机单机运转空载试验，三相电源正常输出时，转辙机动作电流为 1.2 A，当三相电机启动后，切断一相电源，其他两相电源电流升至 1.8 A，转辙机动作电流值升高 50％。

(2)在 1DQJ 缓放时间内，C 相电源通过 5 A 熔断器到断相保护器 51、61 接点，经过 1DQJF 第 2 组前接点、2DQJ 第 2 组后接点到分线盘 X3 端子送往室外 ZYJ7 转辙机电缆终端盒 3 号端子，再经过自动开闭器 23-24、45-46 端子到 ZYJ7 转辙机电缆终端盒 8 号端子，再到达 SH6 型转换锁闭器电缆终端盒 8 号端子，经过 SH6 型转换锁闭器自动开闭器 23、13-14、44 端子回到 SH6 型转换锁闭器电缆终端盒 3 号端子后电路被切断。此条支路就是道岔动作 7 s 时电流曲线的电流值直接降为 0 A 的 C 相。

B 相电源通过 5 A 熔断器到断相保护器 31、41 接点，经过 1DQJF 第 1 组前接点、2DQJ 第 1 组后接点到分线盘 X4 端子送往室外 ZYJ7 转辙机电缆终端盒 4 号端子，再经过 ZYJ7 转辙机自动开闭器 21-22 端子到 ZYJ7 转辙机电缆终端盒 9 号端子，到达 SH6 型转换锁闭器电缆终端盒 9 号端子，SH6 电缆终端盒 9 号端子连接到 SH6 自动开闭器 11-12、42 端子，到 SH6 型转换锁闭器电缆终端盒 6 号端子，到 ZYJ7 转辙机电缆终端盒 6 号端子，再经过 ZYJ7 转辙机自动开闭器 12、42 端子到达三相电机的 3 号端子接通定子线圈。

A 相电源通过 5 A 熔断器到断相保护器 11、21 接点，经过 1DQJ 第 1 组前接点到分线盘 X1 端子送往室外 ZYJ7 转辙机电缆终端盒 1 号端子，再到三相电机的 1 号端子接通定子线圈。

A 相与 B 相电源通过三相电机的 1 号和 3 号端子连接电机定子线圈，产生脉振磁场，如

图 1—21 所示。

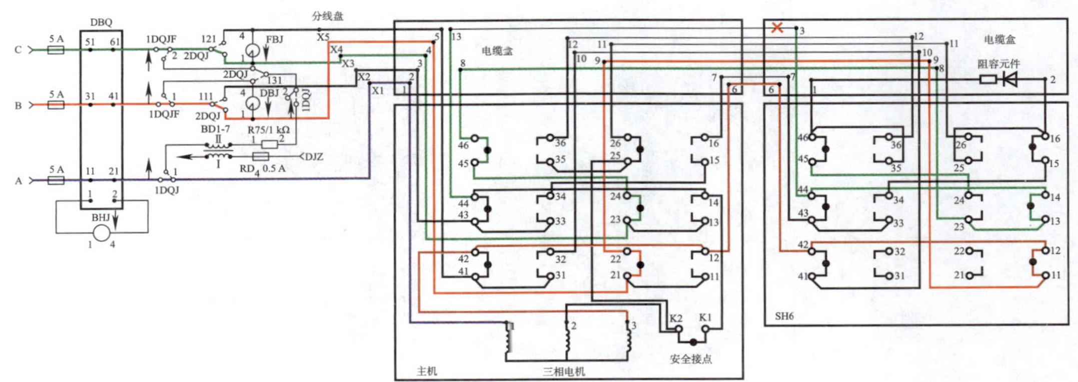

图 1—21　续操电路断线时道岔动作电流流向

（三）检查处理

经现场检查发现道岔反位操定位时 SH6 型转换锁闭器先到位，ZYJ7 转辙机后到位，而道岔定位操反位时 ZYJ7 转辙机先到位，SH6 型转换锁闭器后到位，道岔控制电路经过了道岔续操电路。

打开 SH6 型转换锁闭器电缆终端盒检查，发现从 ZYJ7 转辙机电缆终端盒 13 号端子引入的电缆芯线插接在 SH6 型转换锁闭器电缆终端盒 13 号端子上，而 SH6 型转换锁闭器自动开闭器 44 号端子引入的多股铜线插接在 SH6 型转换锁闭器电缆终端盒 3 号端子上。道岔定位操反位的续操电路未接通，造成了道岔动作电流曲线出现“高台阶”的问题，将 SH6 型转换锁闭器电缆终端盒 13 号端子的电缆芯线插接到 3 号端子上后操动道岔，道岔定位操反位的动作电流曲线“高台阶”现象消失。

调整 ZYJ7 转辙机动作油缸反位的流量调节阀，在道岔定位操反位时让 SH6 型转换锁闭器先到位或同步到位。

（四）总结

1. 检修巡视道岔时，当出现 ZYJ7 转辙机与 SH6 型转换锁闭器动作不同步（ZYJ7 转辙机先到位，SH6 型转换锁闭器后到位）现象，需及时调整主、副机动作油缸的流量调节阀，使 SH6 型转换锁闭器先到位，ZYJ7 转辙机后到位或司步到位。

2. 新线开通验收电缆盒时，需检查电缆芯线是否按施工图纸配线。并且在 SH6 型转换锁闭器处进行道岔空转试验，如果 ZYJ7 转辙机到位而 SH6 型转换锁闭器未到位时三相电机停止转动，说明道岔续操电路未连通，需组织人员查找处理。

3. 日常浏览集中监测道岔动作电流曲线时，对存在的异常曲线需提高警惕，认真分析，预防故障发生。如图 1—22 所示的道岔动作电流曲线图右侧，C 相电源时断时通，电流频繁下降波动，与此同时 A、B 相电流频繁上升波动，说明 C 相电源经过的信号电缆、自动开闭器接点组或接线端子存在断路点，且此断路点极不稳定，需及时查找原因（06:51:48）。否则问题持续恶化，如图 1—22 左侧动作电流曲线所示（08:03:57），当道岔转换到 1.1 s 时，C 相电源彻底不通,A、B 相电源在带动道岔运行 0.7 s 后被切断归 0 A(0.7 s 是 1DQJ 继电器缓放时间)。

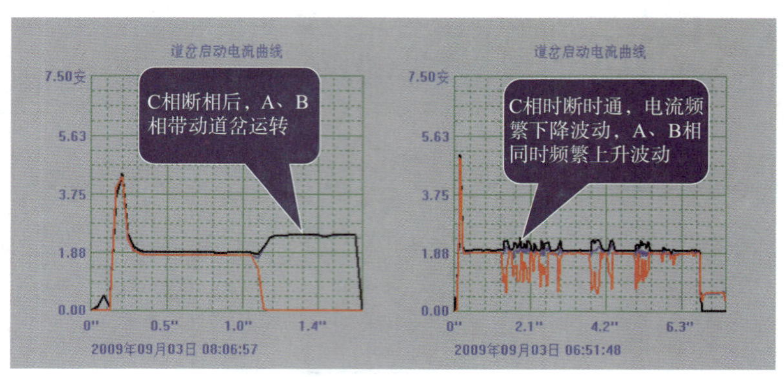

图 1—22　断相时道岔动作电流曲线

四、ZYJ7 转辙机动作电流曲线出现“高台阶”

(一)案例概况

某年某站的 8 号道岔的心轨在排列进路时,从定位操纵到反位过程中,动作电流曲线的 B 相电流直降为 0 A,A、C 相电流升高到 2.2 A 形成“高台阶”,持续时间 0.7 s,反位有表示(道岔为反装,反位时动接点环接通自动开闭器第 1、3 排静接点)。

(二)监测数据分析

1. 集中监测图形分析

(1)16:08:05,8 号道岔心轨定位操反位,道岔转换到第 6.68 秒时,B 相电流值直线下降到 0 A,A 相和 C 相电流值从 1.8 A 上升到 2.2 A,形成“高台阶”,持续时间 0.7 s 左右,到第 7.38 秒时三相电流均恢复到 1.8 A 正常值。道岔到反位后 C 相降为 0 A,A 相和 B 相在自动开闭器快速转换后 1DQJ 缓放时间内经过二极管和电阻支路,半波整流后形成“小台阶”,说明道岔运转过程中断相的 B 相电源在道岔转换到位后经过二极管支路,如图 1—23 左图所示,而 B 相电源在道岔定位操反位时接通的是 X4 控制线,X4 控制线在道岔动作到位后被自动开闭器接点自动切断,B 相电源应该为 0 A,C 相电源接通 X3 控制线经过二极管和电阻支路,从道岔动作曲线分析集中监测的 B 相与 C 相采集线接交叉了。如图 1—23 右图所示,道岔心轨反位操定位,道岔转换到第 6.68 秒时,也存在尖波,此尖波说明道岔在转换过程中控制电路转接了续操电路,即 ZYJ7 转辙机先到位 SH6 型转换锁闭器后到位。而且道岔运转到定位后 B 相电源为 0 A,而 B 相电源在道岔心轨反位操定位过程中接通的是 X2 控制线,正常情况是不可能直接为 0 A,进一步证实集中监测的 B 相与 C 相采集线交叉接错。

(2)14:01:08,8 号道岔心轨定位操反位,道岔转换到第 6.68 秒时,B 相电流值直线下降到 0 A,A 相和 C 相电流值从 1.8 A 上升到 2.2 A,形成“高台阶”,运行到第 7.38 秒时 B 相电流值有一个上升的尖波(1 A),A 相和 C 相电流值有一个下降的倒尖波,这个尖波使道岔 BHJ 保护继电器励磁再次短暂的接通 1DQJ 道岔启动继电器自闭电路,尖波过后 B 相电流值再次直线下降到 0 A,A 相和 C 相电流值从 1.8 A 上升到 2.2 A,到第 7.8 秒后三相电流均下降到

0 A,到第 8.08 秒 1DQJ 缓放落下,如图 1—24 左图所示。

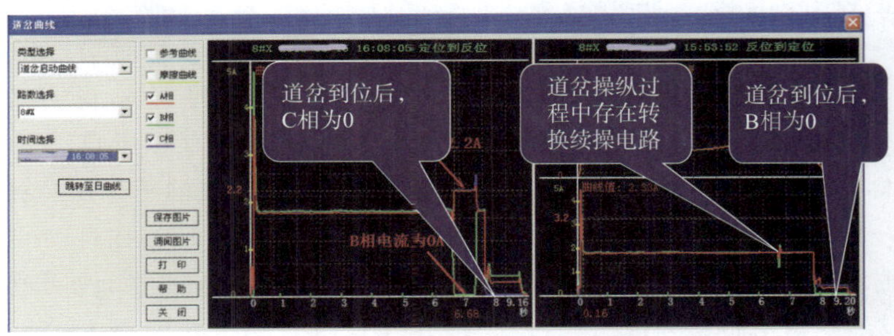

图 1—23　8 号道岔心轨动作电流曲线

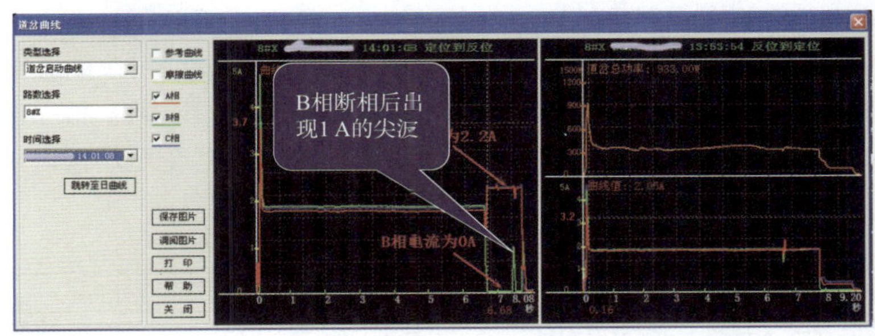

图 1—24　8 号道岔心轨动作电流曲线

(3)09:08:35,8 号道岔心轨定位操反位,道岔转换到第 6.68 秒时,B 相电流值有个下降的倒尖波,与此同时 A 相和 C 相电流向上形成尖波,此尖波说明道岔在转换过程中控制电路转接了续操电路,即 ZYJ7 转辙机先到位 SH6 型转换锁闭器后到位,如图 1—25 左图所示。

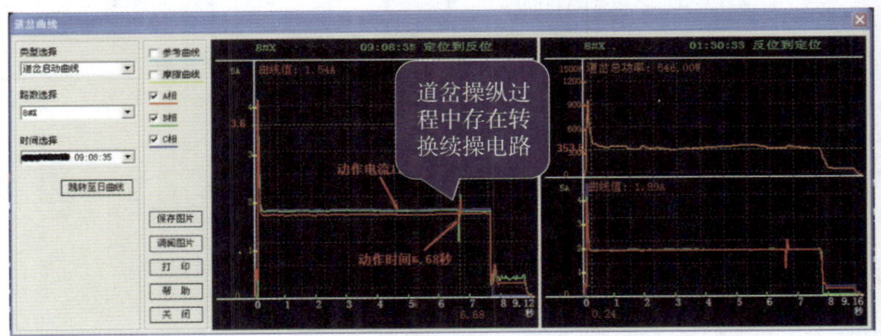

图 1—25　8 号道岔心轨动作电流曲线

2. 电路分析

(1)当 ZYJ7 转辙机与 SH6 型转换锁闭器动作不同步,ZYJ7 转辙机先到位,SH6 型转换锁闭器后到位,在续操电路发生接不通问题时,转辙机三相电机上的三相电源其中一相电源因断线将直接由 1.8 A 降为 0 A,另两相电源且接通三相电机定子线圈,电机绕组变为单相运行,在电机内部形成不了旋转磁场,只有脉振磁场,但三相电机转子绕组由于惯性继续旋转,对脉振磁场作相对运动切割磁力线产生感应电势,该感应电势产生的磁场与脉振磁场相互作用,从而维持电机继续旋转，带动道岔继续动作（电机转速下降，通过绕组的电流超过额定电流，运行时间长了将使绕组过度发热而损坏）。

（2）如图 1－25 所示，8 号道岔心轨定位、反位在转换到第 6.68 秒时均存在尖波，在图 1－23 和图 1－24 中反位转换到第 6.68 秒时，有一相电源直接降为 0 A，说明 ZYJ7 转辙机与 SH6 转换锁闭器动作不同步，且续操电路存在断路问题，断路点存在于自动开闭器接点点接触及压力不达标造成接触电阻大、信号电缆芯线存在开路点、接线端子存在接触不良等问题。

（3）如图 1－23 左所示，道岔到反位后 C 相降为 0 A，A 相和 B 相在自动开闭器快速转换后 1DQJ 缓放时间内经过二极管和电阻支路，半波整流后形成“小台阶”，说明道岔运转过程中断相的 B 相电源，在道岔转换到位后经过二极管支路，而 B 相电源如图 1－26 所示在道岔定位操反位时接通的是 X4 控制线，X4 控制线在道岔动作到位后被 SH6 型转换锁闭器自动开闭器 41-42 接点自动切断，B 相电源电流值直接降为 0 A，C 相电源接通 X3 控制线经过 SH6 型转换锁闭器自动开闭器的 33-34、15-16、35-36 静接点与 A 相电源连通二极管和电阻支路，形成“小台阶”。故判断集中监测的 B 相与 C 相采集线接交叉了，即 C 相在接通续操电路过程中存在断线，C 相电源在接通续操电路时经过 ZYJ7 转辙机自动开闭器的 33-34、15-16 静接点，SH6 型转换锁闭器自动开闭器的 43-44 静接点及 ZYJ7 转辙机电缆终端盒内 7 号、13 号信号电缆芯线。

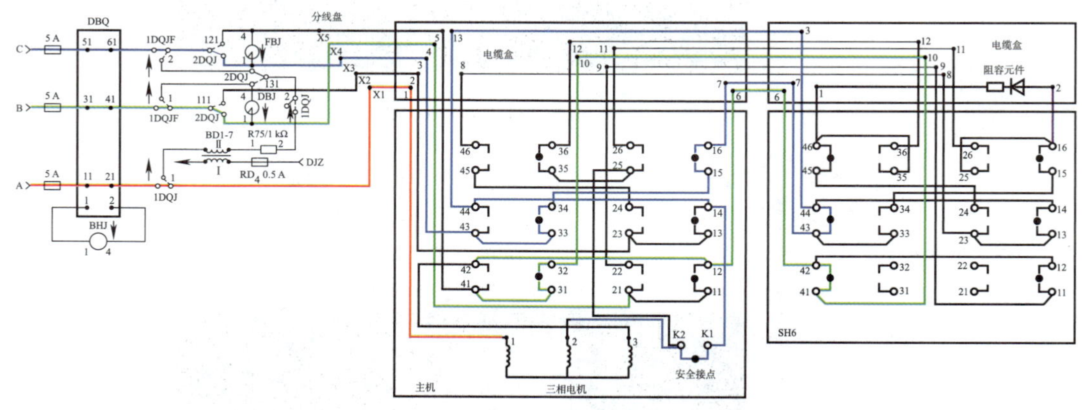

图 1－26　道岔定位操反位续操电路

（三）检查处理

经现场检查发现道岔定、反位操动时 ZYJ7 转辙机先到位，SH6 型转换锁闭器后到位，道岔控制电路经过了道岔续操电路。

ZYJ7 转辙机自动开闭器第 3 排静接点与动接点环间存在点接触、簧片压力不足问题，经调整静接点簧片后，道岔动作曲线恢复正常。

调整 ZYJ7 转辙机动作油缸的流量调节阀，在道岔定、反位操纵时使 SH6 型转换锁闭器先到位或与 ZYJ7 转辙机同步到位。

（四）总结

1. 在浏览集中监测道岔动作电流曲线时，当出现 ZYJ7 转辙机与 SH6 型转换锁闭器动作不同步(ZYJ7 转辙机先到位,SH6 型转换锁闭器后到位)现象,需及时调整主、副机动作油缸的流量调节阀,使 SH6 型转换锁闭器先到位,ZYJ7 转辙机后到位或同步到位,以消除动作电流曲线上的尖波。

2. 检修道岔时,需对标检查自动开闭器静接点簧片与动接点环的接触面及压力,及时清扫动接点环及静接点片上的污垢、水汽,以确保电气特性达标。

3. 通过分析道岔动作三相电流曲线的状态,可以判断集中监测施工采集线安装错误问题。

五、道岔动作电流二次启动尖波

(一)案例概况

某年某月 31 日 18:39,某站的 10 号道岔在排列进路从定位操纵到反位道岔动作电流曲线出现二次启动尖波,道岔到位后有反位表示。

(二)监测数据分析

(1)18:39:50,10 号道岔定位操反位,道岔动作电流曲线和功率曲线显示道岔启动后 1.75 s(即 18:39:51)又出现一次启动尖波,且动作电流由 2 A 下降到 1.77 A,如图 1—27 左图所示,控制电路复原后道岔有反位表示。13:45:41,10 号道岔反位操定位时,道岔动作电流曲线显示为 2 A,如图 1—27 右图所示。

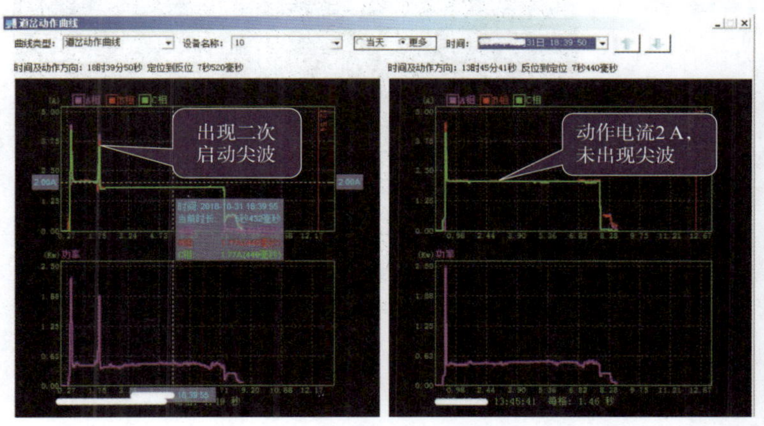

图 1—27　10 号道岔出现尖波动作电流曲线

(2)20:09:40,10 号道岔从反位到定位,道岔动作电流曲线和功率曲线显示道岔启动、转换、锁闭正常,控制电路复原后道岔有反位表示,动作电流 1.77 A。19:57:52,10 号道岔从定位到反位,道岔动作电流 1.77 A,与定位动作电流值一致,如图 1—28 所示。

(3)调阅电源屏交流转辙机电压曲线,18:39:51 三相交流电源电压由 411 V 下降到 388 V,降幅 23 V,如图 1—29 所示集中监测出现电源转换报警,与 10 号道岔定位操反位时出现二次启动尖波时间一致。

(4)综上所述,10 号道岔定位操反位动作曲线出现二次启动尖波之前后,道岔动作曲线一切正常,未出现尖波问题,可以排除电缆芯线综合绝缘不良问题。18:39:51 三相交流电源电压下降与道岔二次启动尖波同时发生，可以确定二次启动尖波为三相电源瞬间转换时，造成10号道岔瞬间掉电后电机二次接通电源造成，动作电流由2 A下降到1.77 A为三相电源电压下降23 V造成。

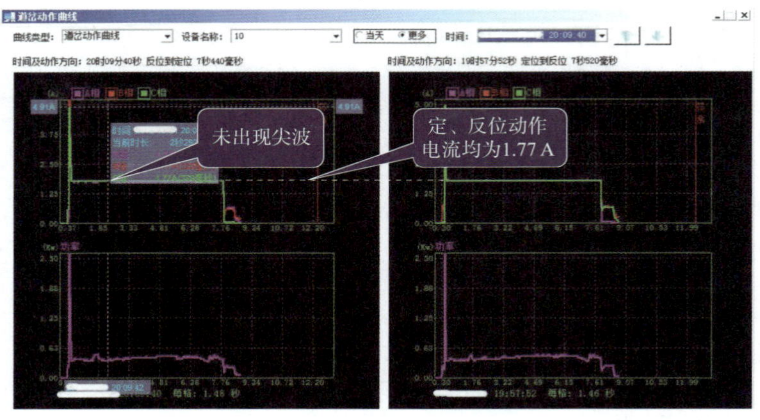

图1－28　10号道岔反位、定位动作电流曲线

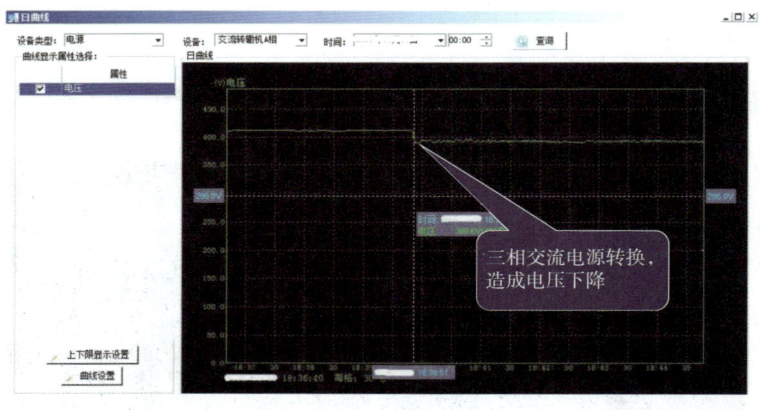

图1－29　三相交流电源模块电压曲线

（三）总结

1. 道岔动作电流曲线出现二次启动尖波时，需高度重视，分析出现尖波前后的动作电流曲线，以排除道岔电缆芯线综合绝缘不良问题。

2. 在天窗时间内，测试道岔动作电缆芯线对地及线间综合绝缘值。

3. 综合分析集中监测报警信息，特别是与道岔动作电流曲线出现二次启动尖波时间相吻合的报警信息。

六、道岔动作电流多个启动尖波

（一）案例概况

某年 9 月 28 日某工区职工利用天窗点进行 202 号道岔检修。对 202 号道岔进行反位尖基轨 4 mm 不锁闭试验时，ZYJ7 转辙机发出“哒、哒、哒”的异响，惯性轮出现逆时针旋转—停转—顺时针旋转—再逆时针旋转—再停转—再顺时针旋转，反复来回旋转现象。定位尖基轨 4 mm 不锁闭试验 ZYJ7 转辙机正常。

（二）监测数据分析

（1）9 月 28 日 12:39:24，202 号道岔定位操反位尖基轨 4 mm 不锁闭试验，道岔动作电流从 1.63 A 上升到 4.16 A，然后在 4.16～1.72 A 周期性变化，道岔动作功率由 0.51 kW 上升到 2.43 kW，然后在 2.43～0.83 kW 周期性变化，周期 1.518 s，如图 1—30 右图所示。取出4 mm 铁片后道岔转换到反位，反位表示良好。道岔反位操定位尖基轨 4 mm 不锁闭试验，转辙机溢流时电流 1.9 A，功率 1.03 kW，试验良好，如图 1—30 左图所示。

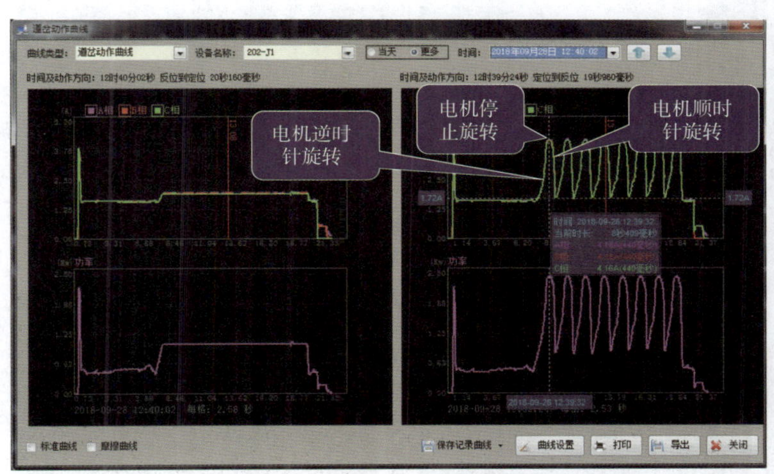

图 1—30　202 号道岔反位、定位动作电流曲线

（2）道岔动作电流从 1.63 A 上升时电机逆时针旋转，到 4.16 A 时电机瞬间停止转动，从 4.16 A 下降时电机顺时针旋转，动作电流下降到 1.72 A 时反弹上升（电机逆时针旋转），到 4.16 A 时电机瞬间停止转动，动作电流下降时电机又顺时针旋转，反反复复出现 8 个尖波，如图 1—30 右所示。因变化周期为 1.518 s，电机惯性轮频繁地出现一会儿逆时针旋转一会儿顺时针旋转现象。

（3）道岔正常动作时，定、反位动作曲线均正常，能给出正确的位置表示，说明道岔控制电路和表示电路均正常。

（三）检查处理

天窗时间内测试 202 号道岔定位操反位溢流油压，液压表指针在 12～30 MPa 之间不规则跳动，说明反位溢流阀工作不正常（图 1－31）。

图 1－31　202 号道岔更换下的不良溢流阀

更换反位溢流阀后，对道岔反位进行溢流测试，转辙机异响消失，动作电流曲线正常，如图 1－32 所示。

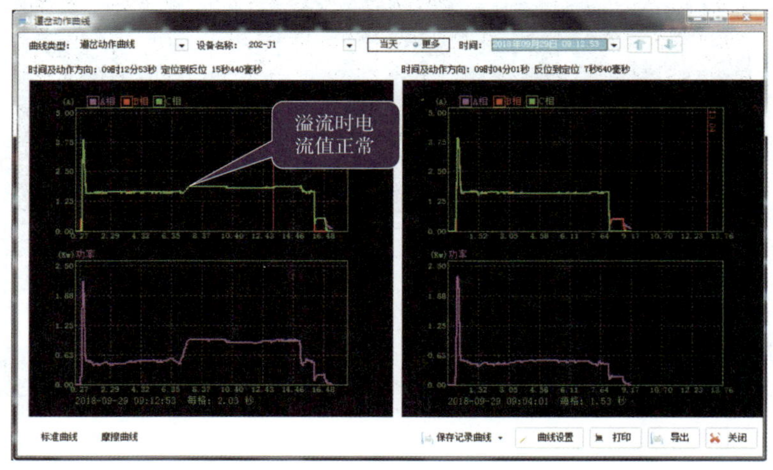

图 1－32　更换反位溢流阀后溢流电流曲线

（四）总结

1. 道岔动作电流曲线多次出现启动尖波时，需分析出现尖波前后的动作电流曲线，以排除道岔电缆芯线综合绝缘不良问题。

2. 油路系统出现问题时，有时转辙机会出现异响(如本例)，也有时没有异响，需及时测试转辙机的动作和溢流压力，以判断具体故障点。

3. 如果定、反位动作和溢流压力均存在问题，则问题点集中在公共部分，如油泵、启动油缸、液压油。

4. 如果定位或反位一个位置的动作和溢流压力存在问题，则问题点集中在单通路部分，如单向阀、溢流阀、调节阀。

七、电缆芯线间混线故障

(一)案例概况

某年3月23日12:24，某站的9号道岔在排列进路从定位操纵到反位时，反位无表示。

(二)监测数据分析

1. 集中监测图形分析

(1)12:24:02，9号道岔定位操反位，道岔动作电流曲线显示道岔三相电源的电流均不正常，A相电流在5～6 A间，B相电流从4 A直线下降为0 A，C相电流出现三个峰值均超过7 A，如图1—33所示。

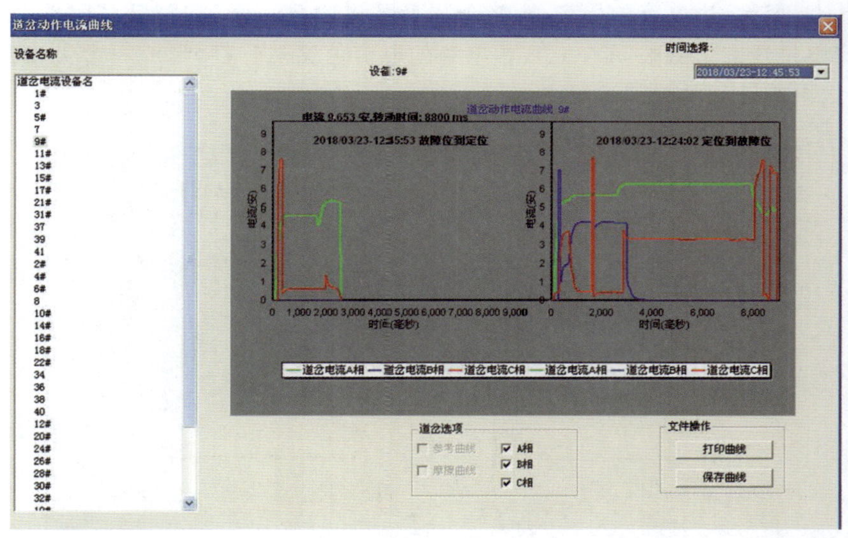

图1—33　9号道岔定位操反位动作电流曲线

(2)9号道岔在定位操反位时，动作断路器跳闸。

(3)测试9号道岔控制线X1、X2、X3、X4、X5对地综合绝缘均大于50 MΩ，因道岔定位操反位控制线为X1、X3、X4，故在分线盘和室外道岔终端电缆盒甩线测试X3、X4线间电缆综合绝缘为1.9 MΩ，确定为电缆芯线间混线造成。

2. 电路分析

道岔定位操反位控制线X1、X3、X4(反位操定位控制线X1、X2、X5)芯线间发生混线时，在道岔动作电流曲线中会出现多个尖波，电流尖波的峰值取决于混线时电缆芯线间电阻的大小。

在某些站也出现过类似的电缆芯线混线问题，其道岔动作电流曲线存在差异，共同点是均出现了电流尖波，如图 1－34 所示道岔反位操定位过程中时，三相电源电流值频繁地上升到 5 A，出现多个电流尖波，此现象是明显的电缆芯线混线问题。

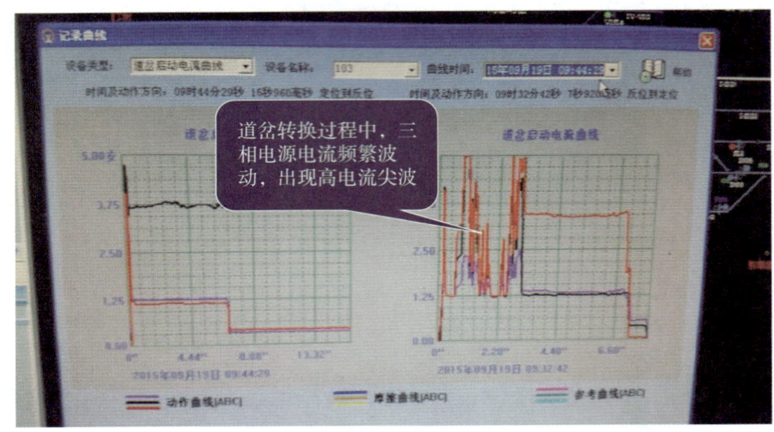

图 1－34　电缆芯线间混线频繁出现高电流尖波

如图 1－35 所示，道岔反位操定位、定位操反位道岔到位时，在自动开闭器动接点转换瞬间（断开三相电机线圈负载瞬间），A、B 相电源的电流值突然升高，形成一个尖波，表明道岔动作电流在冲击电缆芯线的线间绝缘。

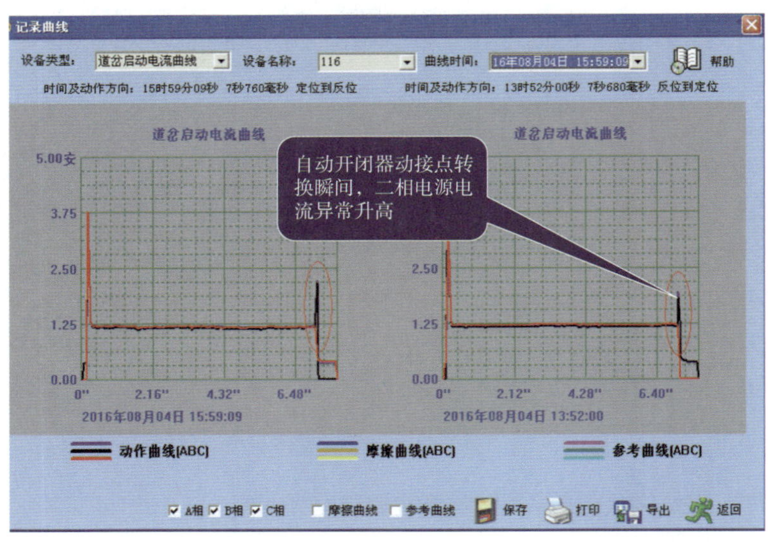

图 1－35　电缆芯线间早期混线，电流尖波出现在道岔到位瞬间

如图 1－36 所示，道岔反位操定位、定位操反位过程中，A、B、C 三相电源的电流值突然升高，形成一个高尖波，表明道岔动作电流持续冲击电缆芯线的线间绝缘后，电缆芯线的线间绝缘已趋于 0，出现闪接现象。

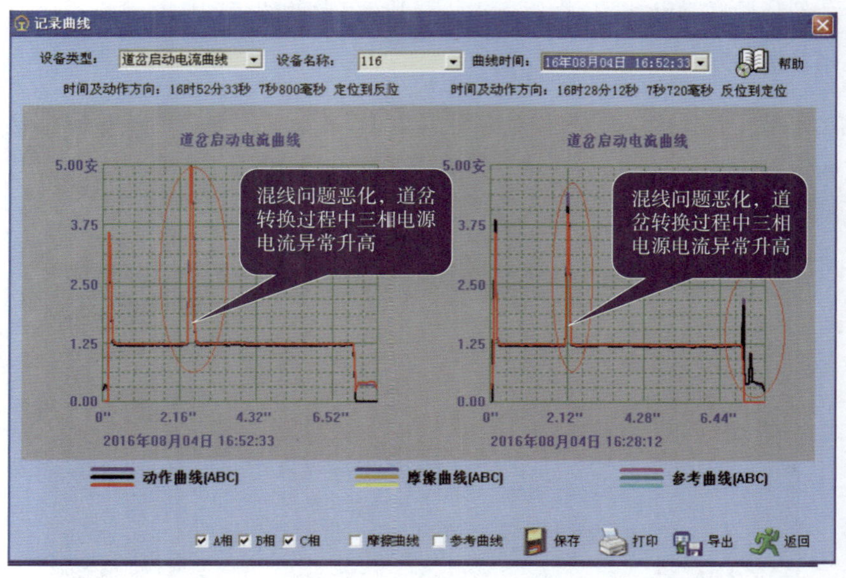

图 1—36　电缆芯线间混线严重，电流尖波峰值超过启动电流峰值

(三)检查处理

使用平分法甩线测试处理，即在分线盘与道岔终端电缆盒中间位置的方向盒甩线进行测试，逐步将混线点查找范围缩小到 1/2，找到混线电缆后，更换备用芯线处理。

电缆芯线间发生混线问题，一般是受外力打砸、挤压、对折造成，为避免混线问题重复发生，应申请施工点更换新电缆作最终处理。

(四)总结

1. 当道岔动作电流曲线频繁出现电流尖波，且尖波峰值高于动作电流值 50%时，说明道岔控制线间出现了混线问题，需及时组织人员查找。

2. 道岔在定位时表示线为 X1、X2、X4(X3 通过遮断器与 X1 连通)，X5 与其他 4 根控制线是断开的，此时测试 X5 与其他 4 根控制线的线间综合绝缘不影响道岔正常使用。同理道岔在反位时表示线为 X1、X3、X5(X2 通过遮断器与 X1 连通)，X4 与其他 4 根控制线是断开的，此时测试 X4 与其他 4 根控制线的线间综合绝缘不影响道岔正常使用。

3. 超大修期使用的信号电缆，需定期测试电缆芯线间综合绝缘。

4. 出现电缆芯线对地综合绝缘小于 1 MΩ 或与前期测试数据相差较大时，需测试电缆芯线间综合绝缘，防止线间混线发生故障。

八、电缆芯线烧损故障

(一)案例概况

某年 5 月 2 日 23:52，某站排列Ⅳ线上行通过进路时，135/137 号道岔无表示，控制台出现熔丝报警。经车站来回操纵道岔，道岔定、反位仍无表示，137 号道岔动作断路器跳闸。在合上 137 号道岔动作断路器开关后，再次操纵道岔试验，道岔动作断路器开关再次跳闸。

（二）监测数据分析

（1）4 月 28 日 15:57:03，135 号道岔反位操定位，道岔动作电流曲线显示道岔启动、转换、锁闭正常。在道岔锁闭，自动开闭器接点转换后，1DQJ 缓放时间内出现 A 相和 C 相动作电流突高的尖波，此尖波是电缆芯线间混线造成放电而形成，如图 1—37 所示。

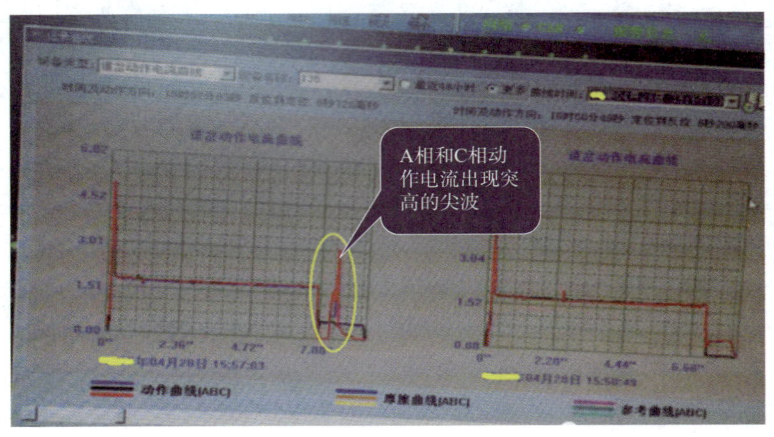

图 1—37　4 月 28 日 135 号道岔定位、反位动作电流曲线

（2）4 月 29 日 17:23:13，135 号道岔反位操定位，道岔动作电流曲线显示道岔启动、转换、锁闭正常。在道岔锁闭，自动开闭器接点转换后，1DQJ 缓放时间内再次频繁出现 A 相和 C 相动作电流突高的尖波，此尖波同样是电缆芯线间混线造成放电而形成，如图 1—38 所示。

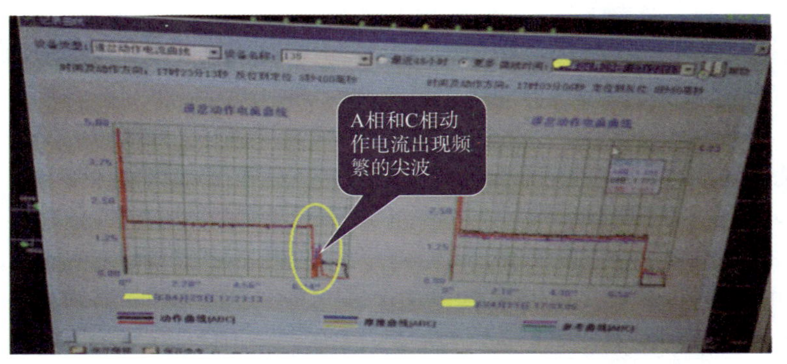

图 1—38　4 月 29 日 135 号道岔定位、反位动作电流曲线

（三）检查处理

1. 5 月 2 日故障处理人员在现场检查发现 135 号、137 号道岔尖轨均在定位位置，但道岔不动作。测量 137 号道岔电缆盒相关端子，无动作及表示电压。根据电缆配线图对电缆径路上相关电缆盒开盖检查，发现 D-11J1 电缆盒内主电缆管芯线配线把芯线有严重烧黑情况，用

手拨开烧焦的芯线外皮，发现有多根芯线短路及烧焦(7 根短路、另有 4 根芯线外皮烧焦，如图 1－39 所示)。经抢修并进行联锁试验正确后，于 5 月 3 日 00:50 临时交付使用。

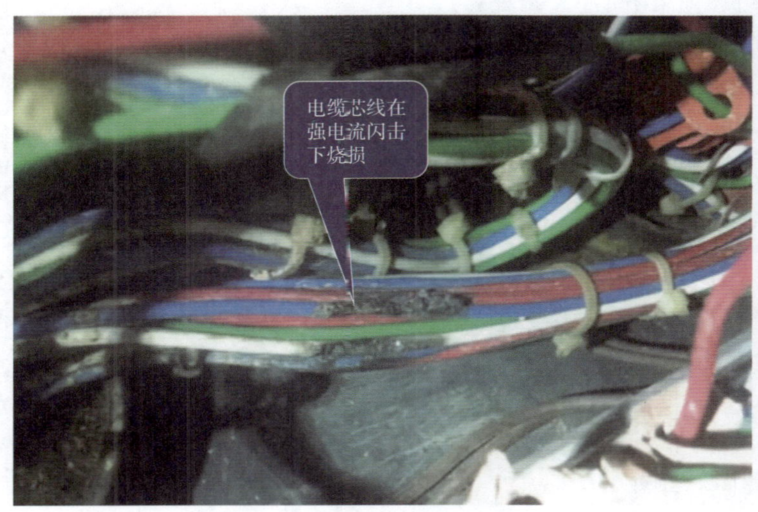

图 1－39　电缆盒内芯线烧损

2. 初步分析是施工单位施工时对 D-11J1 电缆盒内线把芯线绑扎过紧，长期挤压造成芯线绝缘层压扁(图 1－40)，严重时破皮，道岔操纵时电缆芯线间出现强电流闪击现象，线把芯线经长期强电流闪击后烧损芯线外皮，造成 7 根芯线相互短路。

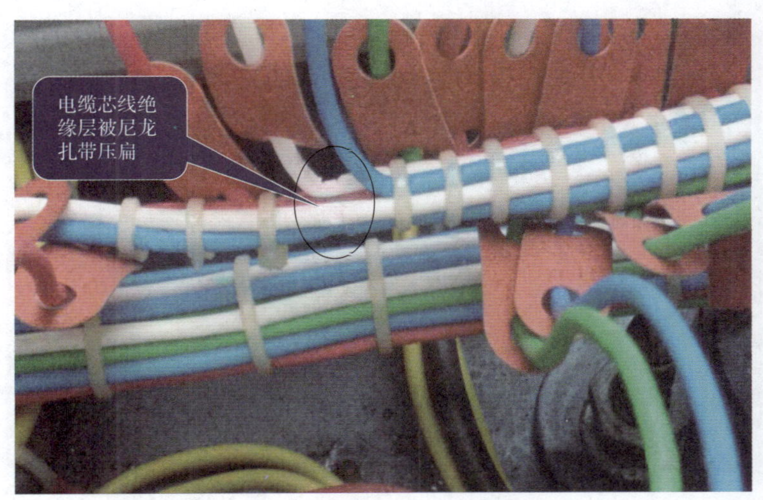

图 1－40　电缆盒内配线把绑扎过紧造成芯线绝缘层压扁

(四)总结

1. 4 月 29 日晚处理 135 号道岔异常曲线时，未认真分析、仔细检查箱盒内设备情况，及时发现问题，克服隐患。

2. 对箱盒检修工作不认真，发现 D-13、D-11J、D-11J1 电缆盒，137 号道岔电缆终端盒均有防堵胶老化现象问题后未能及时处理。

3. 车间干部在收到工区反馈的信息后，未能认真对集中监测道岔电流曲线进行分析，安全意识不强，组织处理不力。

4. 道岔动作电流曲线突高形成正尖波，预示设备存在混线隐患，工区需高度重视，利用天窗时间进行线间综合绝缘全面查找。以将故障消灭在萌芽状态。

九、电缆芯线间综合绝缘不良

（一）案例概况

某年7月26日22:15、22:33，某站的7号道岔在排列进路时，从定位操纵到反位、反位操纵到定位均出现动作电流突变尖波，且该尖波均出现在道岔转换到位，自动开闭器动接点转换后1DQJ缓放时间之内，道岔表示正常。

（二）监测数据分析

1. 集中监测图形分析

(1)26日22:15:26，7号道岔定位操反位，道岔动作电流曲线显示道岔操纵到位后，A相和C相电源的电流出现突变的尖波，突变电流值瞬间超过了正常动作电流值。22:33:32，7号道岔反位操定位，道岔动作电流曲线显示道岔操纵到位后，A相和B相电源的电流也出现突变的尖波，突变电流值瞬间达到正常动作电流值如图1—41所示。

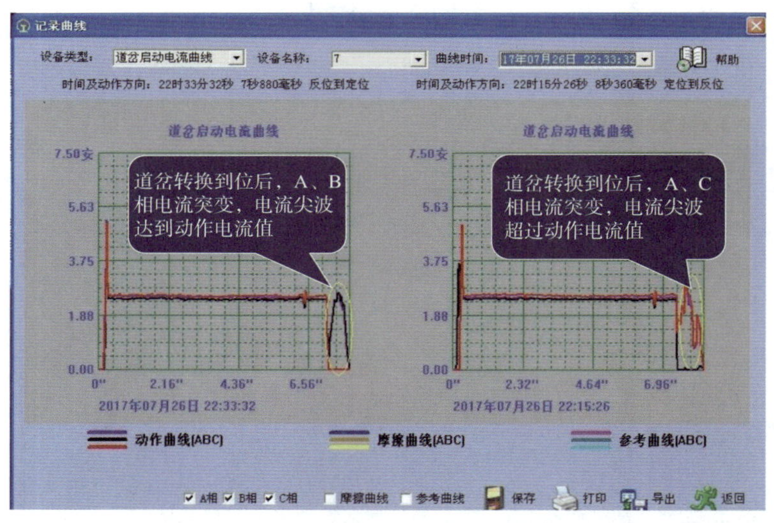

图1—41　7号道岔动作电流突变曲线

(2)27日03:27:01，7号道岔反位操定位，道岔动作电流曲线显示道岔操纵到位后，A相和B相电源的电流出现突变的尖波，突变电流值瞬间达到启动电流值。06:35:21，7号道岔定位操反位，道岔动作电流曲线显示道岔操纵到位后，A相和C相电源的电流出现突变的尖波，突变电流值瞬间超过了正常动作电流值，如图1—42所示。道岔动作电流曲线显示突变电流值越高，问题越严重。

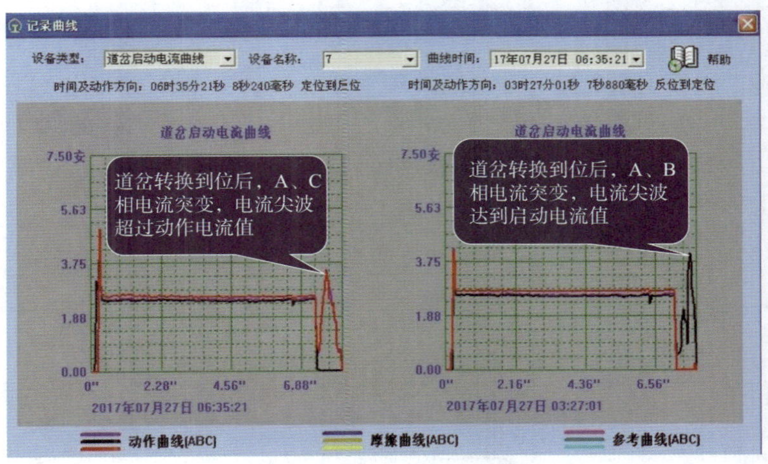

图 1－42　7 号道岔动作电流突变曲线

(3)综上分析，7 号道岔定、反位操纵过程中动作电流曲线正常，说明室内道岔控制电路正常，分线盘到 ZYJ7 转辙机的控制线 X1、X2、X3、X4、X5 电缆芯线正常。道岔到位后，动作电流曲线突变，但 1DQJ 缓放落下后定、反位均有表示，说明室外 ZYJ7 转辙机到 SH6 型转换锁闭器的二极管、电阻支路存在瞬间击穿问题。

2. 电路分析

(1)如图 1－43 所示，道岔从反位操纵到定位时，自动开闭器转换后 1DQJ 缓放时间内，三相电源的 B 相(黑色线条)通过电缆终端盒 7 号端子的电缆芯线，A 相通过电缆终端盒 12 号端子的电缆芯线(紫色线条)，连通二极管、电阻支路。

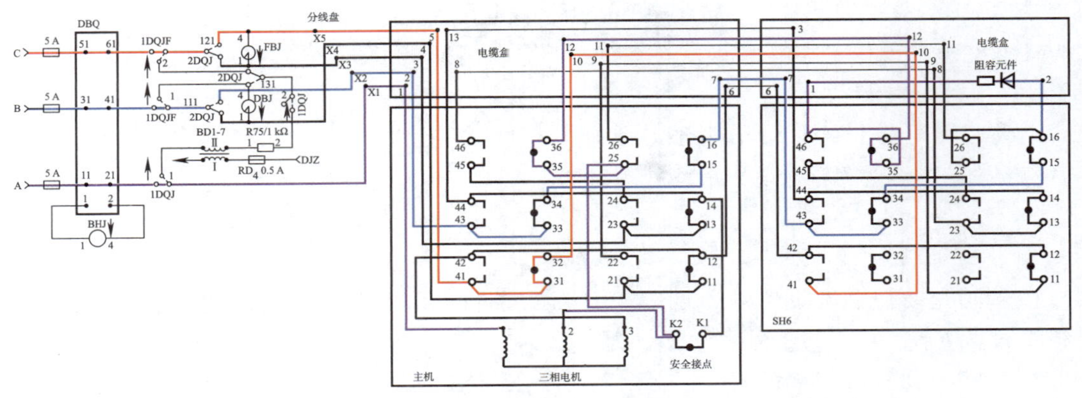

图 1－43　道岔反位操到定位时，1DQJ 缓放时间内动作电流流向

(2)如图 1－44 所示，道岔从定位操纵到反位时，自动开闭器转换后 1DQJ 缓放时间内，三相电源的 C 相(红色线条)通过电缆终端盒 8 号端子的电缆芯线，A 相通过电缆终端盒 11 号端子的电缆芯线(紫色线条)，连通二极管、电阻支路。

(3)定位时连通二极管电阻支路的是电缆终端盒 7 号(B 相)、12 号(A 相)端子电缆芯线，电缆终端盒 9 号端子与 6 号端子连通后与 A 相电源连接，电缆终端盒 8 号端子与 SH6 的终端电缆盒 3 号端子(ZYJ7 转辙机 13 号端子)连通后与 A 相电源连接,11 号端子电缆芯线悬空(图 1—43)。

反位时连通二极管电阻支路的是电缆终端盒 8 号(C 相)、11 号(A 相)端子电缆芯线,电缆终端盒 10 号端子与 6 号端子连通后与 A 相电源连接,7 号端子与 SH6 的终端电缆盒 3 号端子(ZYJ7 转辙机 13 号端子)连通后与 A 相电源连接,12 号端子电缆芯线悬空,如图 1—44 所示。

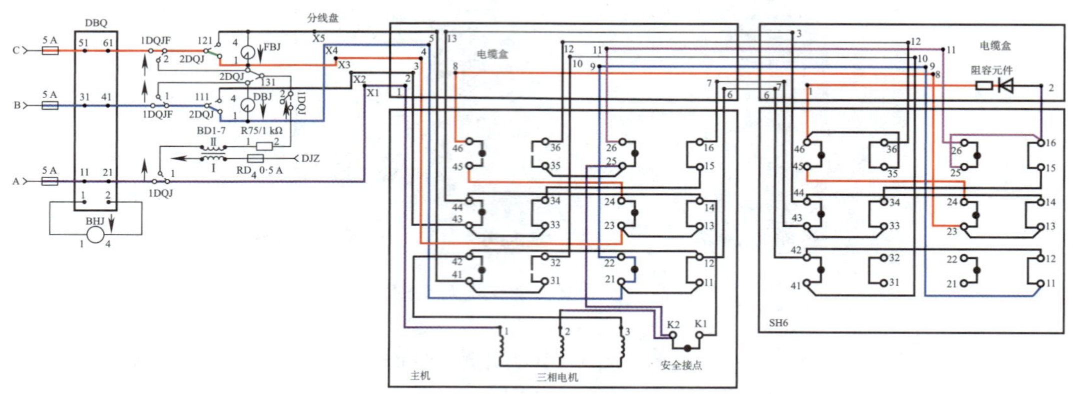

图 1—44 道岔定位操到反位时,1DQJ 缓放时间内动作电流流向

(4)定、反位时出现击穿的共性点有二极管电阻支路、ZYJ7 转辙机到 SH6 型转换锁闭器电缆终端盒 3 号、6 号、7 号、8 号端子的电缆芯线。

(三)检查处理

经现场检查测试,SH6 型转换锁闭器到电缆终端盒的二极管电阻支路正常。ZYJ7 转辙机终端盒 7、8 端子至 SH6 型转换锁闭器终端电缆盒 7、8 端子的电缆芯线间综合绝缘 0.4 MΩ,在道岔动作三相电源的大电流冲击下存在闪通,更换电缆芯线后道岔动作电流曲线正常。

电缆芯线间发生混线问题,一般是受外力打砸、挤压、对折造成,为避免混线问题重复发生,应申请施工点更换新电缆作最终处理。

(四)总结

1. 当道岔动作电流曲线频繁出现电流尖波,说明道岔电缆芯线间出现了混线问题,需及时组织人员查找。

2. 分线盘到 ZYJ7 转辙机的控制线 X1、X2、X3、X4、X5 电缆芯线间如果综合绝缘不良,在道岔转换过程中就会出现动作电流曲线突变现象。在道岔动作到位后 1DQJ 缓放时间内才出现动作电流曲线突变现象时,说明二极管电阻支路及与其连通的电缆芯线间存在综合绝缘不良问题。

3. 超大修期使用的信号电缆,需定期测试电缆芯线间综合绝缘。

4. 出现电缆芯线对地综合绝缘小于 1 MΩ 或与前期测试数据相差较大时,需测试电缆芯线间综合绝缘,防止线间混线发生故障。

十、X5 电缆芯线断线故障

（一）案例概况

2017 年 6 月 12 日 08:09:52，某站 16 号道岔定位操反位后，反位无表示，08:10:34，16 号道岔由反位操定位，道岔未转换。

（二）监测数据分析

1. 集中监测图形分析

（1）07:40:48，16 号道岔反位操定位动作正常，表示良好，如图 1－45 右图所示。08:09:52，16 号道岔定位操反位，道岔动作电流曲线和功率曲线显示道岔启动、转换、锁闭正常，控制电路复原后道岔无反位表示，如图 1－45 左图所示。

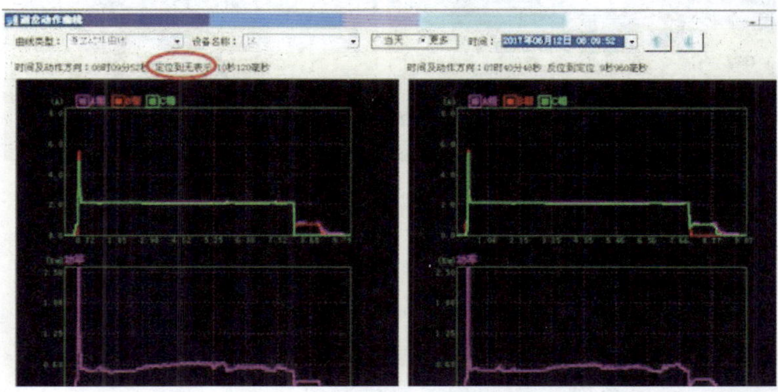

图 1－45　16 号道岔定位、反位动作电流曲线

（2）调阅道岔反位表示电压曲线，08:09:52，16 号道岔定位操反位后，反位表示交流电压 23.1 V，直流电压 0 V，反位表示继电器 FEJ 未励磁，如图 1－46 所示。

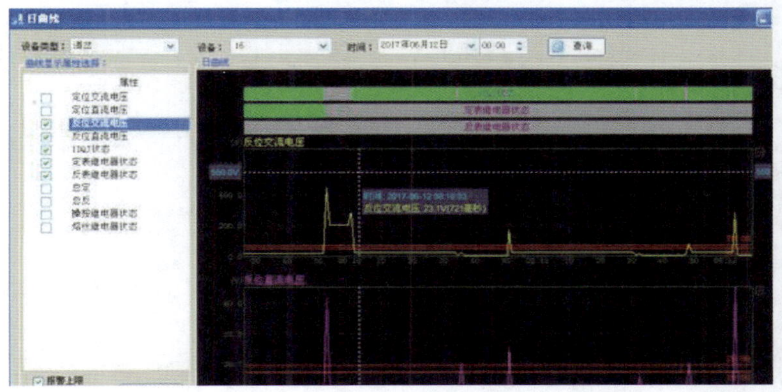

图 1－46　16 号道岔反位表示交直流电压曲线

（3）08:10:34，16 号道岔由反位操纵到定位，道岔动作电流曲线和功率曲线显示在 0.34 s

至0.85 s A、C相电流为6 A,B相电流为0 A,至1.88 s 1DQJ缓放落下,说明三相电源存在断相,电机未转动,如图1—47右图所示。08:10:49,16号道岔由定位向反位操纵,道岔动作电流曲线和功率曲线显示从0.26 s至0.46 s A、C相电流升到6 A,B相电流为0 A,说明1DQJ励磁、2DQJ未转极。从0.46 s至1.06 s A、B相电流为0.57 A,C相电流为0 A,说明1DQJ励磁、2DQJ转极后接通电阻二极管支路。至1.06 s 1DQJ缓放落下(缓放时间1.06−0.26=0.8),A、B、C相电流为0 A,说明道岔处于反位未动作,如图1—47左图所示。

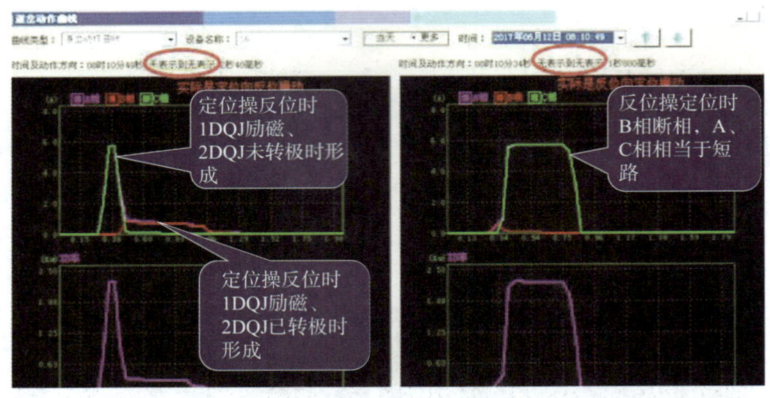

图1—47　16号道岔反位、定位动作电流曲线

2. 电路分析

根据集中监测道岔动作电流曲线分析,16号道岔从定位操反位动作电流曲线正常,说明DBQ、X1、X3、X4控制线,二极管支路正常,无反位表示(反位表示线为X1、X3、X5控制线),反位表示交流电压23.1 V,直流电压0(集中监测表示电压采集点在分线盘X3、X5端子),说明室内道岔表示电源、X5控制线室外存在开路的可能,如图1—48所示。

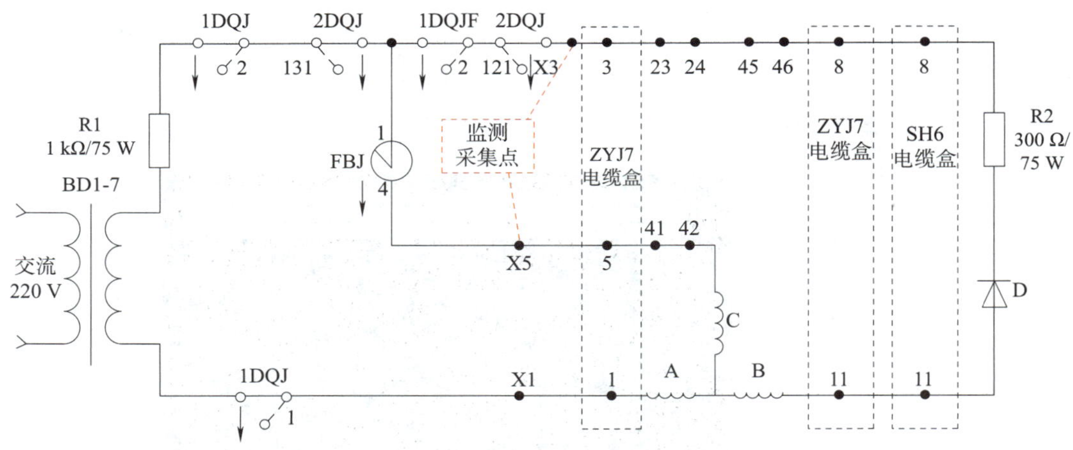

图1—48　ZYJ7道岔反位表示电路图

16号道岔从反位操定位动作电流曲线显示,B相存在断线,而B相电源只接通X2、X4控制线,如图1—49所示,反位操定位动作线为X1、X2、X5,说明X2控制线存在开路问题,但X2

控制线不是道岔反位表示线，故前后分析存在矛盾，说明集中监测采集线 B、C 相存在交叉，如图 1—50 所示。

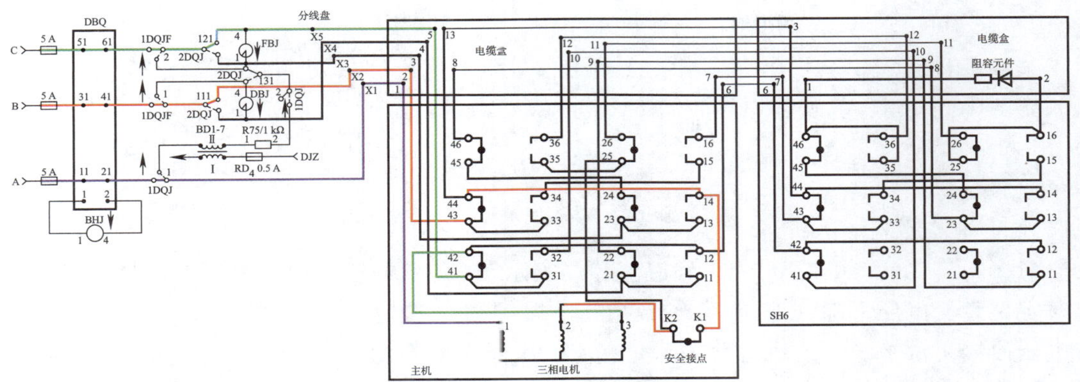

图 1—49　ZYJ7 道岔反位操定位电路

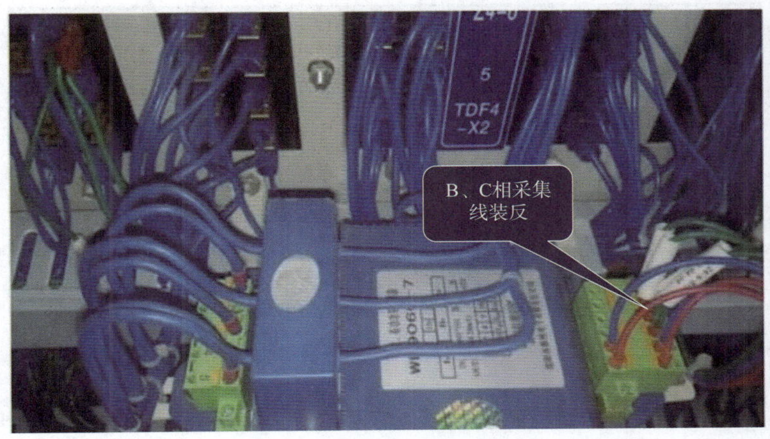

图 1—50　道岔电流/功率传感器模块安装及配线

（三）检查处理

经现场测试发现该站 T2(HF7)5 号端子至 16 号道岔 ZYJ7 转辙机电缆终端盒 5 号端子（X5 控制线）之间电缆内部断线，更换备用芯线后恢复。

（四）总结

1. 道岔反位无表示，应在分线盘采用机械万用表测试 X1 与 X3、X5 与 X3 之间的交直流电压。如此案例 X5 与 X3 之间交流电压 23.1 V(感应电压)、直流电压为 0 V，通过测试 X1 与 X3 间电压可以快速判断故障点，如果交流电压 62 V，直流电压 30 V，说明 X5 室外断线，如果测试不到电压可以通过测试室内电阻 R1 电压值可以快速判断是开路故障还是短路故障。

2. 熟知道岔特殊动作电流曲线，可以快速排除设备正常点。

十一、电缆终端盒内混线

（一）案例概况

某年某日 09:55—10:02，某站的 21 号道岔发生电气特性超限一级预警，定位表示直流电压频繁下降到 10.1 V，交流电压频繁下降到 33.5 V。

（二）监测数据分析

1. 集中监测图形分析

（1）09:55:00—10:01:40，21 号道岔定位表示交、直流电压出现 7 次同步下降尖波，最严重时定位直流电压下降到 10.1 V，交流电压下降到 33.5 V，如图 1—51 所示。反位表示交、直流电压曲线正常平稳。造成道岔表示交直流电压同步下降的原因有室外混线短路（信号电缆芯线间综合绝缘不良、线端子间混线）、室内混线短路（组合侧面配线板、分线盘配线端子、集中监测采集线及模拟量采集板）、室内半开路（配线端子虚焊、继电器接点接触不良）。

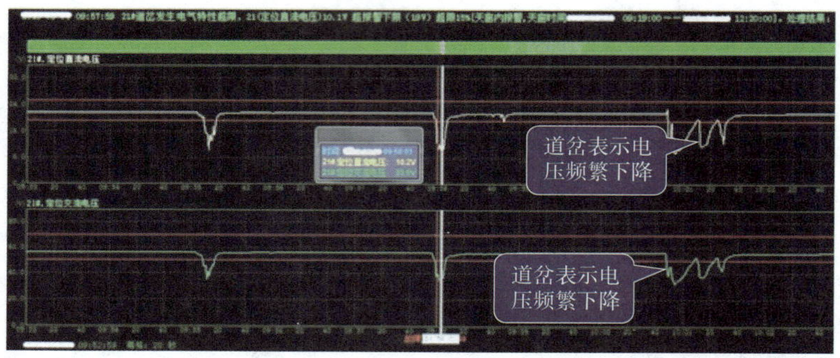

图 1—51　21 号道岔定位表示直流、交流电压曲线

（2）16:31:10，21 号道岔定位表示直流电压直线下降到 5.3 V，交流电压直线下降到 22.7 V，DBJ 落下，道岔失去定位表示。16:31:10—16:32:50，道岔表示交直流电压同步缓慢升高，16:32:45 直流电压上升到 12 V，交流电压上升到 36 V，DBJ 励磁，道岔定位表示恢复，如图 1—52 所示。

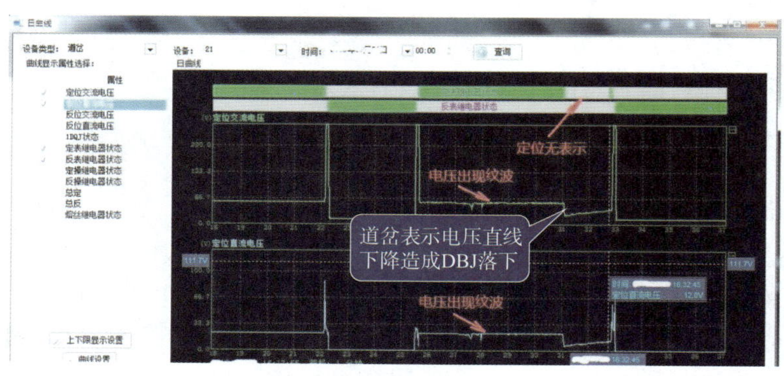

图 1—52　21 号道岔定位表示直流、交流电压曲线

(3)16:32:51、16:25:30,21 号道岔定位操反位、反位操定位道岔动作电流曲线正常平稳,排除室内继电器控制电路、道岔控制电缆芯线混线、开路问题,集中监测采集设备正常,如图 1—53 所示。

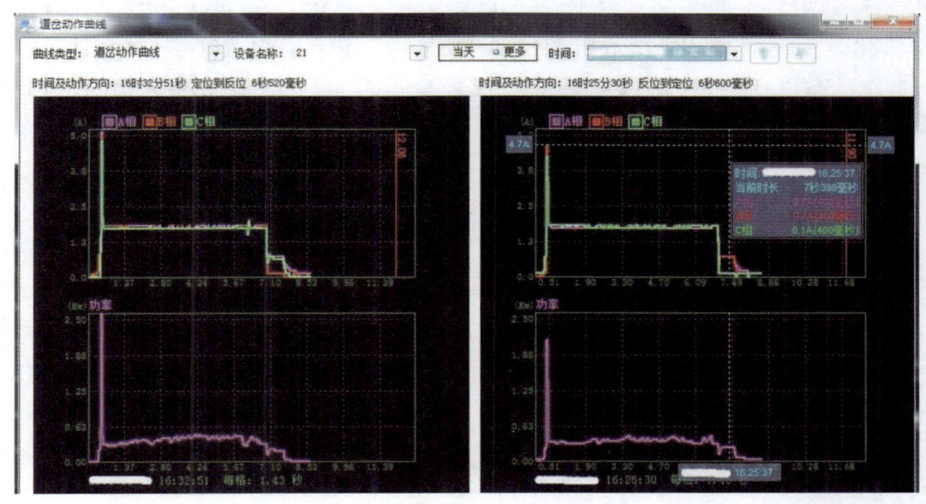

图 1—53　21 号道岔反位、定位动作电流曲线

(4)综上,初步分析为 21 号道岔反位表示交直流电压正常,排除表示电路室外二极管电阻支路和室内表示变压器及电阻问题。道岔定反位动作电流曲线正常,排除室内继电器控制电路、道岔控制电缆芯线混线、开路及集中监测采集问题。根据定位表示交直流电压同步下降,且持续时间较短,又能自动恢复,初步判断为道岔定位表示电路室外混线短路(信号电缆芯线间综合绝缘不良、线端子间混线)问题,受列车运行振动影响时好时坏。

2. 电路分析

如图 1—54 所示,道岔定位表示电路所示,蓝色线路(X1 控制线)、红色线路(X4 控制线)、紫色线路(X4 控制线延伸线)为同一正电位,绿色线路(X2 控制线)为负电位,故 ZYJ7 转辙机和 SH6 型转换锁闭器电缆终端盒间 6 号、9 号、12 号的电缆芯线为同一正电位,7 号端子电缆芯线为负电位,重点检查这四根电缆芯线之间的综合绝缘及连线端子。

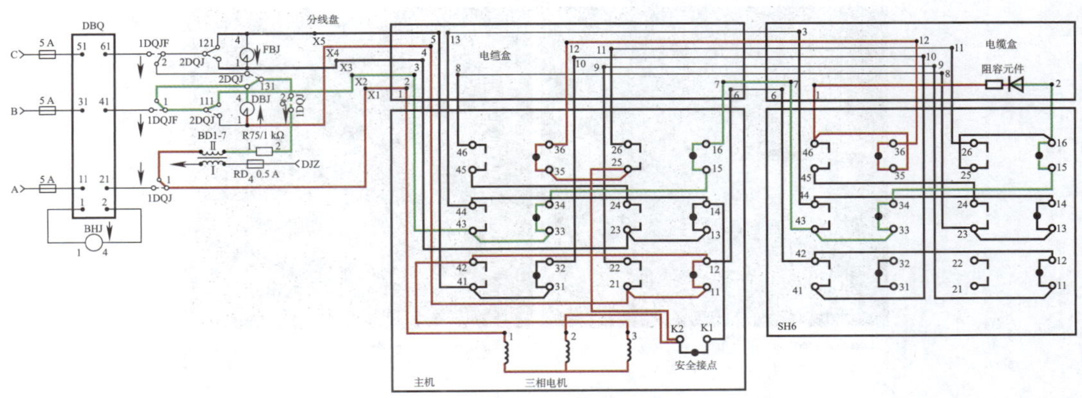

图 1—54　ZYJ7 道岔定位表示电路

(三)检查处理

经要点测试道岔电缆芯线间综合绝缘值均大于 5 MΩ,电缆终端盒端子接线隔开良好。在 SH6 型转换锁闭器电缆终端盒内发现一包受潮膨胀的干燥剂,该干燥剂靠在终端盒 6 号、7 号端子间,化学干燥剂是氯化钙或者硫酸钙,氯化钙受潮溶于水后存在导电性,随着列车运行的振动具有动态可变性,当同时接触 6 号、7 号端子时相当于混线,当只接触 6 号或 7 号端子时又恢复正常。

道岔在反位时,6 号、7 号端子为同一电位不影响反位表示电压。

取出干燥剂后连续观察 21 号道岔定位表示交直流电压正常。

(四)总结

1. 道岔只有某个位置的表示电压值波动时,可以排除定反位公共电路部分问题。再注意观察交直流电压是否同时下降,交直流电压同时下降的原因有室外混线、室内混线、室内开路。

2. 结合道岔动作电流曲线,可以排除控制线路间混线问题。

3. 通过回放,观察电压波动是否随列车的运行振动而产生,找到相关规律可以排除室内设备问题。

十二、ZYJ7 转辙机电机线间短路故障

(一)案例概况

某年 2 月 24 日 20:03,某站的 43/45 号道岔在排列进路时,从定位操纵到反位,反位无表示,回操后定位无表示。

(二)监测数据分析

(1)20:03:13,45-J1 号道岔定位操反位,道岔动作电流曲线和功率曲线显示 A 相、C 相动作电流 10 A,B 相电流 6.7 A,功率超过 2.5 kW,持续时间 1.74 s,如图 1—55、图 1—56 所示。

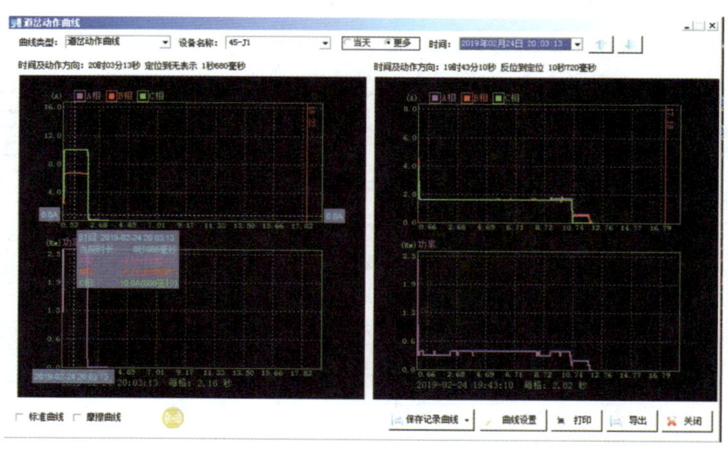

图 1—55　45-J1 号道岔反位、定位动作电流曲线

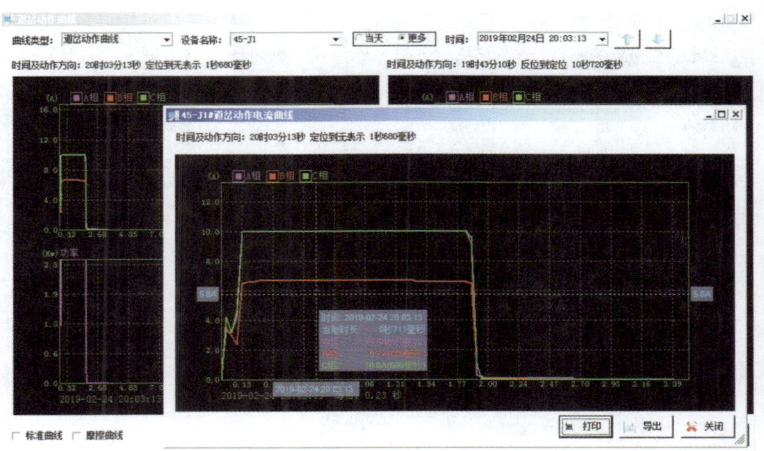

图 1—56　45-J1 号道岔定位操反位动作电流曲线

(2)20:04:15,45-J1 号道岔从反位操纵到定位,道岔动作电流曲线和功率曲线显示三相动作电流为 0 A,功率为 0 W,如图 1—57 所示。

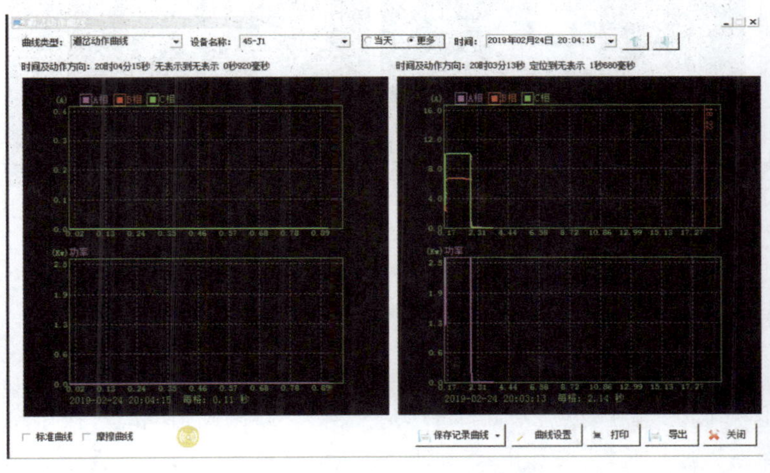

图 1—57　45-J1 号道岔定位、反位动作电流曲线

(3)调阅集中监测报警信息,发现 20:03:13 操纵 45-J1 号道岔,20:03:16 出现"Z34 架熔丝断丝报警"(图 1—58),与 45-J1 号道岔动作 1.89 s 后动作电流下降为 0 A 时间相符,可以确定45-J1 号道岔的 5 A 动作断路器开关跳闸(现场确认 Z34 架跳闸的断路器开关为 45-J1 号道岔动作断路器开关)。20:04:15 操纵 45-J1 号道岔时,三相动作电流为 0 A,功率为 0 W 是由于动作断路器开关跳闸后未恢复造成。20:08:17 闭合 45-J1 号道岔的 5 A 动作断路器开关。

(4)闭合 45-J1 号道岔的 5 A 动作断路器开关后,20:09:09 再次操纵 45-J1 号道岔时,道岔动作电流曲线和功率曲线显示 A 相、C 相动作电流仍为 10 A,B 相电流 6.7 A,功率超过 2.5 kW,持续时间 1.39 s,如图 1—59 所示。测试 45-J1 号道岔 X4、X5 电缆芯线综合绝缘分别为 1.3 MΩ、3.3 MΩ。初步判断为室外电缆、电机短路。

设备名称	设备类型	报警类型	报警级别	报警时间	恢复时间	是否处理
熔丝报警-H	熔丝监测点	熔丝断丝报警	报警	2019-02-24 22:19:10	2019-02-24 22:19:16	已处理
Z34架	熔丝监测点	熔丝断丝报警	报警	2019-02-24 22:19:07	2019-02-24 22:19:16	已处理
熔丝报警-H	熔丝监测点	熔丝断丝报警	报警	2019-02-24 22:18:50	2019-02-24 22:19:01	已处理
Z34架	熔丝监测点	熔丝断丝报警	报警	2019-02-24 22:18:47	2019-02-24 22:18:56	已处理
熔丝报警-H	熔丝监测点	熔丝断丝报警	报警	2019-02-24 20:44:56	2019-02-24 20:46:50	已处理
Z34架	熔丝监测点	熔丝断丝报警	报警	2019-02-24 20:44:52	2019-02-24 20:46:45	已处理
熔丝报警-H	熔丝监测点	熔丝断丝报警	报警	2019-02-24 20:27:17	2019-02-24 20:31:52	已处理
Z34架	熔丝监测点	熔丝断丝报警	报警	2019-02-24 20:27:13	2019-02-24 20:31:46	已处理
熔丝报警-H	熔丝监测点	熔丝断丝报警	报警	2019-02-24 20:09:15	2019-02-24 20:13:16	已处理
Z34架	熔丝监测点	熔丝断丝报警	报警	2019-02-24 20:09:12	2019-02-24 20:13:10	已处理
熔丝报警-H	熔丝监测点	熔丝断丝报警	报警	2019-02-24 20:03:20	2019-02-24 20:08:22	已处理
Z34架	熔丝监测点	熔丝断丝报警	报警	2019-02-24 20:03:16	2019-02-24 20:08:17	已处理

图 1—58　熔丝断丝报警信息

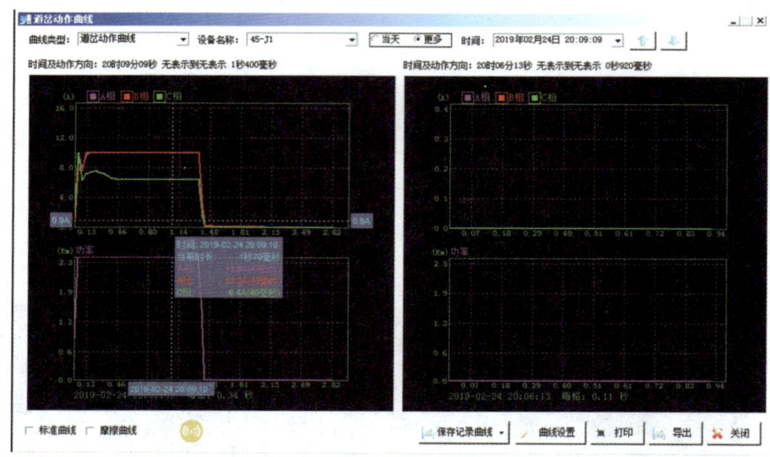

图 1—59　45-J1 号道岔动作电流曲线

（三）检查处理

甩开三相电机电源线后操纵道岔，若动作断路器开关跳闸则为电缆芯线短路，若开关未跳闸则为三相电机短路。经检测，为三相电机线圈短路造成。更换三相电机后测试 45-J1 号道岔 X4、X5 电缆芯线综合绝缘分别为 9.8 MΩ、12.8 MΩ，道岔定反位动作正常，能给出正确表示。

经入所鉴定三相电机，电机绕组的线 1 与线 2 间电阻小于 1.5 Ω，线 1 与线 3 间、线 2 与线 3 间电阻 10.0 Ω，线 1、线 2、线 3 对地综合绝缘 1.5 MΩ，电机内部绕组存在短路问题。

（四）总结

1. 当发生短路问题，造成道岔在动作过程中动作断路器开关跳闸时，应申请手摇把将道岔摇到所需开通位置，然后切断该组道岔的动作电源，在控制台上操纵该组道岔到所需开通位置（让 2DQJ 转极接通表示电路），以压缩故障延时。

2. 申请抢修点，使用切除法分片、分段甩开设备逐步进行查找，即甩开三相电机负载后操纵道岔，若动作断路器开关跳闸则为电缆芯线短路，若动作断路器开关正常则为三相电机短路。

3. 对电缆综合绝缘下降要进行分析查找，预判可能发生故障的隐患，以提高信号设备的运用质量。

十三、2DQJ 接点不良故障

(一)案例概况

某年 9 月 12 日 22:55,某无人值守站的 5 号道岔在排列进路时,从反位操纵到定位时,定位无表示。

(二)监测数据分析

1. 集中监测图形分析

(1)22:55:42,5 号道岔反位操定位,道岔动作电流曲线和功率曲线显示道岔启动、转换、锁闭正常,控制电路复原后道岔无定位表示,如图 1—60 所示。

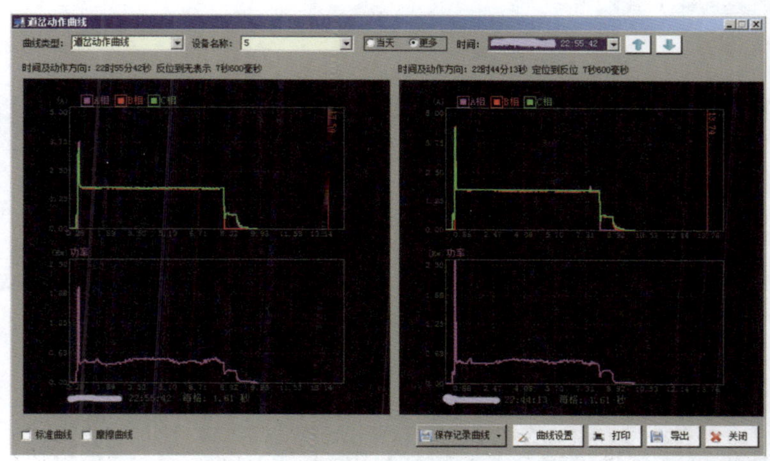

图 1—60　5 号道岔反位操定位动作电流曲线

(2)22:58:48,5 号道岔从定位操纵到反位,道岔动作电流曲线和功率曲线显示道岔启动、转换、锁闭正常,控制电路复原后道岔有反位表示。22:59:48,5 号道岔从反位操纵到定位,道岔动作电流曲线和功率曲线显示道岔启动、转换、锁闭正常,控制电路复原后道岔仍然无定位表示,如图 1—61 所示。

(3)调阅 5 号道岔表示电压曲线,22:55:42 之前、22:59:00 至 22:59:48 反位表示交流电压 67 V,22:55:50 至 22:58:48 定位表示交流电压 0 V、直流电压 0 V,如图 1—62 所示。

(4)综上,初步分析为 5 号道岔动作电路正常(1DQJ、1DQJF、2DQJ、BHJ 继电器动作正常),表示电路室外二极管支路正常,根据定位表示交直流电压为 0 V,初步判断为室内定位表示电路问题。

2. 电路分析

根据集中监测道岔动作电流曲线及道岔反位电压曲线可判断 DBQ、X1、X2、X3、X4、X5 控制线及表示电路的 BD1-7 变压器、R1 电阻、二极管支路正常,问题集中在 1DQJF 第 1 组中接点和后接点间、2DQJ 第 3 组中接点和前接点间、DBJ 线圈间,如图 1—63 所示。

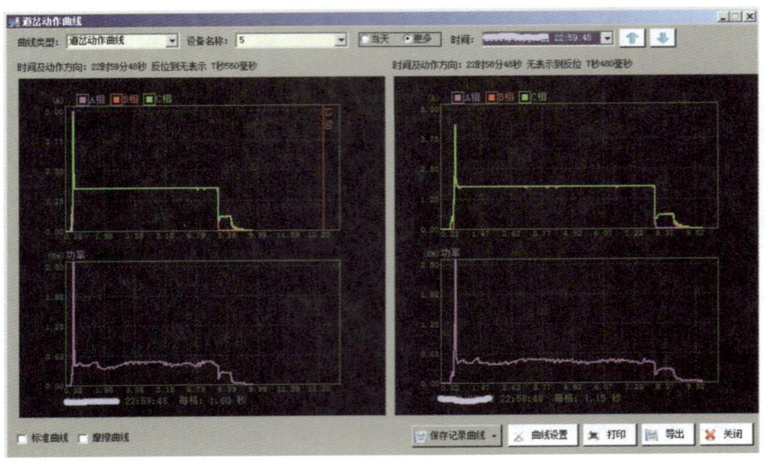

图 1－61　5 号道岔反位、定位动作电流曲线

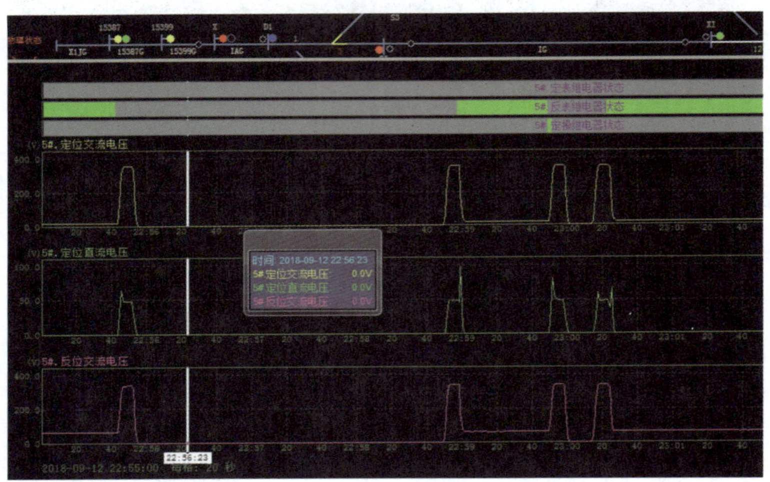

图 1－62　5 号道岔反位、定位表示电压曲线

（三）检查处理

经测试 2DQJ 第 3 组中接点和前接点（131-132）间有 110 V 交流电压，可确定为 2DQJ 继电器接点不良，更换 2DQJ 继电器后定位表示电压正常。

经继电器工区鉴定，2DQJ 在励磁状态时第 3 组中接点和前接点间电阻值为无穷大。

（四）总结

1. 道岔动作电流曲线正常，可以确定道岔动作控制线 X1、X2、X3、X4、X5 正常，1DQJ、1DQJF、2DQJ、BHJ 继电器动作正常。

2. 道岔定位（反位）无表示，而反位（定位）有表示，可确定表示电路二极管支路和道岔表示电源定反表示公共部分正常。

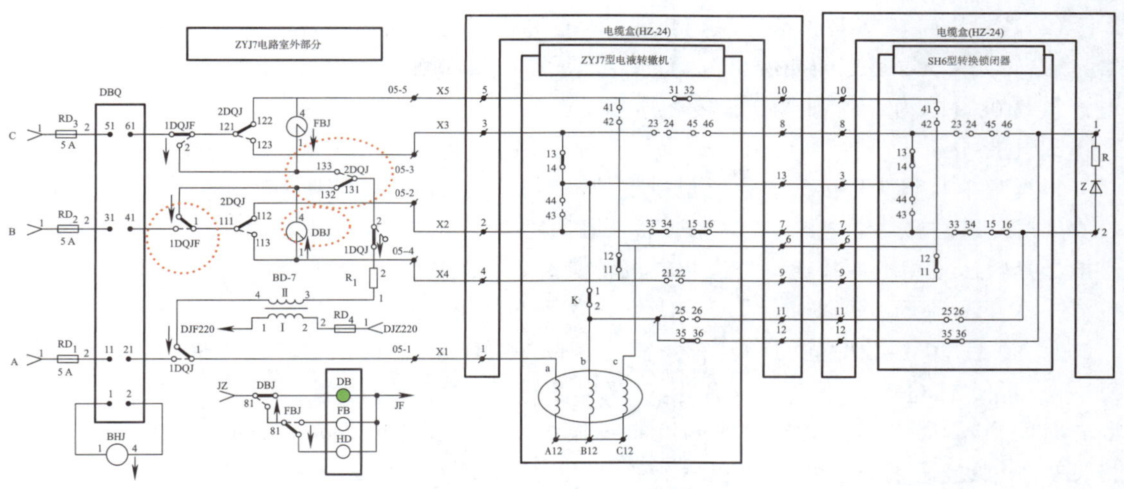

图 1－63　ZYJ7 转辙机电路

3. 通过道岔动作电流曲线和表示电压曲线排除道岔电路正常部分，再测试表示电路中非公共部分的电压值将故障范围快速缩小到具体设备点。

十四、ZYJ7 型转辙机心轨断相保护器不良故障

（一）案例概况

2016 年 8 月 25 日 12:17:00，某站 5/7 号道岔反位操定位无表示。12:56 电务部门签认设备恢复正常。

（二）监测数据分析

1. 集中监测图形分析

(1)11:44:38，5 号道岔心轨定位操反位，道岔动作电流曲线和功率曲线显示道岔启动、转换、锁闭正常，控制电路复原后道岔有反位表示，如图 1－64 右所示。

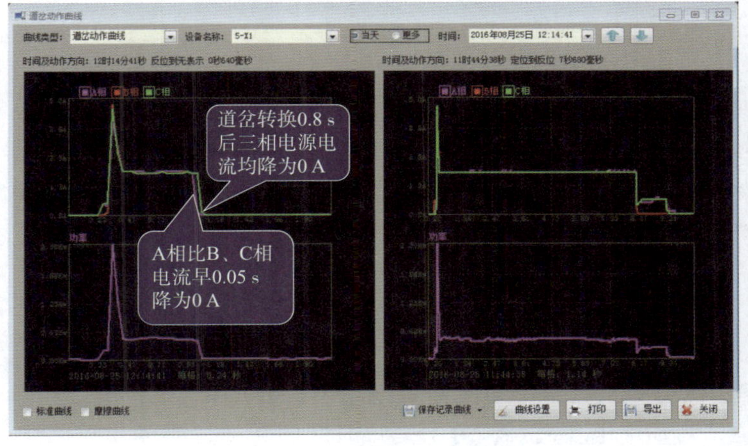

图 1－64　5 号道岔心轨反位操定位动作电流及功率曲线

(2)12:14:41,5 号道岔心轨反位操定位,道岔动作电流曲线和功率曲线显示道岔启动正常,道岔转换 0.8 s 后三相电源电流均直线下降为 0 A,其中 A 相电源电流比 B 相、C 相电源电流早 0.05 s 降为 0 A,如图 1—64 左所示。

2. 电路分析

根据集中监测 5 号道岔心轨反位操定位 0.8 s 的动作电流曲线分析,道岔启动正常说明 1DQJ(第一道岔启动继电器)、1DQJF(第一道岔启动复示继电器)励磁,2DQJ(第二道岔启动继电器)转极,三相电源接通室外三相电机转换了 0.8 s,其中 A 相电源电流比 B 相、C 相电源电流早 0.05 s 降为 0 V,此时 1DQJ、1DQJF 落下切断了三相电源通道。0.75 s(0.8−0.05=0.75)正是 1DQJ 缓放时间,1DQJ 落下首先切断 A 相电源通道,1DQJ 落下同时切断 1DQJF 励磁电路,使 1DQJF 落下后切断 B 相、C 相电源通道,从 1DQJ 前接点断开到 1DQJF 前接点断开时间相隔 0.05 s,与道岔动作电流曲线显示一致。在道岔 1DQJ、1DQJF 励磁,2DQJ 转极,三相电源接通室外三相电机正常转换后,致使 1DQJ 不能自闭的原因有 BHJ 未励磁或 BHJ 第 3 组前接点不通、1DQJ 的 1—2 线圈不良,如图 1—65 所示。

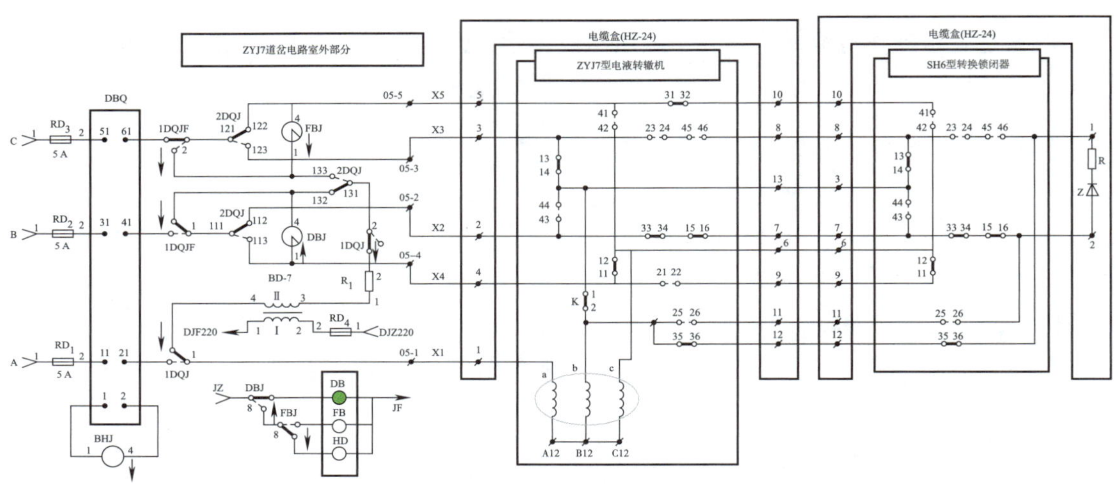

图 1—65　ZYJ7 转辙机电路

(三)检查处理

经检查 5 号道岔心轨转换过程中 BHJ(保护继电器)未励磁,经测试发现 DBQ(断相保护器)不良造成 DBQ 输出电压不达标导致 BHJ 工作在临界状态。DBQ 的 1、2 号端子输出电压范围直流 15～22 V,BHJ 型号 JWXC-1700,工作值不大于 16.8 V,当 DBQ 输出电压不足以使 BHJ 吸起时,1DQJ 不能自闭,造成道岔转换 0.8 s 后停止。

更换 DBQ 后操纵道岔转换正常。

(四)总结

道岔启动正常说明 1DQJ(第一道岔启动继电器)、1DQJF(第一道岔启动复示继电器)励磁,2DQJ(第二道岔启动继电器)转极,道岔能短时间的转换说明动作控制线 X1、X2、X3、X4、X5 正常,重点查找 1DQJ(第一道岔启动继电器)不能自闭问题。

十五、9 机牵引道岔断相保护器故障

（一）案例概况

某年 9 月 17 日 20:01，某站的 3 号道岔在排列进路时，从定位操纵到反位时，反位无表示。该道岔辙叉号为 42 号，尖轨有 6 台转辙机牵引（尖轨第一牵引点简称 J1、第二牵引点简称 J2…第 6 牵引点简称 J6），心轨有 3 台转辙机牵引。

（二）监测数据分析

1. 集中监测图形分析

（1）20:01:48，3 号道岔定位操反位，J1、J2、J3、J5、J6 动作电流曲线 2 s 多后三相电流均直线下降为 0，J4 无动作电流曲线。20:10:41，3 号道岔反位操定位，J1、J2、J3、J5、J6 动作电流曲线 2 s 多后操纵到位，如图 1—66 所示。

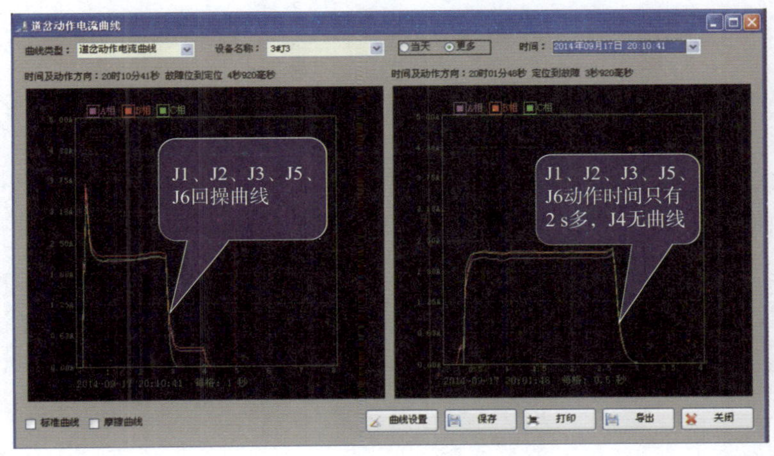

图 1—66　3 号道岔 J3 动作电流曲线

（2）调阅 1DQJ 开关量动作情况：

20:01:48，3 号道岔 J1～J6 的 1DQJ 均励磁；

20:01:49，3 号道岔 J4 的 1DQJ 落下；

20:01:50，3 号道岔 J1、J2、J3、J5、J6 的 1DQJ 落下；

20:01:52，集中监测报提速道岔故障。

2. 电路分析

（1）为避免 9 机牵引道岔转辙机同时启动，造成三相电源电流峰值过高而使电源屏过载，道岔尖轨、心轨各牵引点采用顺序启动方式减少启动峰值电流，电路上用顺序传递的办法。如尖①1DQJ—尖②1DQJ—尖③1DQJ—尖④1DQJ—尖⑤1DQJ—尖⑥1DQJ 顺序传递来实现，启动时间差约 0.14 s，如图 1—67 所示。J1～J6 的 1DQJ 均励磁说明各牵引点的 1DQJ 继电器励磁电路正常。

（2）3 号道岔 J4 的 1DQJ 继电器在励磁 1 s 后落下（1DQJ 缓放时间 0.7 s 左右），说明 1DQJ 自闭电路未连通，造成 1DQJ 不自闭的原因有 2DQJ 未转极、BHJ 未励磁等，但不管

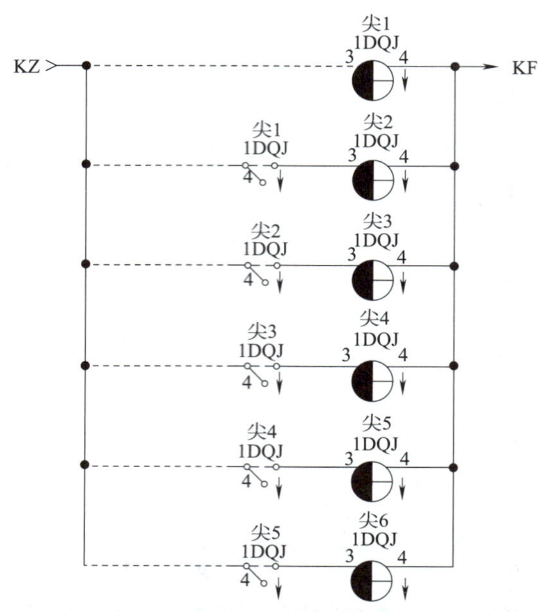

图 1—67　尖轨启动继电器电路

2DQJ 是否转极，J4 在操动过程中均应有动作电流曲线，而 20:01:48，3 号道岔定位操反位时 J4 无动作电流曲线，说明三相电源未通过断相保护器送到转辙机，致使 BHJ 未励磁，如图 1—68 所示。

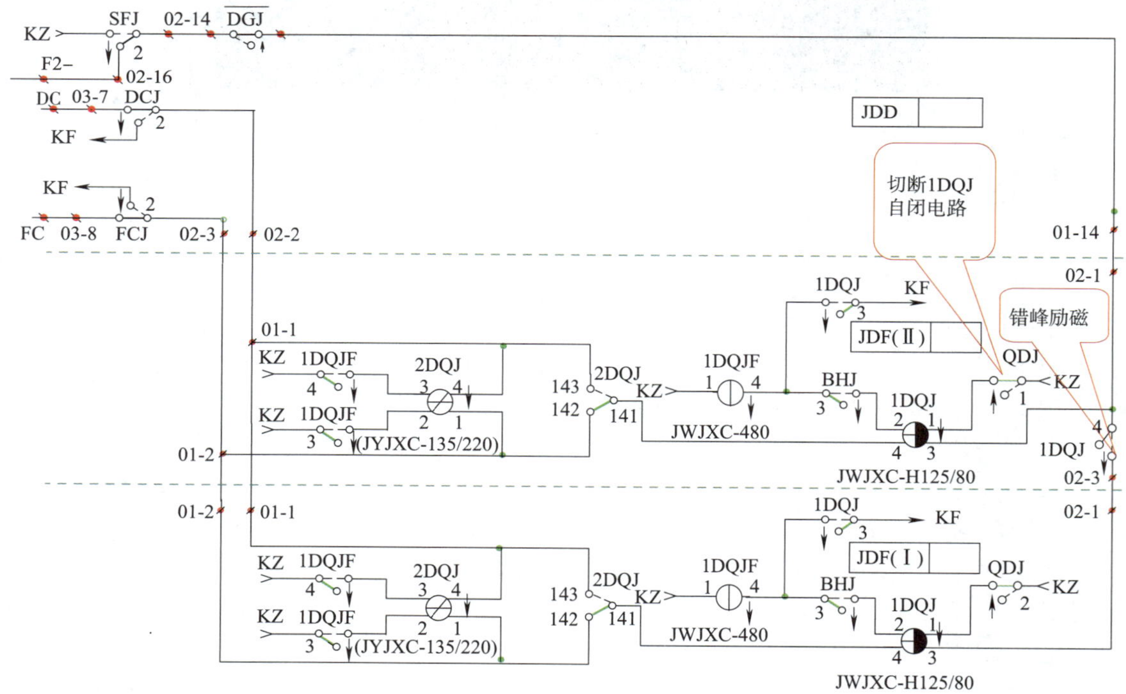

图 1—68　1DQJ 继电器电路

(3)3 号道岔 J1、J2、J3、J5、J6 的 1DQJ 从 20:01:48 励磁到 20:01:50 落下，其 1DQJ 的自闭电路由 QDJ 切断继电器的落下而被切断，如图 1－68 所示，即 J1、J2、J3、J5、J6 的动作时间为 QDJ 切断继电器和 1DQJ 继电器缓放时间之和。QDJ 切断继电器平时励磁(图 1－69)，它的作用是各牵引点单元电路中有一个未动作(即 BHJ 未吸起)时，道岔 ZBHJ 不励磁(如图 1－70 所示，总保护继电器(ZBHJ)励磁电路将各牵引点的 BHJ 前接点串接，在检查各牵引点的 BHJ 均励磁后才能励磁)，ZBHJ 不励磁切断 QDJ 的励磁和自闭电路，QDJ 切断继电器缓放后落下，切断所有牵引点 1DQJ 的自闭电路。不经人工恢复不能再次扳动道岔，只有当按下事故按钮后，使道岔 ZBHJ 励磁后，QDJ 继电器重新励磁，才能再次扳动试验。

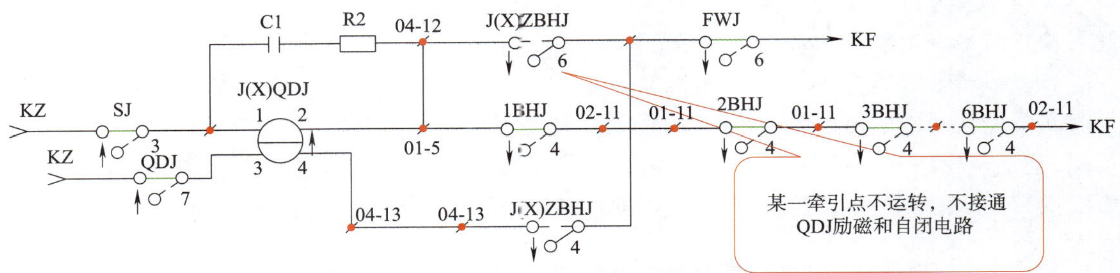

图 1－69　尖(心)轨 QDJ 切断继电器电路

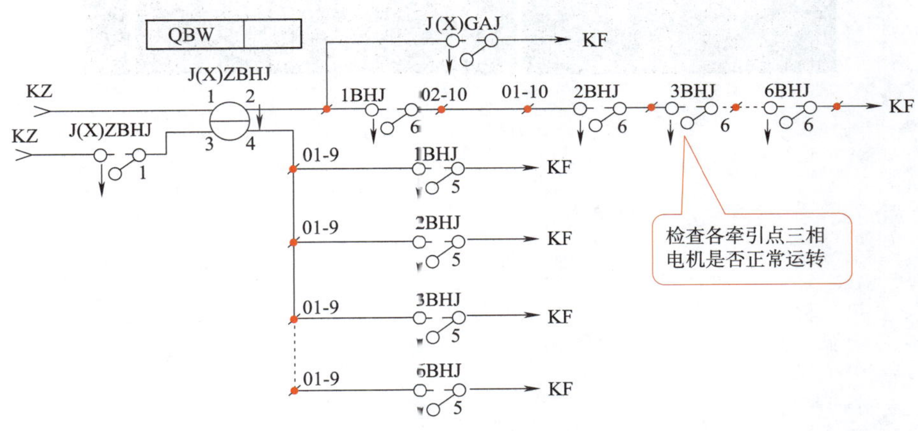

图 1－70　尖(心)轨 ZBHJ 总保护继电器电路

(4)综上分析 3 号道岔各牵引点的继电器动作过程为：

J1～J6 的 1DQJ 励磁—J1、J2、J3、J5、J6 的 BHJ 励磁，J4 的 BHJ 不能励磁—ZBHJ 不能励磁—QDJ 缓放落下—J1、J2、J3、J5、J6 的 1DQJ 缓放落下—J4 的 1DQJ 缓放落下。

(三)检查处理

经检查测试 3 号道岔 J4 的断相保护器有三相电源输入，但无电源输出。更换断相保护器后道岔动作正常。

(四)总结

1. 多机牵引道岔因某种原因造成某一动的BHJ不能正常励磁时,其他牵引点转换时间为QDJ和1DQJ缓放时间之和,而故障牵引点的曲线时间为1DQJ的缓放时间,通过动作曲线时间和1DQJ落下时间的比较,可以快速判断发生问题的是哪一个牵引点。

2. 多机牵引道岔若某一动的1DQJ不励磁,其后的各动1DQJ也不能励磁。如J3的1DQJ不励磁,则J4、J5、J6的1DQJ也不励磁,只有J1、J2有动作曲线,可以快速判断为J3问题。

3. 多机牵引道岔若某一动在转换过程中阻力过大而发生空转,其他各牵引点也会空转,此时检查最早发生空转的牵引点就是故障牵引点。

4. 多机牵引道岔若某一动在锁闭时发生空转,造成道岔给出的表示滞后,检查1DQJ落下时间及道岔动作电流曲线,时间最长的就是故障牵引点。如图1—71所示3号道岔定位操反位,道岔转换约6 s后J1、J2、J3、J5、J6牵引点的1DQJ落下、FBJ吸起完成转换,而J4因阻力大空转到23 s 1DQJ才落下、FBJ吸起完成转换,因J4空转时间超过13 s而触发报警。

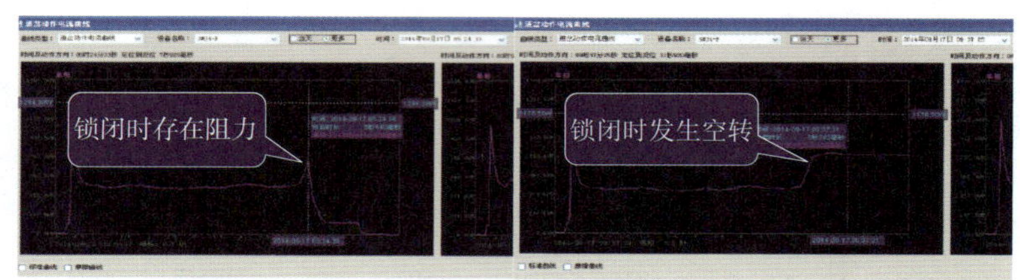

图1—71　尖轨J4锁闭时阻力大发生空转功率曲线

十六、断相保护器接触不良故障

(一)案例概况

某年12月7日04:41:00,某站值班员单操1/3号道岔从定位到反位时,反位无表示。

(二)监测数据分析

(1)04:41:09,1/3号道岔定位操反位,站场显示1/3号道岔定位表示灯熄灭13 s后出现红色挤岔表示,站场再现显示“04:41:09 1-1DQJ↑”“04:41:09 3-1DQJ↑”“04:41:10 1-1DQJ↓”“04:41:16,3-1DQJ↓”,1/3号道岔无反位表示,如图1—72所示。1号道岔1DQJ从励磁到落下间隔1 s,说明1号道岔的1DQJ未能自闭。3号道岔1DQJ从励磁到落下间隔6 s,说明3号道岔动作正常。

(2)04:41:45,1/3号道岔反位操定位,站场显示1/3号道岔定位表示正常,站场再现显示“04:41:45 1-1DQJ↑”“04:41:45 3-1DQJ↑”“04:41:46 1-1DQJ↓”“04:41:53 3-1DQJ↓”,1/3号道岔有定位表示,如图1—73所示。1号道岔1DQJ从励磁到落下间隔1 s,说明1号道岔的1DQJF励磁、2DQJ正常转极、1DQJ未能自闭。3号道岔1DQJ从励磁到落下间隔8 s,说明3号道岔动作正常。

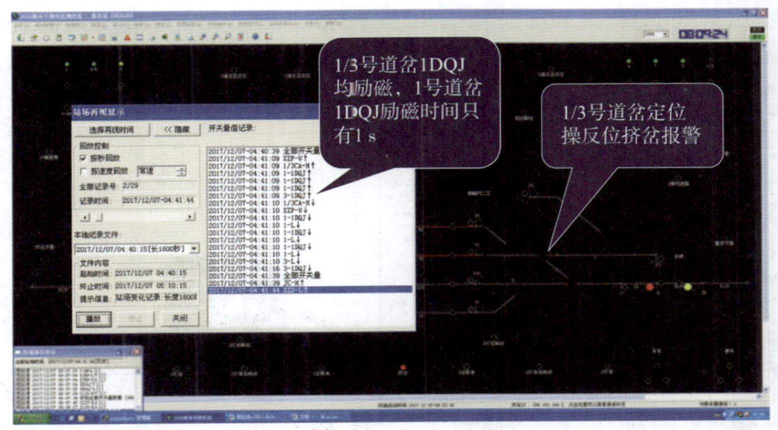

图 1－72　1/3 号道岔定位操反位 1DQJ 开关量

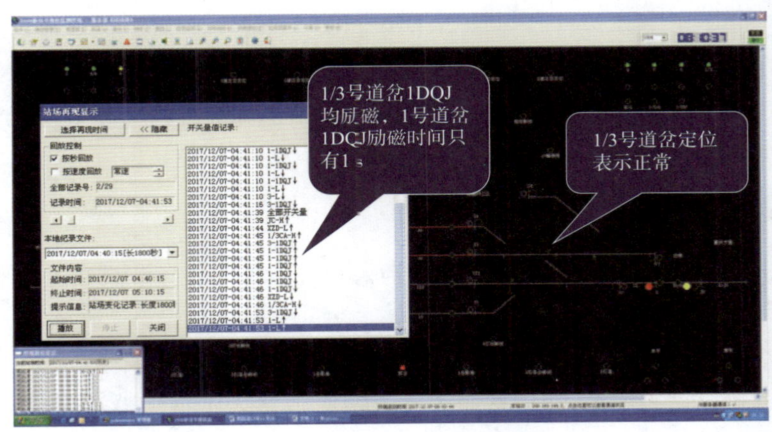

图 1－73　1/3 号道岔反位操定位 1DQJ 开关量

(3)调阅 1/3 号道岔动作电流曲线，1 号道岔从 03:24:28—05:14:12 无动作电流曲线，说明 1 号道岔三相电源无输出，而 3 号道岔从 03:24:28—05:14:12 动作了 20 次，如图 1－74 所示。

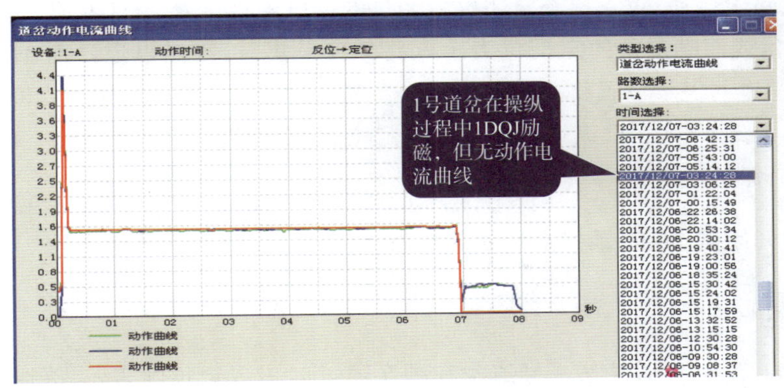

图　1－74

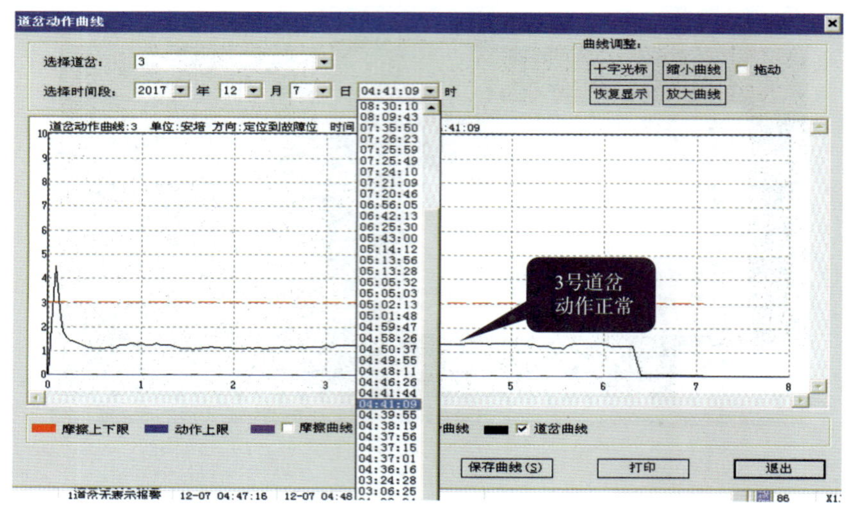

图 1－74　1/3 号道岔动作电流曲线及动作时间

(4)综上分析为 1 号道岔 1DQJ、1DQJF 能正常励磁，2DQJ 能正常转极，但 1DQJ 不能自闭，且无动作电流曲线，初步判断为室内断相保护器接触不良，造成三相电源无法接通室外三相电机而无动作电流曲线，BHJ 不能励磁而使 1DQJ 不能自闭。

(三)检查处理

检查道岔动作三相电源是否有电、断相保护器是否插接良好。

(四)总结

1. 双动道岔操纵后无表示，如道岔总表示是两组道岔表示继电器串联，则需检查两组道岔的 1DQJ 动作开关量、动作电流曲线及表示继电器状态，以快速判断是某一组道岔出现故障。

2. 道岔在定反操纵时 1DQJ 能励磁，说明 1DQJF 励磁、2DQJ 转极，因为 1DQJF 励磁才能接通 2DQJ 转极电路，2DQJ 转极了才能接通 1DQJ 定反位励磁电路。1DQJ 励磁 1 s 后落下，说明自闭电路未接通，重点检查自闭电路经过的继电器接点及 BHJ 状态。

3. 单动道岔或双动道岔的定反位表示电路单独采集时，当操纵道岔而 1DQJ 不励磁时，控制台显示问题道岔表示位置将一直保持不变。如某站 2DQJ 的 141 中接点断裂，如图 1－75 所示，造成 141-143 不通，在操纵道岔从反位到定位时，室外道岔一直不动作，室内控制台道岔反位表示灯一直保持不变。

十七、自动开闭器 11-12 动接点环脱落故障

(一)案例概况

某年 3 月 11 日 14:08，某站 9 号道岔在列车通过时出现定位断表示，光带只显示岔前部分，车站值班员紧急叫停列车。

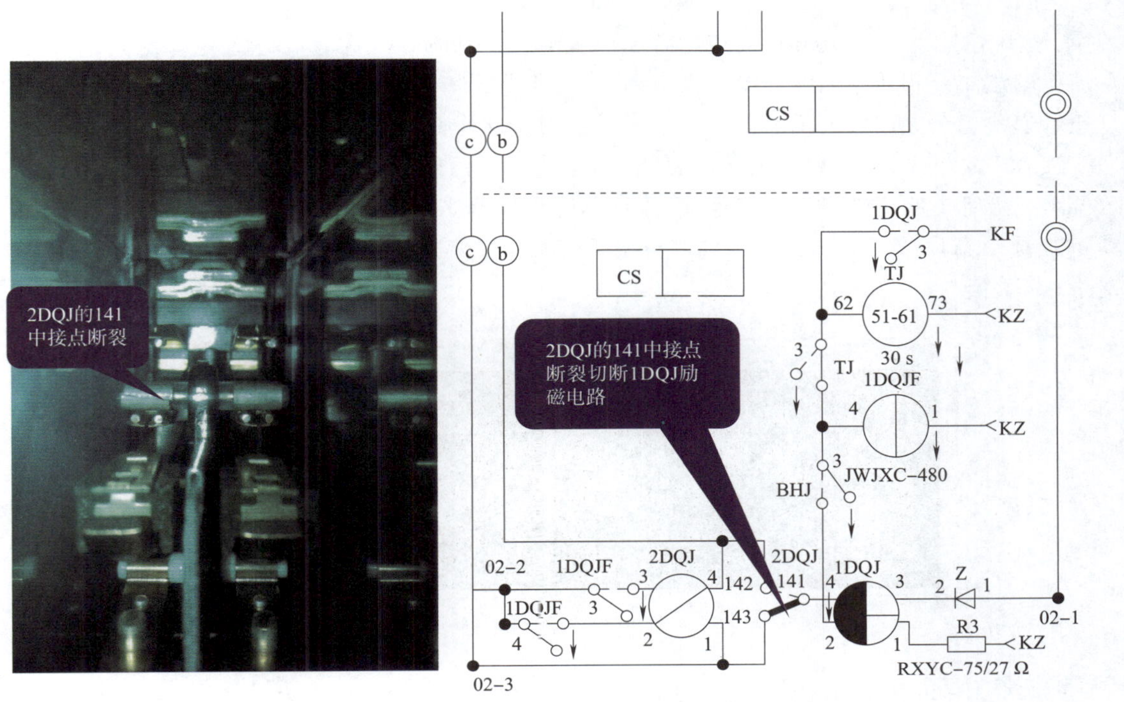

图 1—75　2DQJ 中接点断裂造成 1DQJ 不励磁

（二）监测数据分析

1. 集中监测图形分析

(1)14:08:19—14:09:00，9 号道岔定位直流电压在 10.4～20 V 间频繁波动，交流电压在 60～82.9 V，如图 1—76 所示，直流电压下降的同时交流电压升高，根据曲线分析为室外存在开路点，且该开路点随着列车运行过程中道岔的振动而时断时通，其问题存在三方面可能性：一方面是机械部分，道岔斥离轨在列车运行过程中的振动下往轨道中心侧来回窜动，带动 SH6 型转换锁闭器的检查表示杆横移，将自动开闭器检查柱往上顶；二方面是自动开闭器动接点与静接点存在点接触，且静接点簧片压力不达标，在列车运行过程中时断时通；三方面是信号电缆存在内部短路或虚接，在列车的振动下时好时坏。

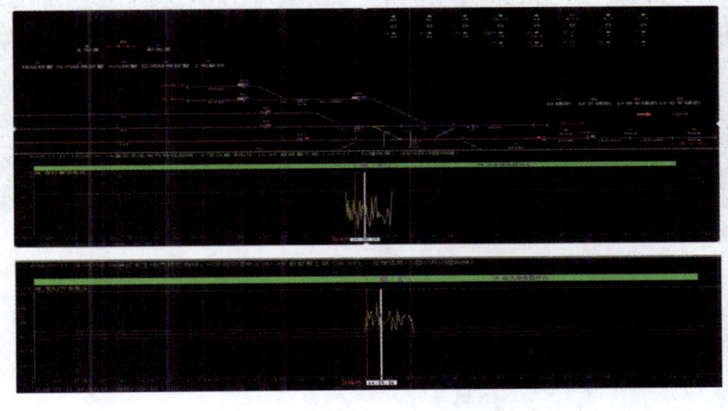

图 1—76　9 号道岔定位表示直流、交流电压曲线

(2)14:17:22,9 号道岔从定位操纵到反位,道岔动作电流曲线和功率曲线显示道岔启动、转换、锁闭正常,控制电路复原后道岔有反位表示。14:17:39,9 号道岔从反位操纵到定位,道岔动作电流曲线和功率曲线显示道岔启动、转换正常,锁闭时功率曲线有小幅尖波,控制电路复原后道岔仍然无定位表示如图 1—77 所示。根据动作曲线和功率曲线分析为道岔 X1、X2、X3、X4、X5 控制线正常,反位表示电路正常,定位无表示但道岔动作曲线有“小台阶”,说明表示电路二极管支路正常,即 ZYJ7 转辙机内自动开闭器 15-16、33-34、35-36 接点,SH6 型转换锁闭器自动开闭器 15-16、33-34、35-36 接点正常,排除斥离轨横移问题,问题集中在 DBJ 支路。

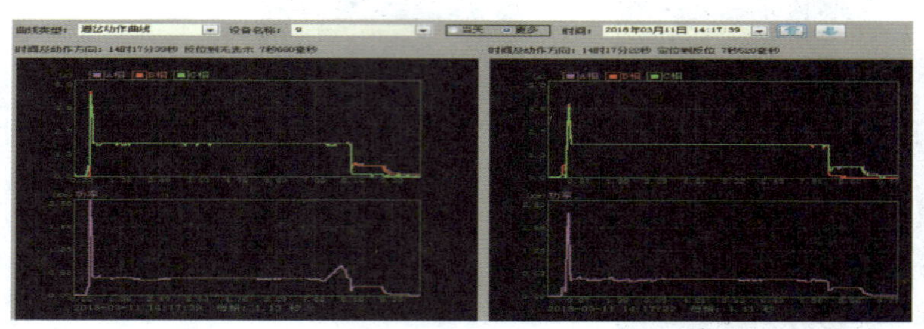

图 1—77　5 号道岔反位、定位动作电流曲线

(3)14:19:26 操纵 9 号道岔从定位到反位,道岔动作电流曲线和功率曲线显示道岔未启动,AC 相动作电流将近 5 A,B 相电流为 0 A,功率将近 1.88 kW,持续时间 0.7 s,道岔无表示。14:20:04 操纵 9 号道岔从反位到定位,道岔动作电流曲线和功率曲线显示道岔未启动,AC 相动作电流存在将近 5 A 的尖波,功率存在将近 1.88 kW 的尖波,尖波之后出现 AB 相动作电流 0.65 A,功率 0.3 kW,持续时间 0.7 s,控制电路复原后道岔仍然无定位表示(图 1—78)。根据动作曲线分析,定位操反位时,电机未转动,4.8 A 的电流是 AC 相在三相电机连接产生的电流,反位操定位时 4.8 A 的尖波电流仍是 AC 相连接电流,之后的 AB 相 0.65 A 动作电流是经室外电阻和二极管整流后的半波电流,持续时间是 1DQJ 缓放时间。

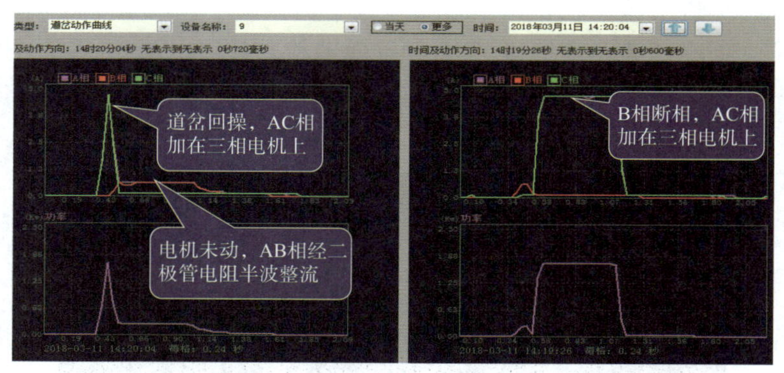

图 1—78　9 号道岔反位、定位操纵动作电流及功率曲线

(4)14:43:39 操纵 9 号道岔从定位到反位,道岔动作电流曲线和功率曲线显示道岔启动、动作、锁闭正常,自动开闭器动接点转换后动作电流由 1.8 A 升到 2.1 A 再升到 4.8 A 然后降到 2.5 A 最后到 0 A,功率曲线同步,持续时间 1 s,控制电路复原后道岔有反位表示。14:45:11

操纵 9 号道岔从反位到定位，道岔动作电流曲线和功率曲线显示道岔启动、动作、锁闭正常，控制电路复原后道岔定位表示正常，如图 1—79 所示。根据动作曲线分析，道岔由定位操纵到反位后，AB 相电源继续带动电机旋转，因缺 C 相正常的电压值而使 AB 相电流升高，电机缺相形成不了旋转磁场，只有脉振磁场，随着液压油压力的持续增加，阻止了电机的旋转，当电机停止转动时 AB 相动作电流达到峰值。由于高压液压的反作用力，使电机反向旋转，对 AB 相形成的脉振磁场作相对运动切割磁力线产生感应电势，该感应电势产生的磁场与脉振磁场相互作用维持电机反向旋转，当 1DQJ 缓放落下后切断三相电源的输出，三相电源电流均降到 0 A。

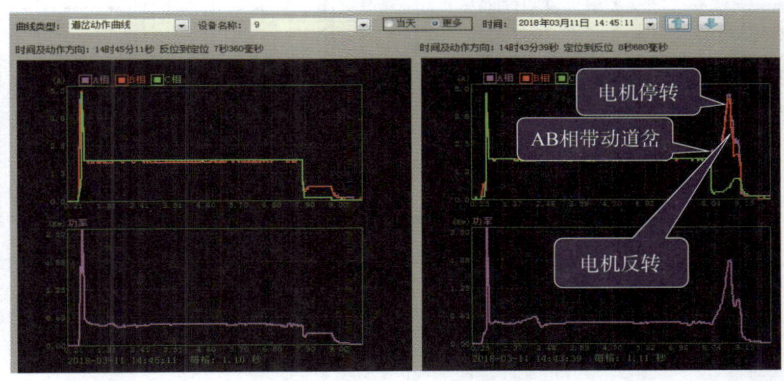

图 1—79　9 号道岔反位、定位操纵动作电流及功率曲线

2. 电路分析

(1)根据集中监测道岔定位表示直流电压、交流电压曲线随着列车通过而频繁波动，道岔从定位操反位有反位表示，说明表示电路二极管支路正常。反位操定位无定位表示，且定位操纵动作电流曲线正常，可判断室外设备存在开路点，且该开路点随着道床的振动而时断时通，即 ZYJ7 转辙机内自动开闭器 15-16、33-34、35-36 接点，SH6 型转换锁闭器自动开闭器15-16、33-34、35-36 接点正常，问题主要集中在 ZYJ7 转辙机自动开闭器 11-12 接点上，如图 1—80 所示。

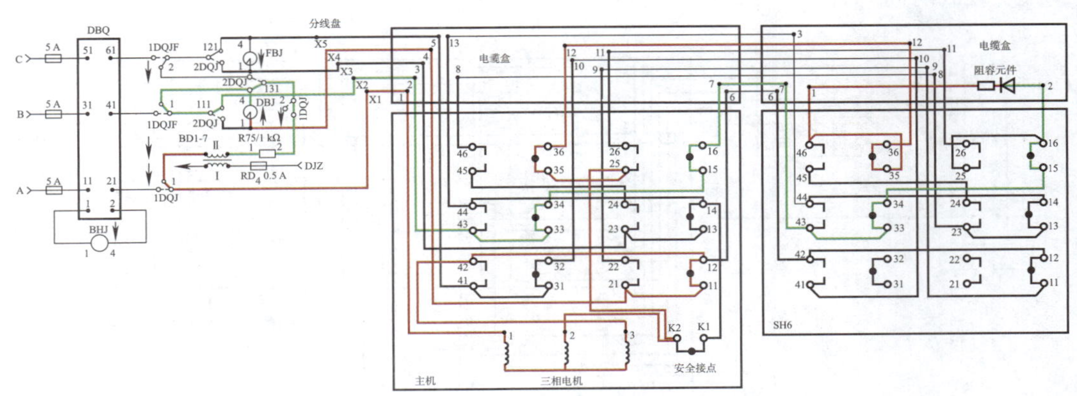

图 1—80　ZYJ7 道岔定位表示电路

(2)14:19:26 操纵 9 号道岔从定位到反位，AC 相道岔动作电流曲线将近 5 A，B 相电流为 0 A，持续时间 0.7 s，道岔无表示，如图 1—78 所示。

根据道岔控制电路分析，道岔定操反时，B 相电流为 0，说明 B 相电源未接通到电机，B 相电源在 ZYJ7 转辙机内经过自动开闭器 11-12 接点，11-12 接点存在开路点。三相电机因缺 B 相电源，AC 相所加 380 V 电源不能使电机产生旋转磁场，致使 AC 相在三相电机内部连接电流达 4.8 A，0.7 s 的持续时间是 1DQJ 缓放时间，当 1DQJ 落下后切断三相电源输出(图 1—81)。

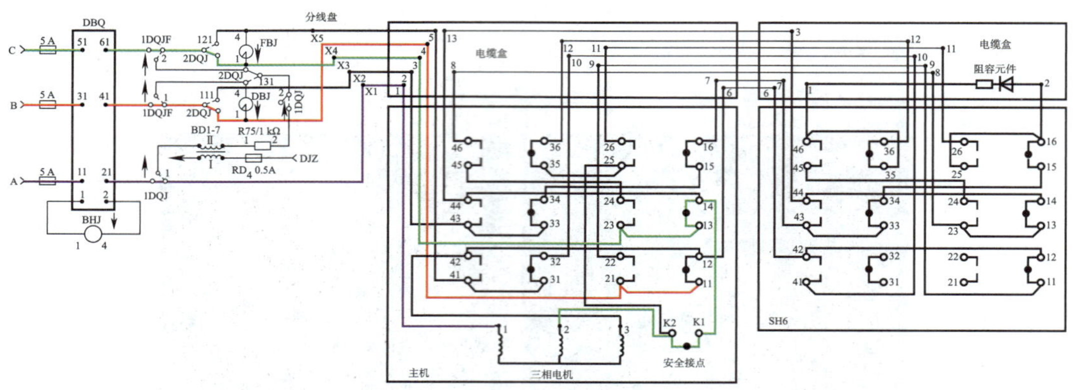

图 1—81　道岔在定位，定位操反位动作电流流向

(3)14:20:04 操纵 9 号道岔从反位到定位，道岔 AC 相动作电流存在将近 5 A 的尖波(B 相电流为 0 A)，功率存在将近 1.88 kW 的尖波，尖波之后出现 AB 相动作电流 0.65 A(C 相电流为 0 A)，功率 0.3 kW，持续时间 0.7 s，控制电路复原后道岔仍然无定位表示，如图 1—78 所示。

根据道岔控制电路分析，道岔反操定，1DQJ、1DQJF 继电器励磁，2DQJ 未转极时，AC 相 380 V 动作电源瞬间接通电机，B 相电源因存在断点而不能送至电机，致使 AC 相电源在三相电机处连接后不能产生旋转磁场，而出现 4.8 A 的大电流(图 1—78)。当 2DQJ 继电器转极后，因道岔本身在定位，三相电源中的 AB 相接通的是室外电阻和二极管支路，经半波整流后形成 0.65 A 动作电流曲线，C 相电源在 SH6 型转换锁闭器中正常断开，电路值为 0，持续时间是 1DQJ 缓放时间，如图 1—82 所示。

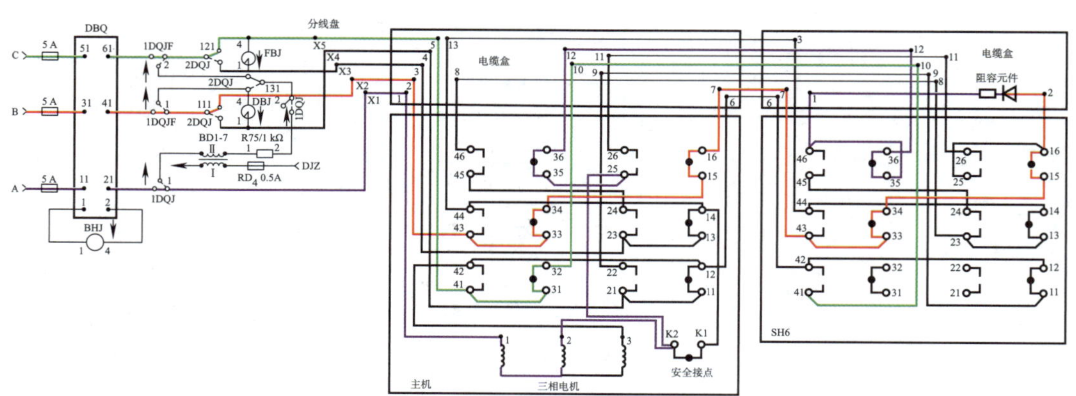

图 1—82　道岔在定位，反位操定位动作电流流向

(4)14:43:39 操纵 9 号道岔从定位到反位，道岔动作到位后，自动开闭器动接点转换后动

作电流由 1.8 A 升到 2.1 A 再升到 4.8 A 然后降到 2.5 A 最后到 0 A，功率曲线同步，持续时间 1 s，控制电路复原后道岔有反位表示。

根据道岔控制电路分析，道岔由定位操纵到反位后，自动开闭器动接点接通第 2 排和第 4 排静接点，但因为 ZYJ7 转辙机自动开闭器动接点环脱落在 11-12 接点上，B 相电源继续接通三相电机，与 A 相电源连接后产生脉振磁场，动作电流由 1.8 A 上升到 2.1 A。随着液压油压力的持续增加，其反作用力大于电机的旋转力，使电机停止旋转，AB 相动作电流由 2.1 A 上升到 4.8 A。之后在反作用力的推动下使电机反向旋转，对 AB 相形成的脉振磁场做相对运动切割磁力线产生感应电势，AB 相动作电流由 4.8 A 下降到 2.5 A，当 1DQJ 缓放落下后切断三相电源的输出，三相电源电流均降到 0(图 1－83)。

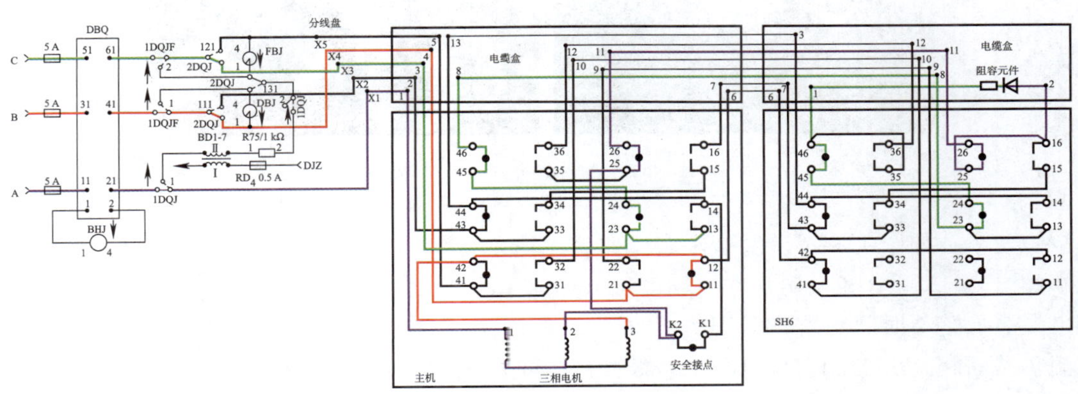

图 1－83　道岔定位操反位动作电流流向

（三）检查处理

经现场检查，发现 9 号道岔 ZYJ7 转辙机内自动开闭器动接环在开口销断裂后，脱落在静接点座 11-12 簧片上，如图 1－84 所示，在列车通过时产生的振动下时断时通，造成道岔定位断表示。在 11-12 接点断开时，操动道岔产生了如图 1－78 的动作电流曲线，在 11-12 接点接通时，操动道岔产生了如图 1－79 的动作电流曲线。

将动接点环复原后，道岔动作表示均正常。

（四）总结

1. 道岔在列车运行过程中发生断表示问题，其问题存在三方面可能性：一方面是机械部分，道岔斥离轨在列车运行过程中的振动下往轨道中心侧来回窜动，带动 SH6 型转换锁闭器的检查表示杆横移，将自动开闭器检查柱往上顶；另一方面是自动开闭器动接点与静接点存在点接触，且静接点簧片压力不达标，在列车运行过程中时断时通；第三方面是信号电缆存在内部短路或虚接，在列车的振动下时好时坏。

2. 根据道岔定、反操纵电流动作曲线排除相关问题，对道岔的特殊动作曲线要有所了解，在分析问题时才能做到有的放矢。

3. 精检细修、对标调整，将设备缺陷及时克服，消除故障发生的隐患。

4. 日常浏览集中监测道岔动作电流曲线时，对存在的异常曲线需提高警惕，认真分析，预

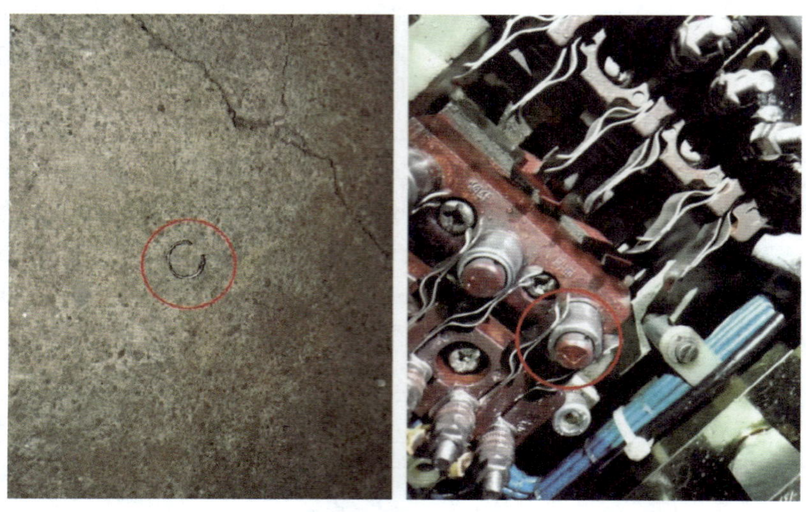

图 1—84　断落的卡环与接点位置

防故障发生。如图 1—85 道岔动作电流曲线图所示，道岔定位操反位时 C 相电源断相，电机因缺相未转动，A、B 相电源加在三相电机上形成了 4.7 A 的大电流，持续时间为 0.7 s(1DQJ 继电器缓放落下时间)。在 1DQJ 继电器落下的同时，在控制台操纵道岔从反位到定位，C 相电源仍然断相，在 1DQJ、1DQJF 继电器励磁，2DQJ 未转极瞬间，AB 相 380 V 动作电源瞬间接通电机，而出现 4.7 A 的尖波大电流。当 2DQJ 继电器转极后，因道岔本身停留在定位，三相电源中的 AB 相接通的是室外电阻和二极管支路，经半波整流后形成 0.65 A 动作电流曲线，持续时间 0.7 s 是 1DQJ 缓放时间(图 1—85)。道岔在定位操反位和反位操定位过程中均出现 C 相断相问题，说明问题点主要集中在室内的 C 相电源保险、断相保护器及经过的 1DQJF、2DQJ 继电器接点，经查找为断相保护器故障，C 相电源在断相保护器内断线造成。

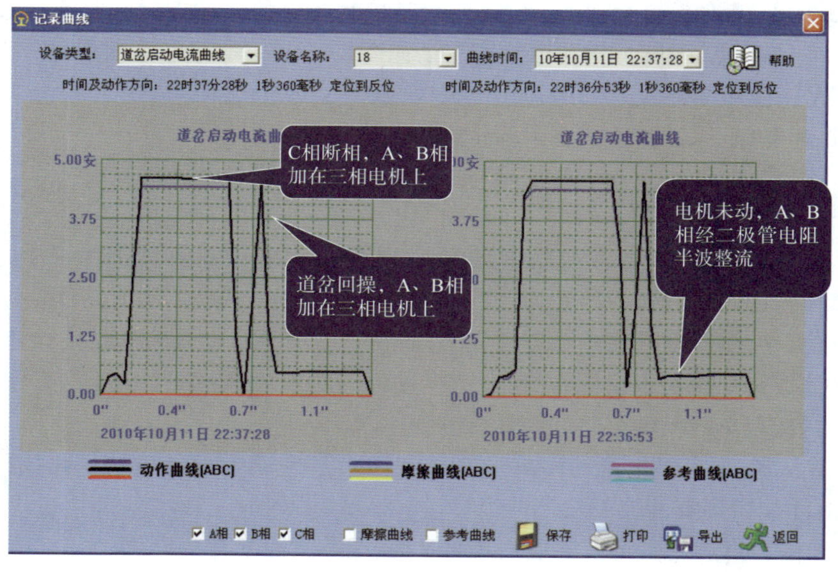

图 1—85　道岔 C 相断相动作电流曲线

十八、自动开闭器不良故障

(一)案例概况

某年 10 月 26 日 13:00,某站的 16/18 号道岔在排列进路时,从定位操纵到反位时,反位无表示。

(二)监测数据分析

1. 集中监测图形分析

(1)13:00:06,16 号道岔尖轨定位操反位,道岔动作电流曲线和功率曲线显示道岔启动、转换正常,在道岔转换 11.5 s 时出现动作电流和功率均升高,出现道岔打空转问题,31 s 后道岔自动停止转换(道岔转换超过 30 s 自动切断控制电路,防止电机持续满负荷旋转而烧损)。12:23:08,16 号道岔尖轨反位操定位设备正常,道岔转换时间为 11.3 s,如图 1—86 所示。

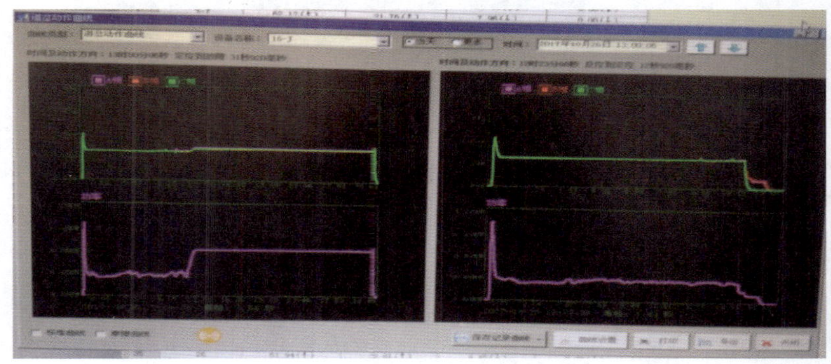

图 1—86　16 号道岔尖轨动作电流曲线和功率曲线

(2)调阅 16 号道岔尖轨定位操反位油压曲线,在道岔打空转时动作油压由 4 MPa 直线上升到 13 MPa,说明道岔出现溢流,如图 1—87 所示。

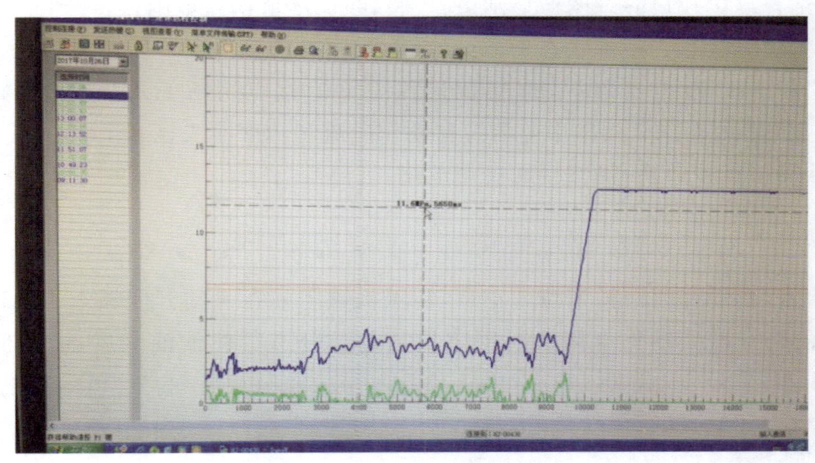

图 1—87　16 号道岔定位操反位尖轨动作油压曲线

(3)调阅 13:03:57,16 号道岔尖轨反位缺口静态图像,数据显示"缺口 1.7 mm 偏小 0.30 mm,缺口校正:0.30 mm",标准值为 2 mm±0.5 mm,一是说明道岔表示杆缺口在标准值偏差范围内;二是说明道岔已经转换到反位,并将尖轨锁闭在反位状态;三是道岔反位到位后,控制电路未切断,如图 1—88 所示。

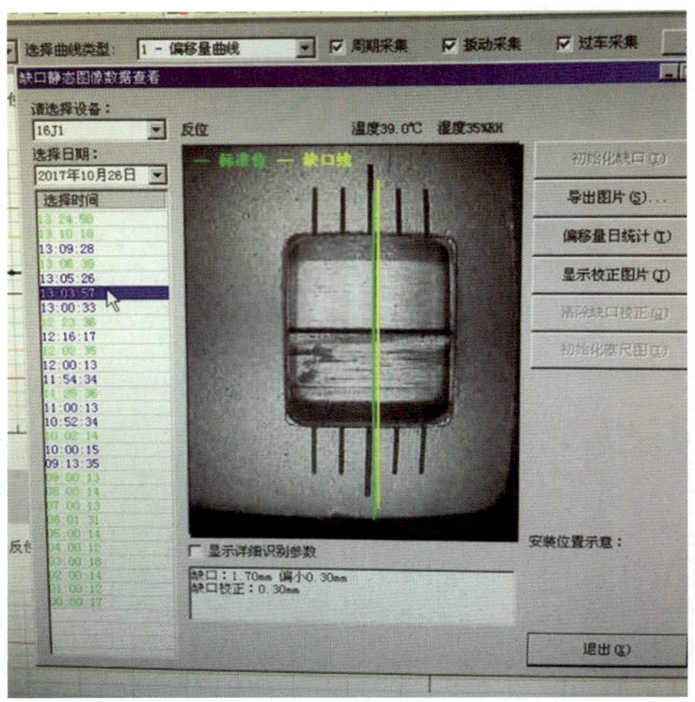

图 1—88　16 号道岔尖轨反位缺口静态图像

2. 电路分析

根据集中监测 16 号道岔尖轨动作电流和功率曲线 11.5 s 时出现升高,而正常转换时间为 11.3 s,再结合反位缺口静态图像显示道岔缺口在标准值偏差范围内,可判断道岔已经转换到位,尖轨处于锁闭状态。正常状态下,道岔自动开闭器动接点在弹簧的拉力下,应快速切断道岔启动电路使 BHJ 继电器落下,通过 BHJ 继电器后接点切断 1DQJ 自闭电路,使 1DQJ、1DQJF 落下接通表示电路。而集中监测道岔动作电流和功率曲线显示 11.5 s 后出现溢流,说明自动开闭器动接点未转换,仍然接通启动电路。

(三)检查处理

经现场检查,自动开闭器弹簧拉力正常,转辙机锁闭柱在自动开闭器上下活动部位缺油,导致锁闭柱摩擦力过大动作卡阻。对锁闭柱活动部分进行注油油润后,卡阻问题消除,如图 1—89 所示。

(四)总结

1. 将道岔动作电流曲线、功率曲线、油压曲线和缺口静态图像结合分析道岔空转问题,可

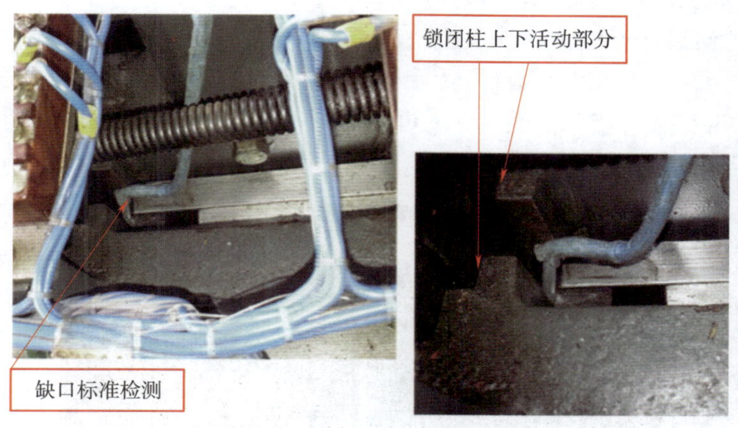

图 1－89　锁闭柱活动部分

快速排除卡异物、不锁闭问题。

2. 进行道岔检修时，对转辙机内活动部分需定期注油，防止活动面氧化生锈造成摩擦力增大，特别是正线双动及侧线不经常操动的道岔。

十九、ZYJ7 转辙机漏液压油故障

（一）案例概况

某年某月 9 日 02:36，某站 6/8 号道岔定、反位无表示，03:27 电务签认设备恢复正常。

（二）监测数据分析

该站 6/8 号道岔是 9 机牵引道岔，尖轨由 6 台转辙机牵引，心轨由 3 台转辙机牵引。

（1）02:33 车站排列 SL4 至 XⅡ列车进路，6/8 号道岔无表示，查开关量信息，6 号道岔各牵引点表示良好，8 号道岔尖轨各牵引点表示良好，8 号道岔心轨各牵引点无表示，如图 1－90 所示。

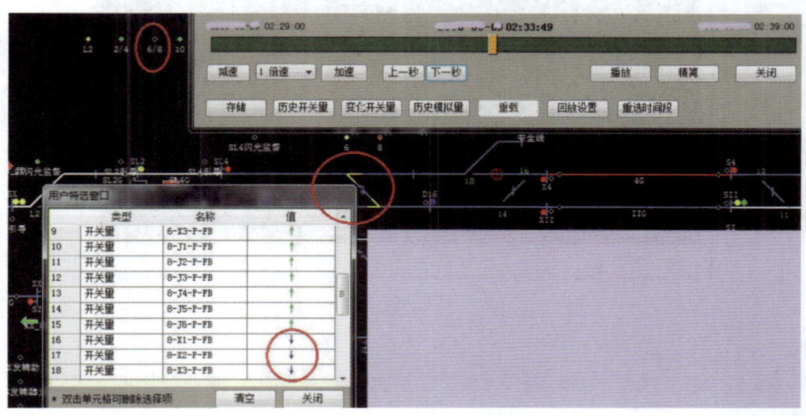

图 1－90　8 号道岔 9 机反位表示开关量

(2)02:33:14 操纵 8 号道岔从定位到反位，道岔动作电流曲线显示 X1 道岔动作 3.43 s 后空转 30 s，电机停转后无反位表示，X2 道岔动作 5.35 s 后空转 30 s，电机停转后无反位表示，X3 道岔动作 2.6 s 后空转 30 s，电机停转后无反位表示。02:34:13 操纵 8 号道岔从反位到定位，X1 道岔动作 3.43 s 后有定位表示，X2 道岔动作 30 s 后无定位表示，X3 道岔动作 2.6 s 后有定位表示，如图 1—91 所示。X2 道岔定反位操纵时均打空转，说明问题出在 X2 道岔。

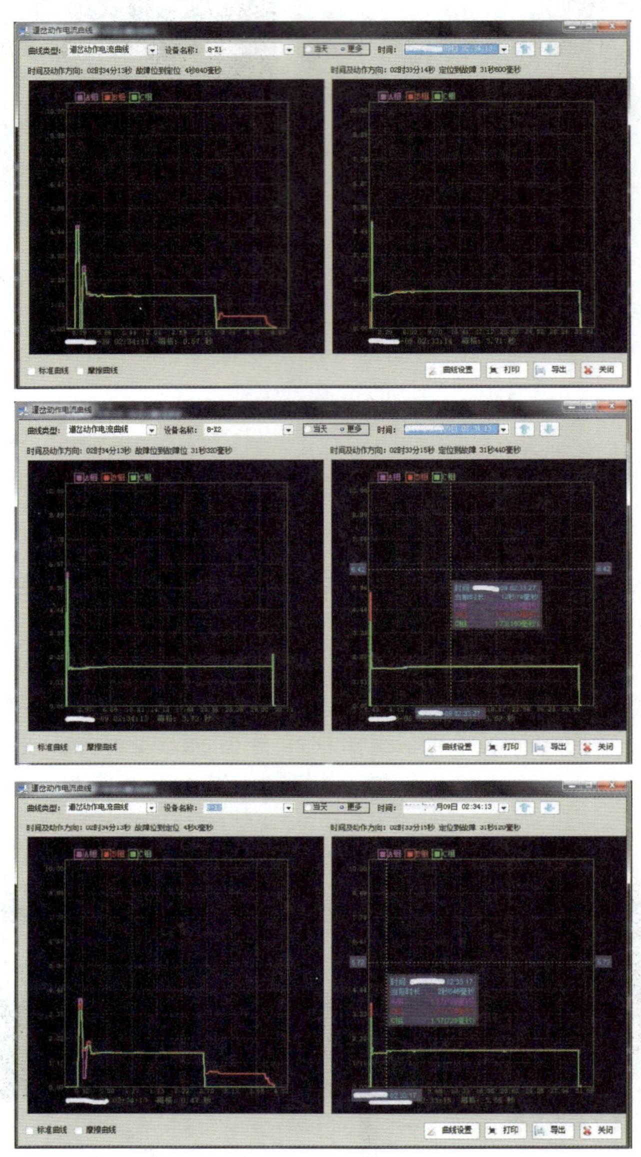

图 1—91　8 号道岔 X1、X2、X3 定位、反位动作电流曲线

(3)02:33:15 操纵 8 号道岔从定位到反位，道岔动作功率曲线显示 X2 道岔发生空转时功率输出平稳，只有 0.33 kW，如图 1—92 所示。

(4)5 日操纵 8 号道岔从定位到反位，道岔动作功率曲线显示 X2 道岔正常动作功率输出 0.33 kW，如图 1—93 所示，与道岔发生空转时输出功率一致，说明 X2 道岔输出功率不够，可能发生的问题有液压油不够、溢流压力调整不达标、油泵故障、启动油缸出现泄漏。

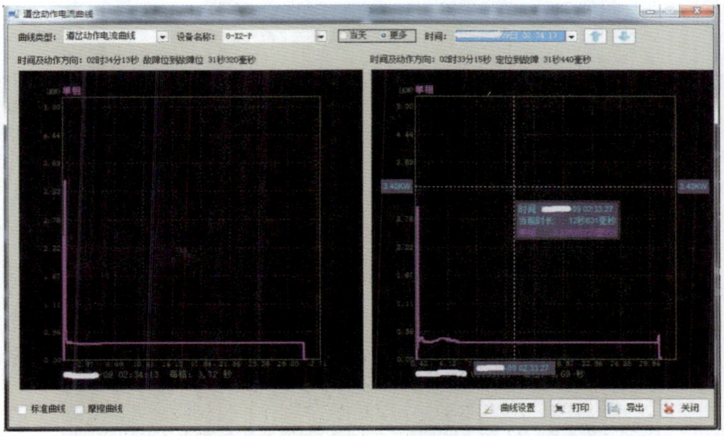

图 1—92　8 号道岔反位、定位动作空转时功率曲线

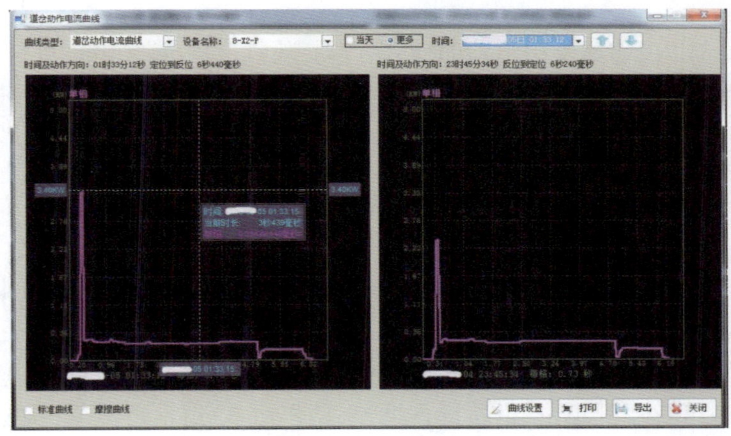

图 1—93　8 号道岔反位、定位正常动作时功率曲线

(三)检查处理

现场检查 8 号道岔 X2 转辙机,发现当道岔由定位往反位操纵时,能够观察到 X2 转辙机启动油缸外部右侧(连接油管处)封堵口有明显的漏油现象;道岔由反位操定位时正常,左右两侧封堵口都无漏油现象。

拆开右侧油管连接口封堵螺杆,封堵口紫铜垫圈不平整,下部突出,上部凹陷,液压油正是从封堵口上部溢出,如图 1—94 所示。更换新的紫铜垫圈后,拧紧封堵螺杆并加注液压油,来回操纵道岔测试,道岔操纵正常,漏油故障排除。

(四)总结

1. 多机牵引道岔发生故障时,第一要务是判断故障牵引点。可通过集中监测道岔动作电

图 1－94　8 号道岔 X2 转辙机后方油管连接口密封不良，出现液压油泄漏问题

流曲线、回放开关量以及多机牵引道岔的“顺序启动、故障保护电路”特点进行判断。

2. 道岔检修时注意检查各部螺杆是否紧固，机内外是否存在液压油泄漏问题，如有泄漏在泄漏处会出现大面积的油脂。

3. 定期检查液压油油量，确保液压油油量达游标尺上限，如果检查油量有减少，需全面检查泄漏点。

第二节　S700K 型转辙机提速道岔典型案例分析

S700K 型转辙机提速道岔主要运用于高速铁路，集中监测系统对 S700K 型提速道岔工作状态监测主要采集 1DQJ 开关量、道岔动作电流、动作功率、道岔表示电压值。采样地点与方式同 ZYJ7 型转辙机提速道岔。

通过对 S700K 型转辙机提速道岔四个故障案例动作电流曲线和功率曲线成因的分析，研判造成设备故障可能存在的问题处所。其中第一至第二个案例主要分析 TS-1 接点不良时表示电压、动作电流曲线的变化；第三个案例主要分析造成道岔空转的问题点；第四个案例主要分析二极管支路出现问题时，道岔动作电流曲线的表象。

一、TS-1 接点不良故障 1

（一）案例概况

某年 4 月 26 日 17:12，某站的 1-J1 号道岔定位无表示。

（二）监测数据分析

1. 集中监测图形分析

(1)17:12:52，1-J1 号道岔定位表示交流电压上升到 100 V，直流电压下降到 14.4 V，并持续下降，如图 1－95 所示，造成道岔定位无表示。

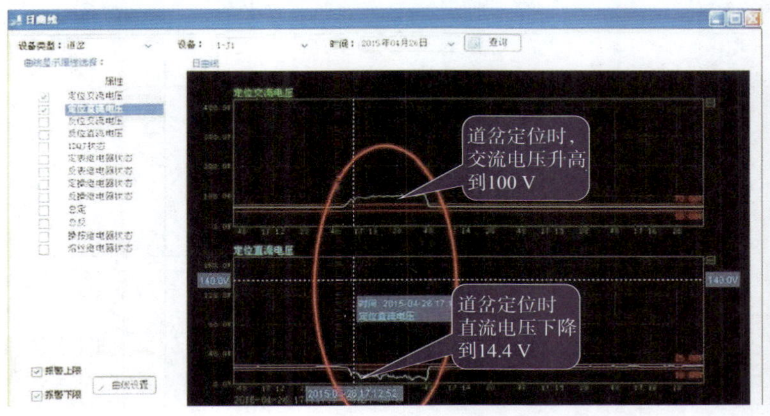

图 1－95　1-J1 号道岔定位表示交、直流电压曲线

(2)17:19:22 操纵 1-J1 号道岔从反位到定位，道岔动作电流曲线显示 C 相电源电流频繁下降形成多个反向尖波，如图 1－96 所示。17:21:36 操纵 1-J1 号道岔从定位到反位，道岔动作电流曲线显示道岔启动、转换、锁闭正常，并给出正常的反位表示。

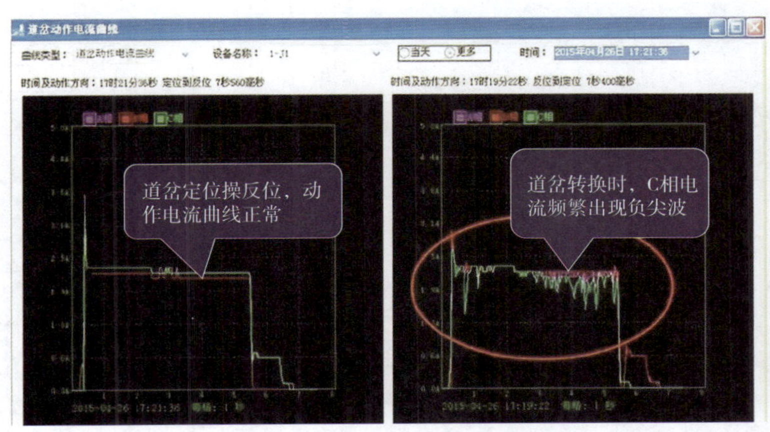

图 1－96　1-J1 号道岔反位、定位动作电流曲线

(3)综上，初步分析为 1-J1 号道岔室内动作电路正常(1DQJ、1DQJF、2DQJ、BHJ 继电器动作正常)，室外 C 相电源经过电路存在时断时通的问题，定位表示电路室外二极管支路存在开路问题。

2. 电路分析

S700K 型转辙机定位表示通过转辙机 TS-1 接点组 31-32、15-16、33-34 接通二极管电阻支路，因反位表示正常，故二极管电阻支路开路问题集中在此三组接点中，如图 1－97 所示。

S700K 型转辙机反位操定位时，C 相电源经过转辙机 TS-1 接点组 41-42 接通三相电机的 V1-V2 线圈，如图 1－98 所示，C 相电源电流频繁下降形成的多个反向尖波，说明 41-42 接点存在接触不良问题。

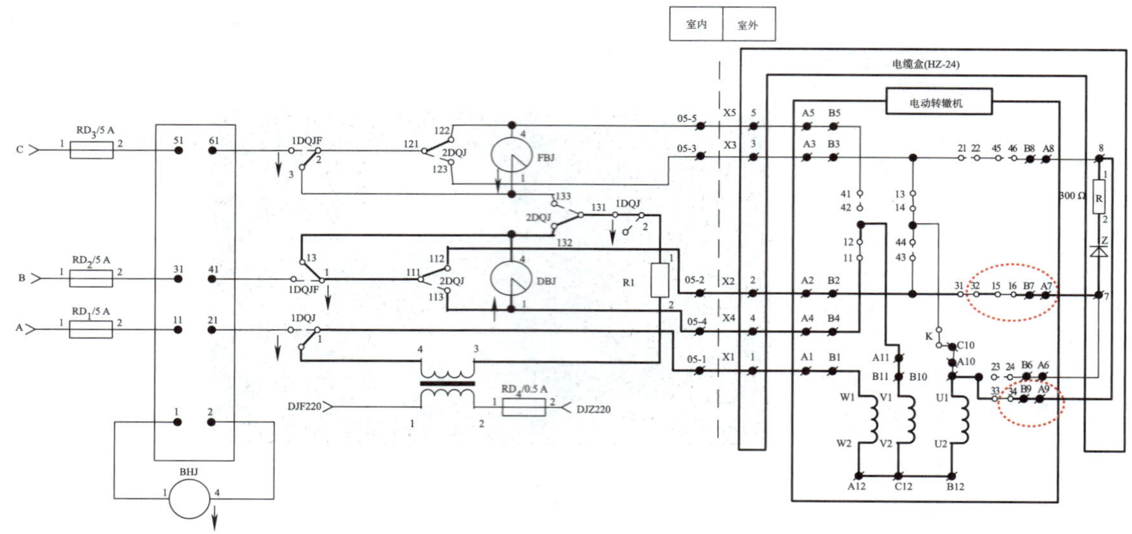

图 1—97　S700K 型转辙机定位表示电路

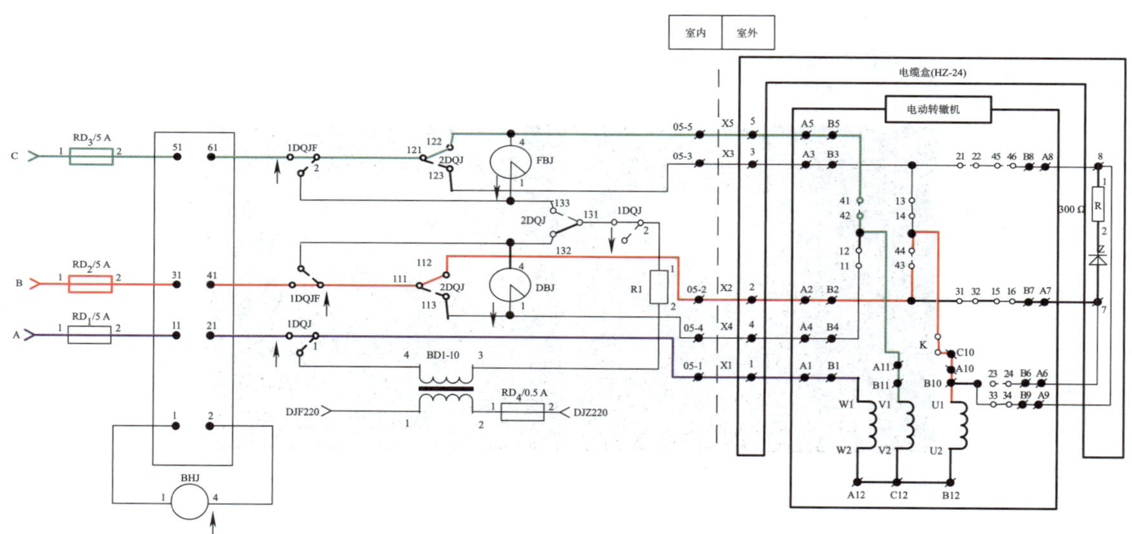

图 1—98　S700K 型转辙机反位操定位动作电路

（三）检查处理

经现场检查转辙机 TS-1 接点不良，发现接点 31 和接点 41 拉簧断裂，造成 31、32，41、42 接点接触不良，影响启动和表示电路正常工作，如图 1—99 所示，更换 TS-1 接点座后恢复。

（四）总结

1. 道岔定操反位动作电流曲线正常，反操定位 AB 相动作电流正常，C 相电流频繁下降，

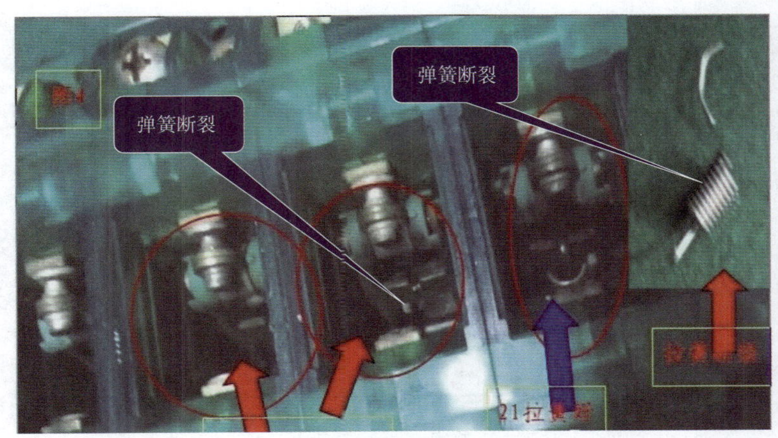

图 1—99　S700K 型转辙机 TS-1 接点组弹簧断裂

可以确定道岔动作控制线 X1、X2、X3、X4、X5 正常，1DQJ、1DQJF、2DQJ、BHJ 继电器动作正常，问题主要集中在反操定 C 相电源经过的 TS-1 接点组经过的接点组或连接线端子存在接触不良。

2. 道岔定位无表示，而反位有表示，可确定表示电路二极管电阻和道岔表示电源定反表示公共部分正常。在定位时，表示交流电巨上升到 100 V，直流电压下降到 14.1 V，并持续下降，说明定位时转辙机连通二极管电阻支路的通道存在开路点。

3. 道岔动作电流曲线向下频繁出现负尖波，说明电路存在接触不良问题。如向上频繁出现正尖波，说明电路中存在短路混线问题。

二、TS-1 接点不良故障 2

（一）案例概况

2017 年 4 月 20 日 09:17:18，京广高铁某站 9 号道岔反位操定位，定位无表示。

（二）监测数据分析

1. 集中监测图形分析

（1）09:17:18，9 号道岔从反位操纵到定位，定位无表示。集中监测显示 9-J2、9-J3 号道岔转辙机定位无表示。调阅 9 号道岔动作电流曲线，9-J2 号道岔曲线在电路复原部分为二极管支路开路特征曲线，9-J3 号道岔曲线动作 0.5 s 后 C 相电源电流直线下降到 0 A，如图 1—100 所示，A 相与 B 相电源电流升高 0.25 A 持续输出 1.2 s 后降为 0，造成 9-J3 号道岔不能转换到位，定位不能给出表示，初步判断故障为 9-J3 号道岔由反位操定位时 C 相断线。

（2）09:22:34 操纵 9 号道岔从定位到反位，9-J3 号道岔动作电流曲线显示操纵 3 s 后号道岔锁闭在反位，如图 1—101 所示。

（3）在 9 号道岔发生故障之前 08:38:17 操纵 9 号道岔从反位到定位，9-J3 号道岔动作电流曲线显示 C 相电源电流频繁下降形成多个反向尖波，如图 1—102 所示。

（4）根据 9 号道岔反位动作电流曲线正常，动作电流曲线波动只出现在定位操动时，初步

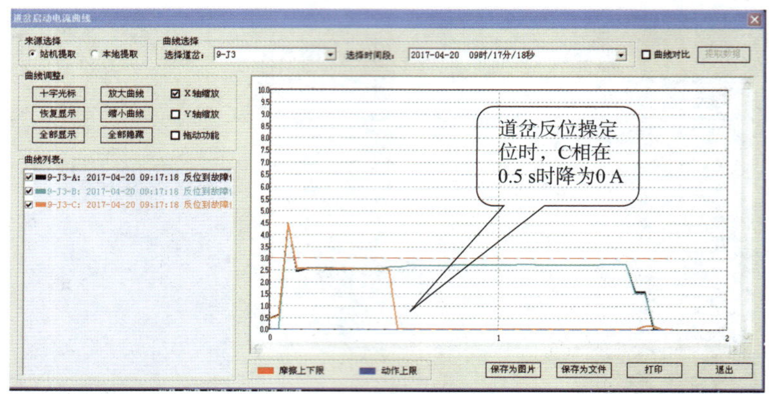

图 1—100　9-J3 号道岔反位操定位动作电流曲线

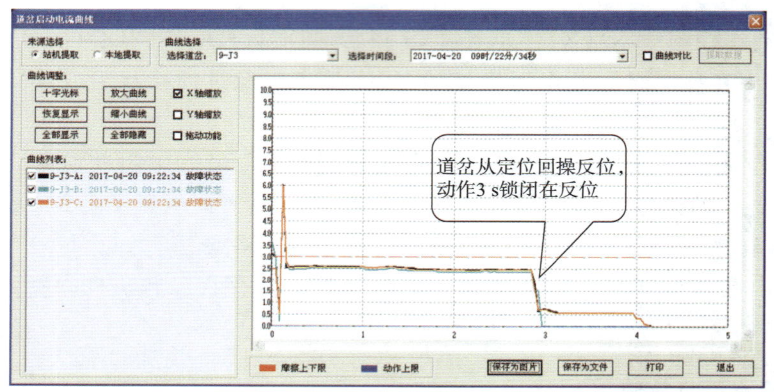

图 1—101　9-J3 号道岔反位动作电流曲线

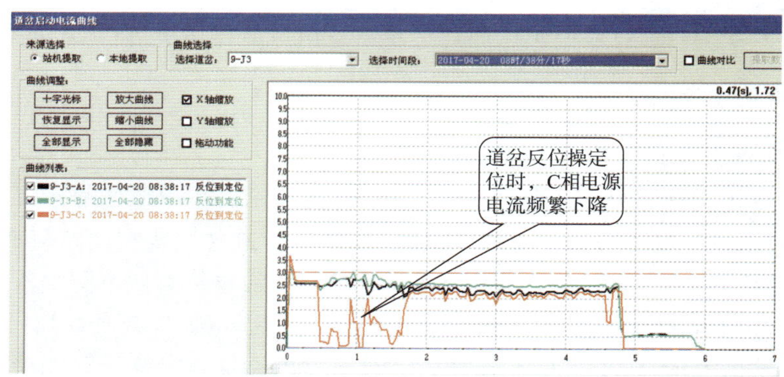

图 1—102　9-J3 号道岔故障之前定位动作电流曲线

分析问题点在 9-J3 号道岔 C 相电源经过的 2DQJ 接点，室外转辙机接点组。

2. 电路分析

S700K 道岔反位操定位时，C 相电源经过 2DQJ 的 121-122 接点、转辙机 TS-1 接点组

41-42 接通三相电机的 V1-V2 线圈，如图 1—103 所示，C 相电源电流频繁下降形成的多个反向尖波，说明 2DQJ 的 121-122 接点或 41-42 接点存在接触不良问题。

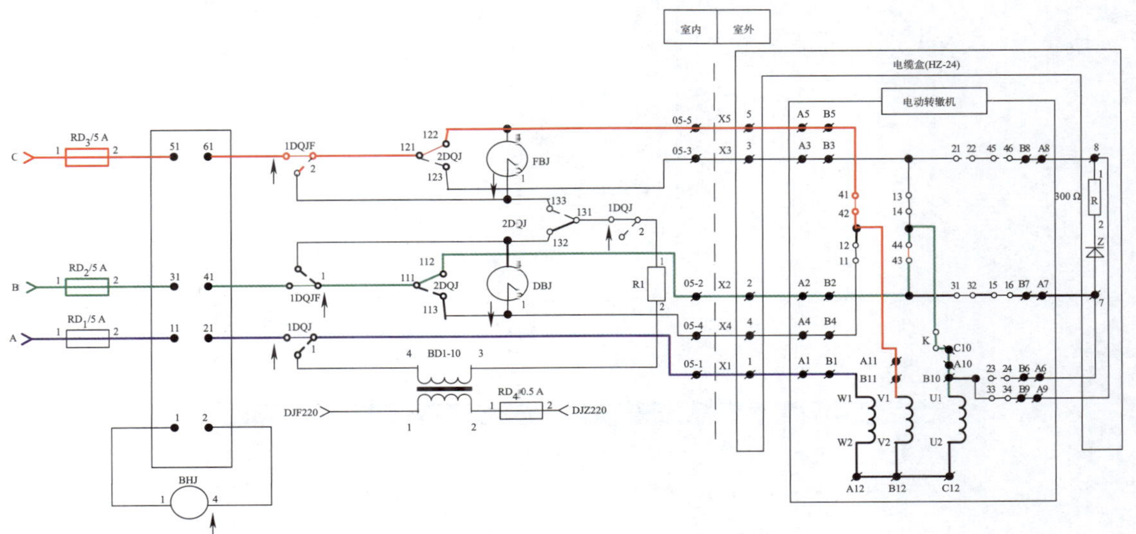

图 1—103　S700K 型转辙机反位操定位动作电路

（三）检查处理

应急人员到室内更换 2DQJ 后操动 9 号道岔试验，道岔能给出定位表示，但道岔在转换到 0.5 s 时电流曲线出现异常下降尖波，如图 1—104 所示。

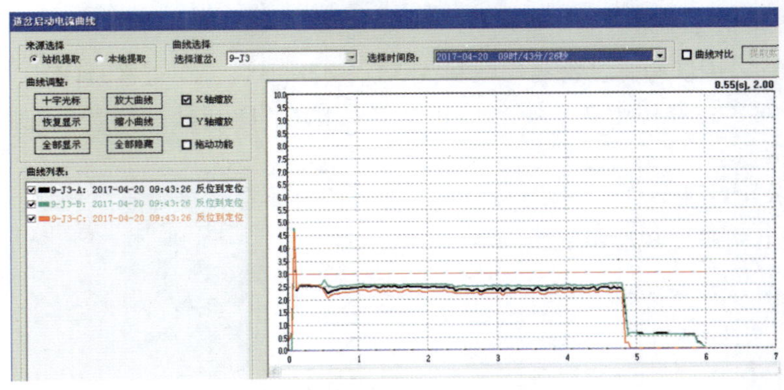

图 1—104　9-J3 号道岔反位操定位动作电流曲线

经要点反复进行操动试验，09:44:30，9-J3 号道岔故障现象又重复出现，如图 1—105 所示。

迅速要点，组织应急人员上道更换 9-J3 号道岔的接点组后，操动道岔转换试验良好，定位表示正常，道岔动作电流曲线平稳，如图 1—106 所示。

（四）总结

1. 道岔定操反位动作电流曲线正常，反操定位 A、B 相动作电流正常，C 相电流频繁下降

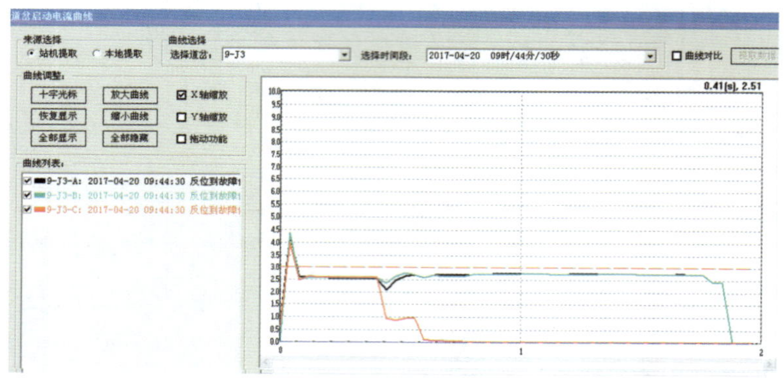

图 1－105　9-J3 道岔反位操定位动作电流曲线

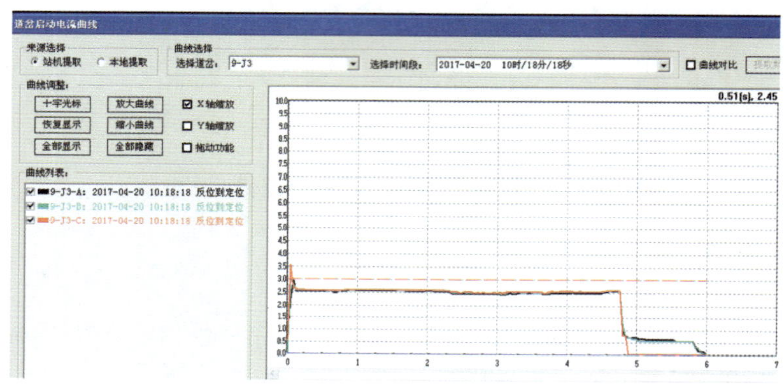

图 1－106　9-J3 道岔反位操定位动作电流曲线

或直接下降为 0 A，可以确定道岔动作控制线 X1、X2、X3、X4、X5 正常，1DQJ、1DQJF、BHJ 继电器动作正常，问题主要集中在反操定 C 相电源经过的 2DQJ 接点、TS-1 接点组或连接线端子存在接触不良。

2. 道岔动作电流曲线向下频繁出现负尖波，说明电路存在接触不良问题。如向上频繁出现正尖波，说明电路中存在短路混线问题。

三、S700K 道岔空转故障

（一）案例概况

某年 3 月 14 日 09:37，京广高速线某站的 10 号道岔在排列进路从反位操纵到定位时，定位无表示。

（二）监测数据分析

1. 集中监测图形分析

(1)09:37:53，10 号道岔心轨反位操定位，道岔动作电流曲线显示道岔动作 4.22 s 后动作电流从 2.6 A 上升到 3 A，并持续输出 3 A，道岔发生空转(道岔正常到位时间为 4.79 s)，道岔无表示，如图 1－107 所示。

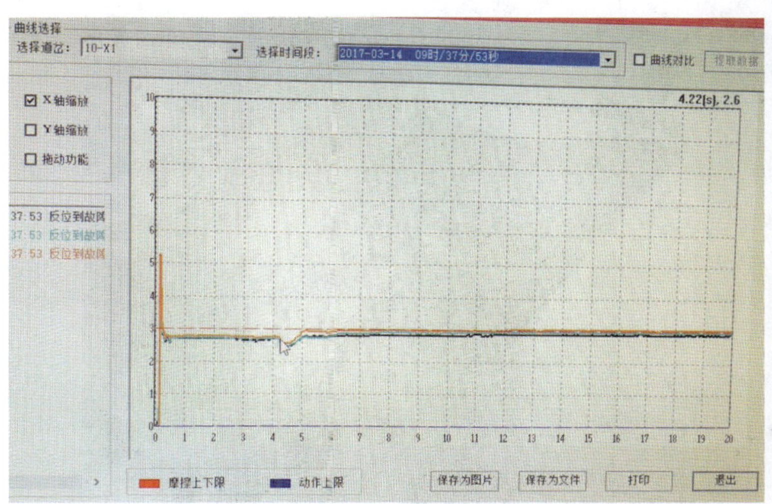

图 1－107　10 号道岔心轨反位操定位动作电流曲线

（2）根据道岔动作电流曲线初步分析，造成 10 号道岔心轨空转存在五个方面的可能性问题：一是道岔心轨与翼轨密贴过紧造成不锁闭；二是摩擦联结器不良造成牵引力不足；三是有异物进入锁舌块造成锁舌卡死；四是道岔检测杆调整不达标造成锁闭块未落槽（俗称卡缺口）；五是锁闭量偏差过大（16 mm）。

2. 电路分析

在道岔转换过程中阻力过大、道岔密贴过紧等原因造成转辙机空转时，S700K 与 ZYJ7 型转辙机道岔动作电流曲线现象相同，但发生卡缺口问题时，S700K 型转辙机电机仍然会空转，ZYJ7 型转辙机电机则会停止转动。原因是 S700K 型转辙机使用的沙尔特宝的速动开关、TS-1 型、SRT6 型接点组只有两个挡位，动接点要么接通左边静接点，要么接通右边静接点；而 ZYJ7 型转辙机使用的自动开闭器接点组有三个挡位，动接点可以接通左边静接点，也可以接通右边静接点，还可以在两组静接点组的中间位置，左右静接点组都不接通。

（三）检查处理

经现场检查道岔，发现道岔定位未能锁闭，保持联结器未行走到位，锁舌未弹出而出现空转（图 1－108）。

原因是转辙机摩擦联结器内部工作不良，导致转辙机转换力不稳定，偶发道岔空转故障，更换转辙机处理。

（四）总结

1. 道岔动作电流曲线显示道岔动作 4.22 s 后动作电流从 2.6 A 上升到 3 A，道岔发生空转，比道岔正常到位时间 4.79 s 早 0.57 s 出现空转现象，说明道岔未转换到位，可以排除卡缺口或接点组问题。

2. 在道岔密贴调整良好的情况下，偶发道岔空转故障，应对摩擦联结器进行检测。

3. 定期对道岔的转换力进行测试，检验摩擦联结器的工作特性是否达标。

图 1—108　10 号道岔心轨保持联结器及锁舌

四、S700K 道岔二极管不良

(一)案例概况

2011 年 5 月 7 日 10:27:00，京广高铁某站排列上行六道接车进路，8 号道岔定位操反位无表示，取消进路后来回操动数次，定反位均无表示。10:38:00 再次将 8 号道岔操动到定位时，定位表示突然恢复，此后 8 号道岔定位单锁过车。

(二)监测数据分析

1. 集中监测图形分析

(1)浏览 5 月 6 日 8-J1 号道岔动作电流曲线，道岔转换 4.8 s 后锁闭，动作电流曲线显示电路复原时的“小台阶”曲线明显高于正常值，电流值约 1.1 A，如图 1—109 所示。

(2)查看 5 月 8 日 8-J1 号道岔正常后的复原“小台阶”电流曲线只有 0.6 A，如图 1—110 所示，8-J1 道岔不正常时定反位复原“小台阶”曲线电流 1.1 A 比正常值 0.6 A 高 0.5 A，表示道岔室外二极管处在击穿或临近击穿状态。

2. 电路分析

道岔动作电流曲线中电路复原时的电流曲线，是道岔锁闭后转辙机接点组快速转换后 1DQJ 缓放时间内，三相电源中的其中两相 380 V 交流电压接通表示电路二极管电阻支路，经过半波整流后形成的，如图 1—111 所示。当二极管不良时，反向截至功能下降，存在漏电现象，致使道岔操纵到位后电路复原时小平台电流值增加一倍。

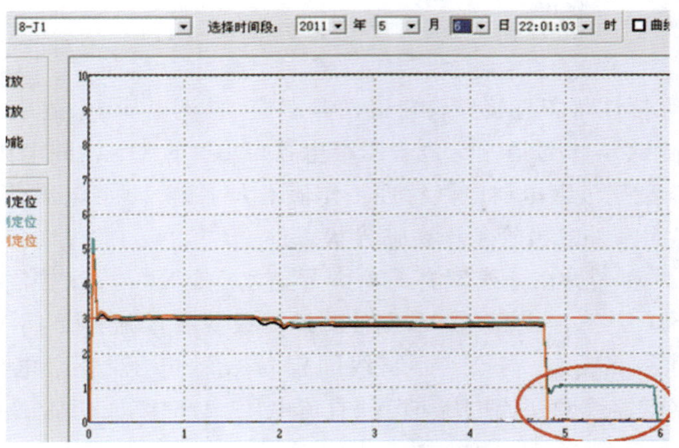

图 1—109　8-J1 号道岔不正常时动作电流曲线

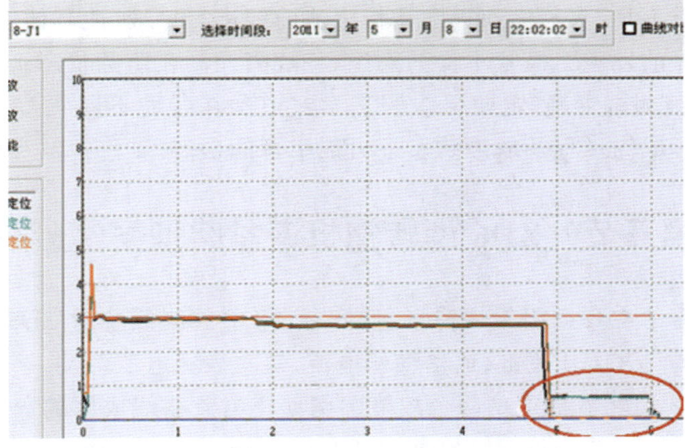

图 1—110　8-J1 号道岔正常时动作电流曲线

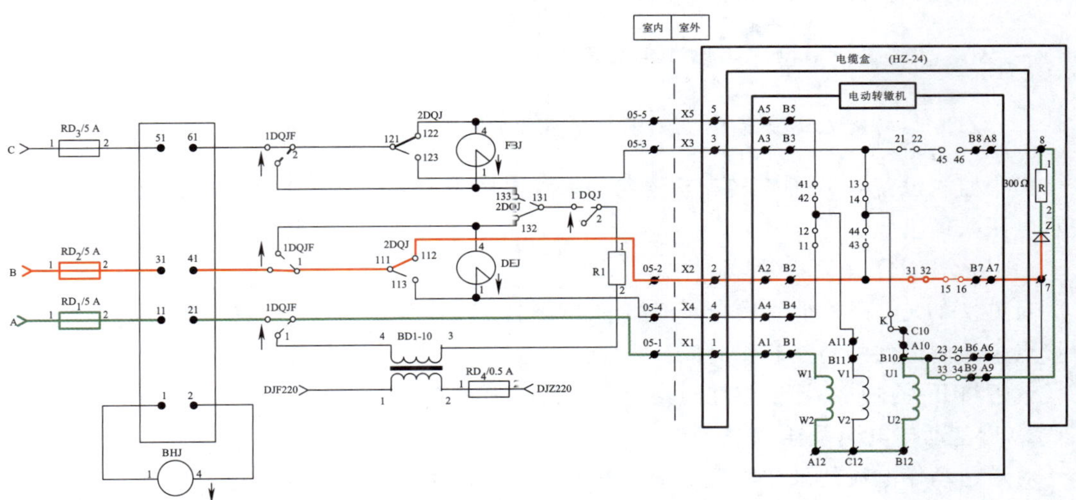

图 1—111　8-J1 号道岔操纵到位后，1DQJ 缓放时间内动作电流接通二极管电阻支路

(三)检查处理

道岔表示二极管特性状态直接反映在道岔表示交、直流电压上,造成表示电压发生变化。应急处理人员现场测试8-J1号道岔定位表示继电器(DBJ)的1-4线圈电压交流为46 V、直流为15 V(JPXC-1000型偏极继电器电气特性工作值不大于16 V,继电器处在临界状态),交、直流电压明显下降,说明室外二极管工作在临界状态。

5月8日天窗,处理人员在分线盘测试8-J1号道岔X1、X4与X2控制线间定位表示电压,表示电压交流电压43 V、直流电压11 V;室外测试二极管端直流电压18 V。更换二极管后在分线盘测试8-J1道岔X1、X4与X2控制线间定位表示电压,交流电压59 V、直流电压22.5 V,定位表示继电器线圈交流电压61 V、直流电压21.5 V,二极管端直流电压33 V。

(四)总结

1.5月5日,8-J1号道岔定反位动作电流曲线的复原“小台阶”曲线已出现异常现象,但工区值班人员业务素质不高,未与之前正常动作电流曲线进行比较(或其他道岔动作电流曲线进行比较),导致未能提前发现二极管不良的隐患,将故障控制在萌芽状态。

2.加强道岔一级测试管理,定期组织职工学习道岔在各种不同状态下的动作电流曲线,熟知动作电流曲线形成的过程及故障状态下可能出现的形态。

第三节　ZD6型转辙机道岔典型案例分析

ZD6型转辙机道岔主要运用于编组场、调车线,集中监测系统对ZD6型转辙机道岔工作状态监测的主要采集1DQJ开关量、道岔动作电流、道岔表示电压值。

下文通过对ZD6型转辙机道岔四个故障案例动作电流曲线成因的分析,研判造成设备故障可能存在的问题处所。其中第一个案例主要分析机械故障时动作电流曲线的变化;第二、三个案例主要分析转辙机内炭刷、自动开闭器不良时动作电流曲线特有的表征;第四个案例主要分析电缆混线时道岔动作电流曲线的表象。

一、ZD6型转辙机道岔集中监测采样原理

(一)ZD6型转辙机道岔集中监测采样原理

集中监测设备对ZD6型转辙机道岔的采样主要由1DQJ状态采样、道岔动作电流采样和表示电压采样组成。

1.道岔1DQJ开关量采样

对道岔1DQJ开关量的采样原理如图1—112所示,使用开关量采集器,采集1DQJ的落下接点来监测道岔的转换起止时间。

就近将开关量采集器安装在道岔组合1DQJ背面。

2.道岔动作电流采样

对道岔动作电流的采样原理如图1—113所示,采用可开口式穿心电流传感器,彻底与道岔动作电路隔离。采样形式为将道岔动作共用回线X4穿过道岔电流采集模块的穿心孔后接

到端子上，穿线必须为三圈，同时注意电流方向，采样次序与道岔 1DQJ 状态采样次序一一对应。

分散安装时，就近将采集模块安装在道岔组合旁。

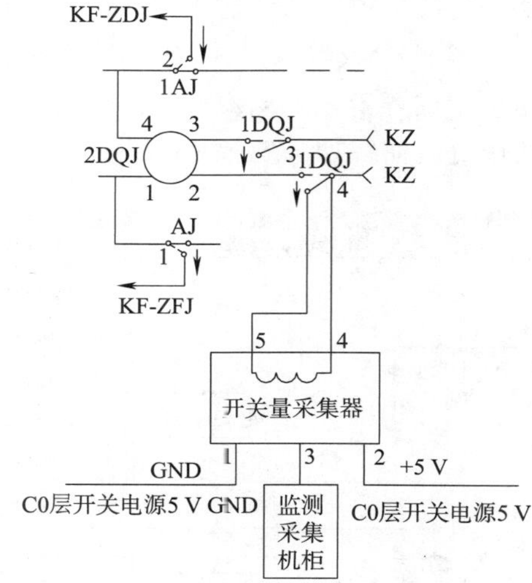

图 1－112　ZD6 型转辙机 1DQJ 开关量的采样原理

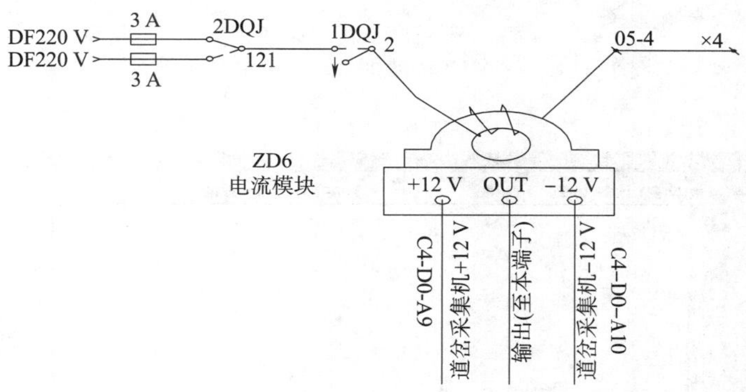

图 1－113　ZD6 型转辙机道岔动作电流采样原理

3. 道岔表示电压采样

对道岔表示电压的采样原理如图 1－114 所示，采样形式为在分线盘道岔控制线（X1 与 X3 为一对，X3 与 X2 为一对）与道岔表示采集板间使用多股铜芯软线连通。

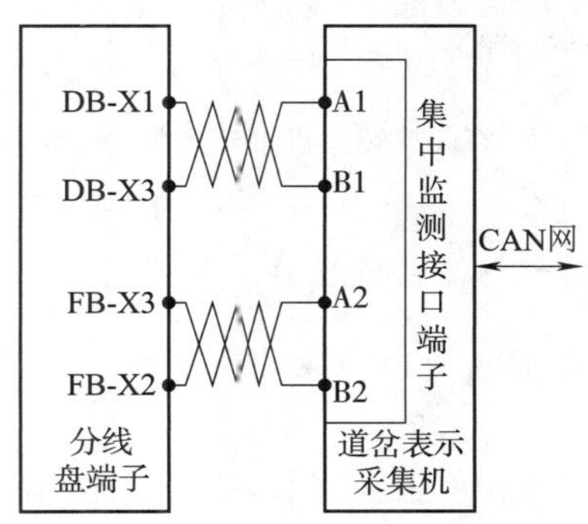

1－114　ZD6 型转辙机道岔表示电压采样原理

（二）ZD6 型转辙机正常动作电流曲线采样

ZD6 型转辙机转换分解锁—转换—锁闭三个过程，ZD6 型转辙机单机启动电流小于或等于 5 A，ZD6 型转辙机双机启动电流小于或等于 9 A，ZD6 型转辙机动作电流小于或等于 2 A，ZD6-D 型转辙机道岔动作时间小于或等于 3.8 s、ZD6-E J 型转辙机动作时间小于或等于 9 s。

ZD6 型转辙机道岔正常动作电流曲线如图 1－115、图 1－116 所示。

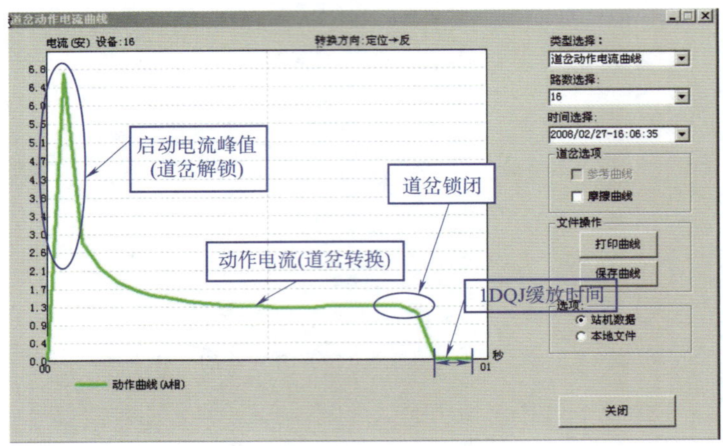

图 1－115　ZD6 型转辙机单动道岔动作电流曲线

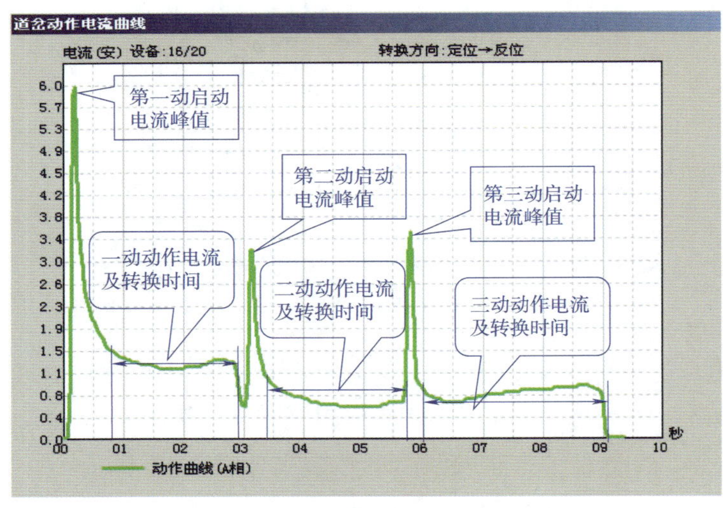

图 1－116　ZD6 型转辙机多动道岔动作电流曲线

（三）ZD6 型转辙机故障时动作电流曲线采样

1. ZD6 型转辙机转换不解锁（图 1－117）或转换过程中空转（图 1－118）时动作电流值将升高。

2. ZD6 型转辙机电机接地时动作电流曲线如图 1－119 所示。

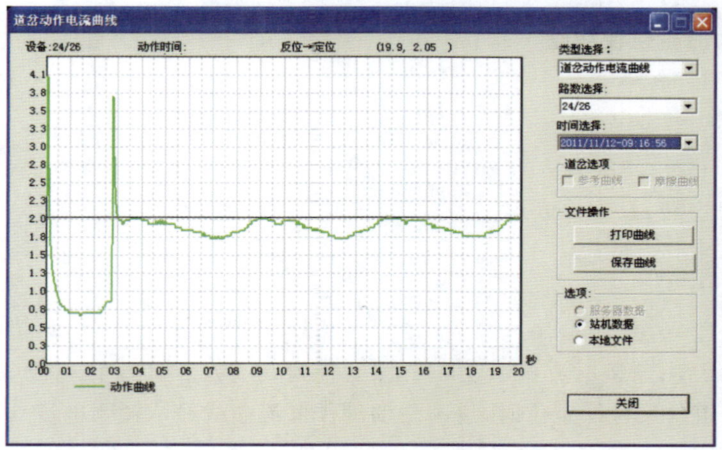

图 1—117 ZD6 型转辙机不解锁动作电流曲线

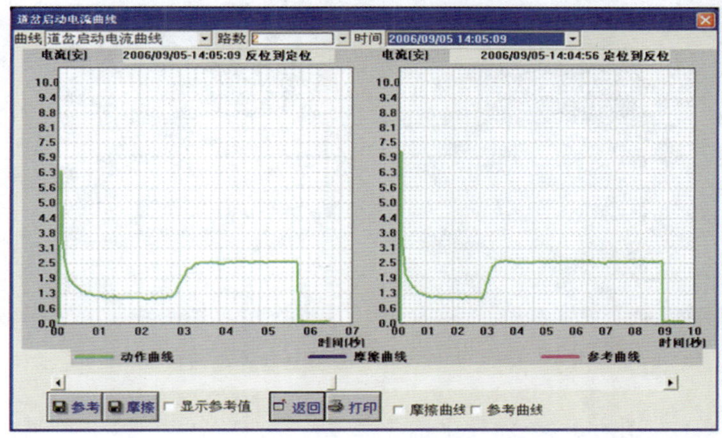

图 1—118 ZD6 型转辙机转换过程中空转电流曲线

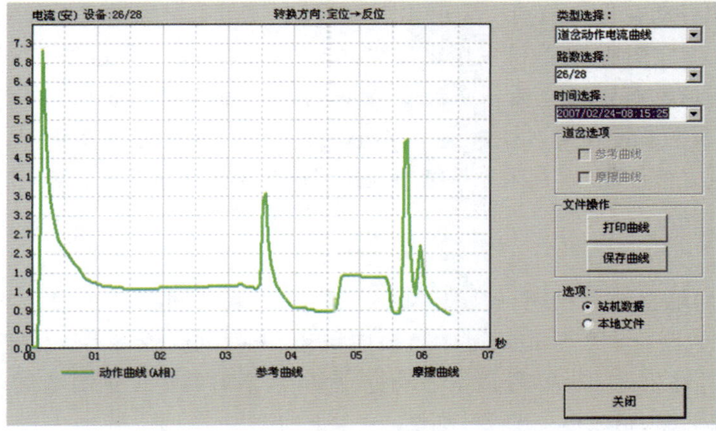

图 1—119 ZD6 型转辙机电机接地动作电流曲线

二、ZD6 型转辙机机械故障

（一）案例概况

某年 1 月 14 日 02:51，某站的 2070/2072 号道岔一动在排列进路时，从定位操纵到反位时，道岔不解锁打空转，反位无表示。

（二）监测数据分析

（1）如图 1—120 左图所示，02:51:44，2070/2072 号道岔定位操反位，道岔一动动作电流曲线显示道岔不解锁，摩擦电流从 2.5 A 平稳下降到 2.3 A。如图 1—120 右图所示，02:49:51，2070/2072 号道岔反位操定位时，道岔一动动作电流曲线显示锁闭电流 0.98 A。

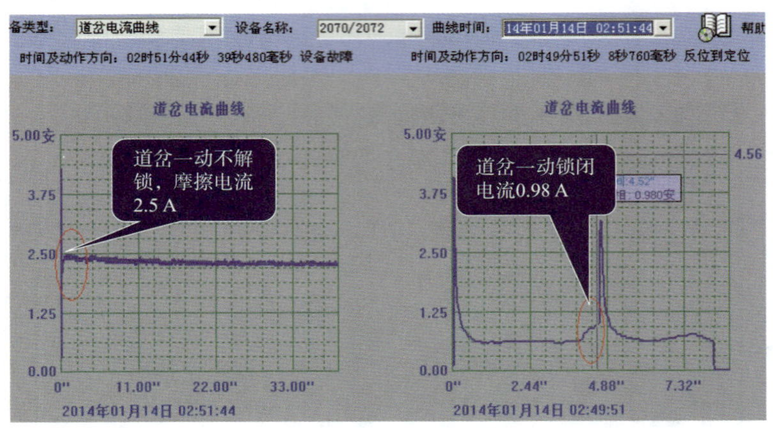

图 1—120　2070/2072 号道岔动作电流曲线

（2）如图 1—121 左图所示，故障发生前一天 14:23:43，2070/2072 号道岔定位操反位，道岔一动动作电流曲线显示道岔解锁时电流 1.25 A，持续时间 0.5 s。如图 1—121 右图所示，14:21:03，2070/2072 号道岔反位操定位时，道岔一动动作电流曲线显示锁闭电流 0.90 A。2070/2072 号道岔一动在出故障前一天已出现锁闭、解锁阻力增大造成动作电流升高现象。

（3）如图 1—122 左图所示，故障发生之前 02:33:42，2070/2072 号道岔定位操反位，道岔一动动作电流曲线显示道岔解锁时电流 1.9 A，持续时间 0.5 s。如图 1—122 右图所示，02:16:04，2070/2072 号道岔反位操定位时，道岔一动动作电流曲线显示锁闭电流 0.94 A。2070/2072 号道岔一动在故障发生之前锁闭、解锁阻力持续增大造成解锁电流出现尖波。

（三）检查处理

造成 ZD6 型转辙机道岔锁闭、解锁困难的问题有尖基轨间密贴过紧、定反位尖轨爬行造成动作杆碰枕木、轨距杆调整后造成基本轨横向移动、摩擦电流调整不达标等。

联合工务部门对 2070/2072 号道岔一动进行整治，整治后定位锁闭电流从 0.94 A 下降到 0.67 A，解锁电流平顺，道岔状态良好，如图 1—123 所示。

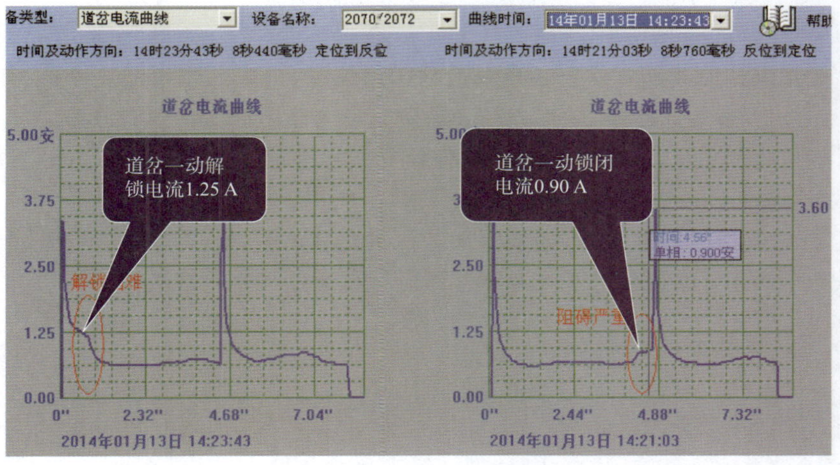

图 1－121　2070/2072 号道岔故障前一天动作电流曲线

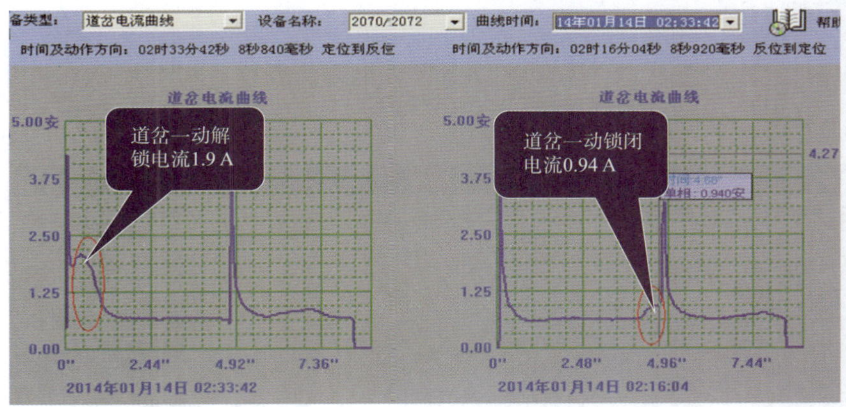

图 1－122　2070/2072 号道岔故障之前动作电流曲线

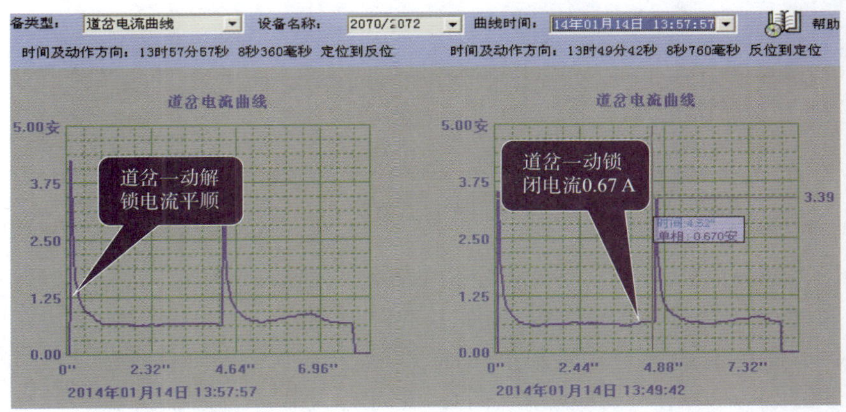

图 1－123　2070/2072 号道岔整治之后动作电流曲线

（四）总结

1. 道岔动作电流曲线能真实反映现场道岔运用情况，出现动作电流突变或不平顺时说明道岔存在问题隐患，需认真遵循“三不离”原则，防止设备隐患演变为设备故障。

2. 浏览集中监测道岔动作曲线时，发现任何异状需与前一两天（甚至是前一周或前一月）的曲线进行部分对比。

3. 测试 ZD6 道岔摩擦电流时，如果出现基本轨横移严重，需及时联系工务部门进行整治（枕木是否腐朽、道钉与撑铁是否不受力等），不应盲目通过加轨距杆的方法解决。

三、ZD6 道岔炭刷不良故障

（一）案例概况

2017 年 11 月 7 日 10:47，某站的 10 号道岔在排列进路时，从定位操纵到反位时，反位无表示。

（二）监测数据分析

（1）10:47:42，10 号道岔定位操反位，道岔动作电流曲线显示电流为 0 A，道岔未动作，道岔无反位表示，如图 1－124 所示。

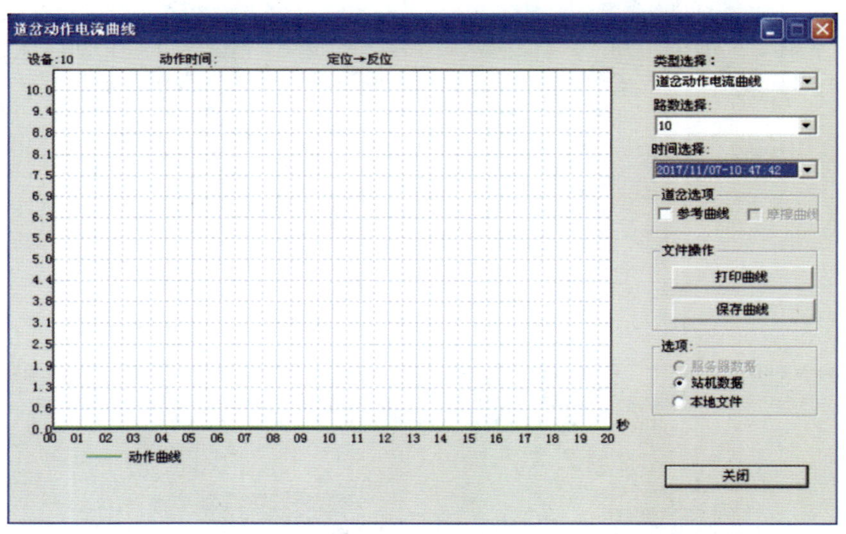

图 1－124　10 号道岔定位操反位动作电流曲线

（2）调阅 10:23:13，10 号道岔反位操定位动作电流曲线，动作电流曲线 2.7～4.2 s 之间呈锯齿波振荡，存在明显接触不良迹象，如图 1－125 所示。

（3）调阅 11 月 6 日 10 号道岔动作电流曲线，04:47:50 道岔动作电流曲线在 3.2 s 时从 0.7 A 下降到 0.2 A，如图 1－126 所示，09:48:26 道岔动作电流曲线在 3.4～3.6 s 间呈现锯齿波，如图 1－127 所示。

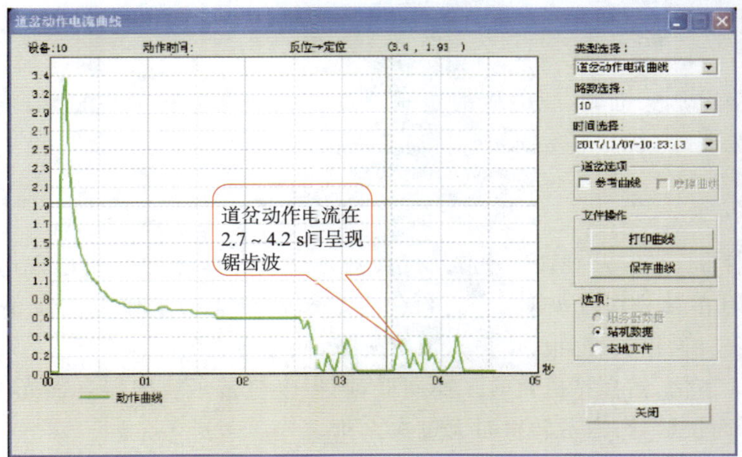

图 1—125　10 号道岔反位操定位动作电流曲线

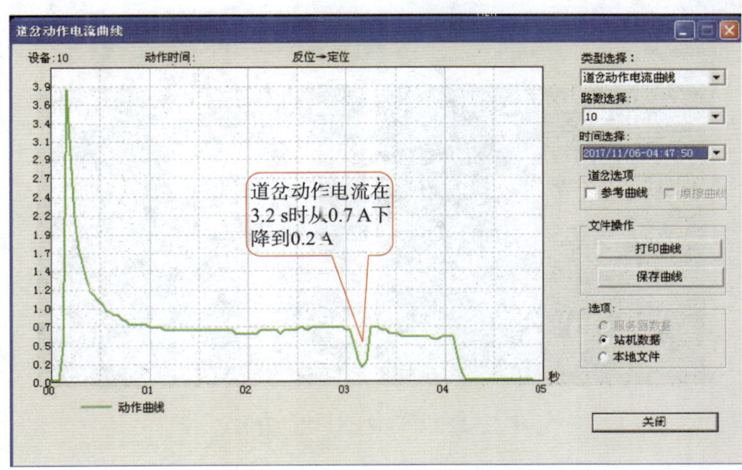

图 1—126　10 号道岔反位操定位动作电流曲线

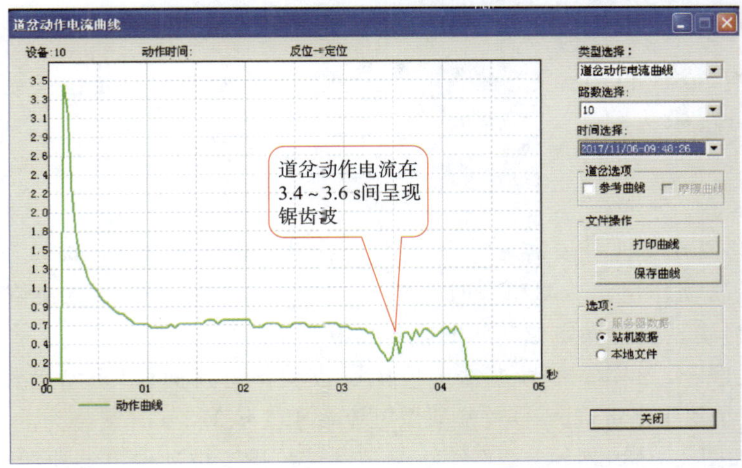

图 1—127　10 号道岔反位操定位动作电流曲线

(三)检查处理

经检查10号道岔电机,发现电机的炭刷不良。11:06:00更换电机炭刷后操动10号道岔,道岔动作电流曲线正常,道岔锁闭到位后有反位表示。

(四)总结

1. 11月6日04:47、09:48,10号道岔反位操定位动作电流曲线均出现电流下降超50%的异常波动,11月7日分别在05:04、05:41、08:59也出现类似动作电流曲线突降现象,工区值班人员未认真分析、比较、汇报,错失了预防故障,处理隐患的时机。

2. 巡检ZD6道岔,需擦拭电机转子换向器,确保电机转子换向器表面光滑、干净,炭刷与换向器呈同心弧面接触,在道岔转换时无过大火花。

3. 某站71/73号道岔B机电机炭刷接触不良,在定、反位操纵时,动作电流存在频繁的波动,最大值0.8 A,最小值0.3 A,如图1—128所示。

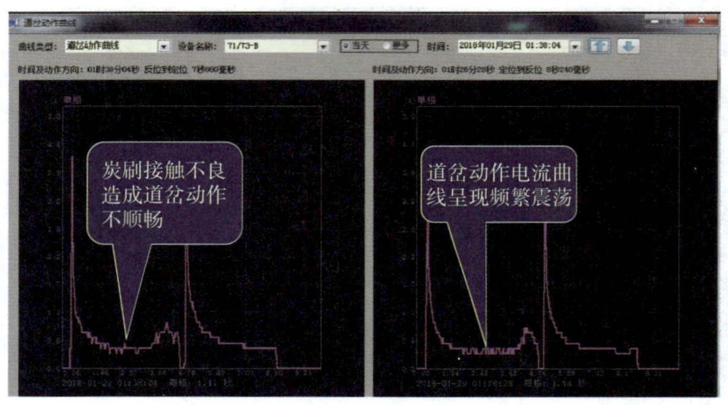

图1—128　道岔动作电流曲线

四、ZD6型转辙机道岔自动开闭器接点调整不达标

(一)案例概况

2017年10月30日11:02,某站的207号道岔在排列进路时,从定位操纵到反位,道岔动作电流发生突降现象。

(二)监测数据分析

(1)11:02:23,207/211号道岔定位操反位,道岔动作电流曲线显示211号、209号道岔动作正常,207号道岔动作电流在3.2 s时突降为0 A,3.5 s时动作电流又恢复正常(图1—129)。207/211号道岔反位操定位动作电流曲线显示一切正常。

(2)调阅02:55:52 207/211号道岔定位操反位动作电流曲线,道岔动作电流曲线显示211号、209号道岔动作正常,207号道岔动作电流在1.5 s、3.2 s时突降为0,3.5 s时动作电流又恢复正常,如图1—130所示。207/211号道岔反位操定位动作电流曲线仍然显示一切正

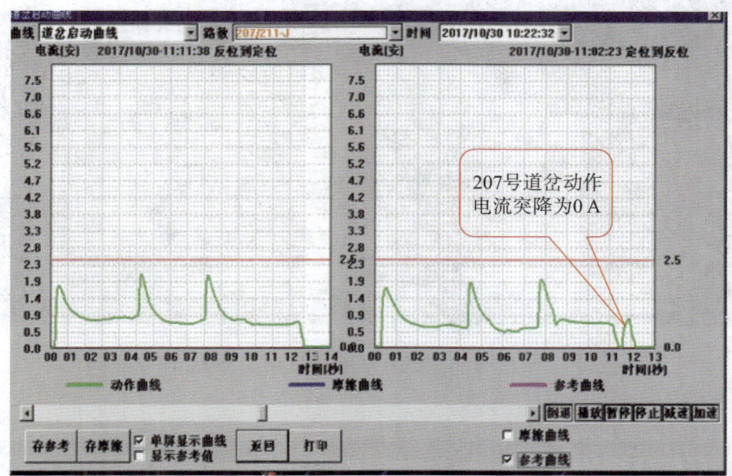

图 1—129 207/211 号道岔动作电流曲线

常。通过对比道岔定位操反位、反位操定位两次动作电流曲线，在道岔定位操反位时存在动作电源瞬间断电情况，造成动作电源瞬间断电的原因有 X2 控制线接触不良、自动开闭器 11-12 静接点与动接点接触不良、电机 2—3 定子线圈接触不良。

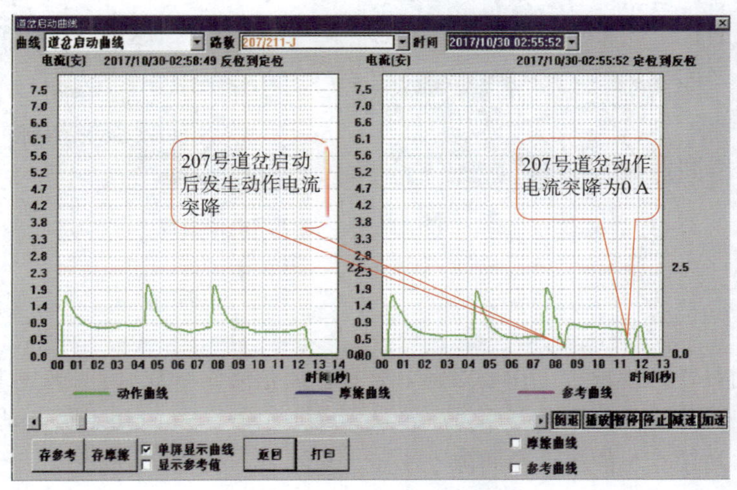

图 1—130 207/211 号道岔动作电流曲线

（三）检查处理

经现场检查 207 号道岔转辙机，发现 207 号道岔自动开闭器动接点与第一排 11-12 静接点簧片接触深度不够，在道岔从定位操反位转换过程中发生了瞬间断开，如图 1—131 所示。

经调整自动开闭器动接点打入第一排静接点深度后，道岔动作电流曲线恢复正常，如图 1—132 所示。

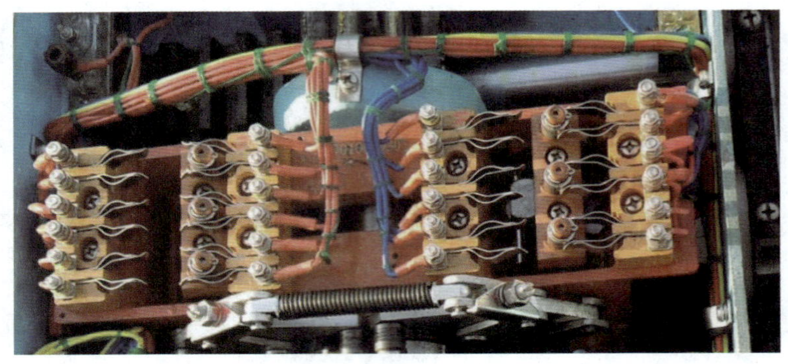

图 1—131　207 号道岔自动开闭器

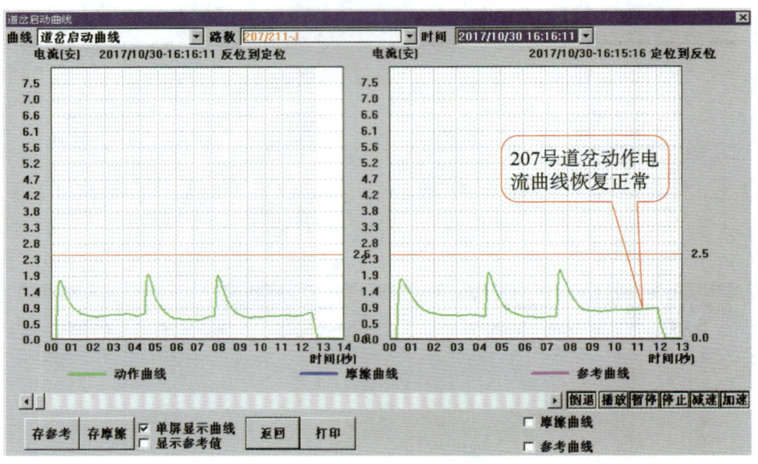

图 1—132　207/211 号道岔动作电流曲线

(四)总结

1. 对设备的日常巡视检查工作要对标,《普速铁路信号维护规则》明确规定 ZD6 系列电动转辙机自动开闭器动接点在静接点片内的接触深度不小于 4 mm,用手扳动动接点,其摆动量不大于 3.5 mm,动接点与静接点座间隙不小于 3 mm。

2. 巡检 ZD6 道岔,需检查自动开闭器动接点与静接点片是否存在点接触,调整接点接触压力不小于 4.0 N,在天窗时间内擦拭动接点与静接点片上的污垢、水汽。

五、ZD6 道岔电缆混线故障

(一)案例概况

某年 1 月 13 日 16:58:00,某站办理上行 2 道发车进路后,1/3 号道岔(ZD6 型转辙机双机牵引M-E、J 型,1、3 排闭合为定位,3 号为首动单机)由定位(有表示)转向反位后,反位无表示。车站取消发车进路后,16:59:59 将 1/3 号道岔单操定位,定位也无表示,室外 3 号道岔,在定位密贴位来回窜动。

（二）监测数据分析

1. 集中监测图形分析

16:59:59，1/3 号道岔反位操定位，道岔动作电流曲线显示一动和二动正常启动、转换、锁闭，在二动到位瞬间频繁出现道岔启动电流峰值，且间隔时间较短，如图 1—133 所示，初步分析为道岔在定反位之间频繁启动。

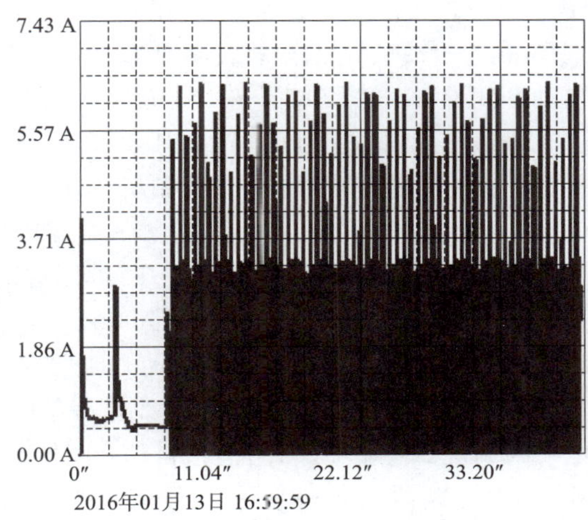

图 1—133　1/3 号道岔反位操定位动作电流曲线

2. 电路分析

(1)根据集中监测道岔动作电流曲线可以确定 X1、X2 线在交替接通道岔动作电源，即道岔转换到定位后 DZ 220 V 电源混入 X2 造成道岔立即往反位转动，在自动开闭器转换，接点接通定位启动电路后又立即往定位转动，自动开闭器的第二排动接点在第 3 排和第 4 排静接点间来回接通。

(2)假设 X1 和 X2 间混线，转辙机电机的两个定子同时接通 DZ 220 V 电源，电机旋转磁场互相抵消，道岔无转换动力。

(3)假设 X2 和 X4 间混线，道岔接通反位启动电路是，将造成 DF 220 V 电源保险烧损。

(4)综上分析，问题集中在 X2 和 X3 间混线。

（三）检查处理

1. 道岔转换到定位瞬间将遮断器断开，使道岔自动开闭器动接点接通第 1 排和第 3 排静接点，然后在电缆终端盒测试 X2 与 X3 间电阻值，确定为 X2 与 X3 混线后再将 X2 电缆甩空测试电阻值，判断是机内混线还是往机械室侧混线。

2. 经查找集中监测机柜内 C2-D2-B1 与 C2-D2-B2 端子间绝缘板材质不良造成短路且绝缘电阻为 8 Ω，造成 1/3 号道岔 X2、X3 线在室内分线盘处混线，将集中监测采集线甩空。

3. 道岔在定位无表示，分线盘测试表示电压无交直流，DBJ 有交流电压无直流电压。转换到反位后无反位表示，分线盘测试表示电压无交直流，FBJ 有交流电压无直流电压。判断为二极管击穿短路，更换二极管后表示正常。

4. 故障时电路分析

(1)道岔直流电压冲击二极管

因室内分线盘处X2、X3线混线：当道岔由定位(有表示)操向反位启动时，在1DQJ继电器吸起，且2DQJ继电器未转极时，瞬间直流动作电压反向冲击室外二极管。当道岔再由反位(无表示)操向定位，就在1/3号道岔室外刚转换至定位时，在1DQJ缓放吸起的时段直流动作电压再次反向冲击了室外二极管。

室外二极管在以上两次反向直流动作电压的冲击中被击穿短接。二极管被两次反向冲击的电路如下：

DZ 220 V—$1DQJ_{1\text{-}2}$—$1DQJ_{12\text{-}11}$—$2DQJ_{111\text{-}112}$—组合侧面端子05-11—X1线—3号道岔电缆终端盒1号端子—3号道岔自动开闭器41-31-32端子—3号道岔电缆终端盒7号端子—1号道岔主机电缆终端盒1号端子—1号道岔主机自动开闭器41-31-32端子—1号道岔主机电缆终端盒7号端子—1号道岔副机电缆终端盒13号端子—1号道岔副机自动开闭器31-32端子—1号道岔副机电缆终端盒11、12号端子(二极管Z+、Z−)—1号道岔副机自动开闭器33-34-13-14端子、移位接触器03-04端子—1号道岔副机电缆终端盒3号端子—1号道岔主机电缆终端盒9号端子—1号道岔主机自动开闭器33-34-13-14端子、移位接触器03-04端子—1号道岔主机电缆终端盒3号端子—3号道岔电缆终端盒9号端子—3号道岔自动开闭器33-34-13-14端子、移位接触器03-04端子—3号道岔电缆终端盒3号端子—X3线—分线盘—集中检测采集柜(X2与X3线混线)—X2线—3号道岔电缆终端盒2号端子—3号道岔自动开闭器11-12端子—3号道岔电机定子线圈2-3、转子3-4—3号道岔遮断器05-06端子—3号道岔电缆终端盒5号端子—X4线—分线盘—组合侧面端子05-14—$1DQJ_{21-22}$—$2DQJ_{121\text{-}122}$—DF 220 V(图1—134)。

(2)道岔转换到定位后电机来回转动的电路分析

当1/3号道岔转换到定位，自动开闭器第3排静接点与动接点接通后，在1DQJ缓放时间内，因二极管被击穿及X3与X2混线，DZ 220 V电压经X1线经由X3线接通至X2线到DF 220 V，构通3号道岔反位启动电路(图1—134)。电机启动后，自动开闭器第3排接点断开，第4排接点接通后，DZ 220 V电压经X1线接通电机定子1-3线圈到DF 220 V，构通3号道岔定位启动电路。

DZ 220 V—$1DQJ_{1\text{-}2}$—$1DQJ_{12\text{-}11}$—$2DQJF_{111\text{-}112}$—组合侧面端子05-11—X1线—3号道岔电缆终端盒1号端子—3号道岔自动开闭器41-42端子—3号道岔电机定子线圈1-3、转子3-4—3号道岔遮断器05-06端子—3号道岔电缆终端盒5号端子—X4线—分线盘—组合侧面端子05-14—$1DQJ_{21\text{-}22}$—$2DQJ_{121\text{-}122}$—DF 220 V(图1—135)。

(3)道岔转换到定位后又自动往反位转动，反位到位后又自动往定位转动，造成3号道岔动接点在第3排、第4排静接点间来回窜动。

(四)总结

1. 对于混线问题造成道岔频繁启动时，应立即切断道岔动作启动电源，使道岔摆在一个位置，以免电机频繁启动而烧损。

2. 根据道岔动作现象判断混线线路，切断启动、表示电源，使用万用表电阻挡在电缆终端盒甩线进行测试，先区分机内机外故障，再区分电缆芯线间短路或室内故障。

3. 混线故障查找后需认真试验，排查是否存在烧损其他器材、器件的问题。

4. 道岔动作电流曲线存在频繁的启动电流或动作过程中存在高电流的尖波时，一般为混线故障造成。

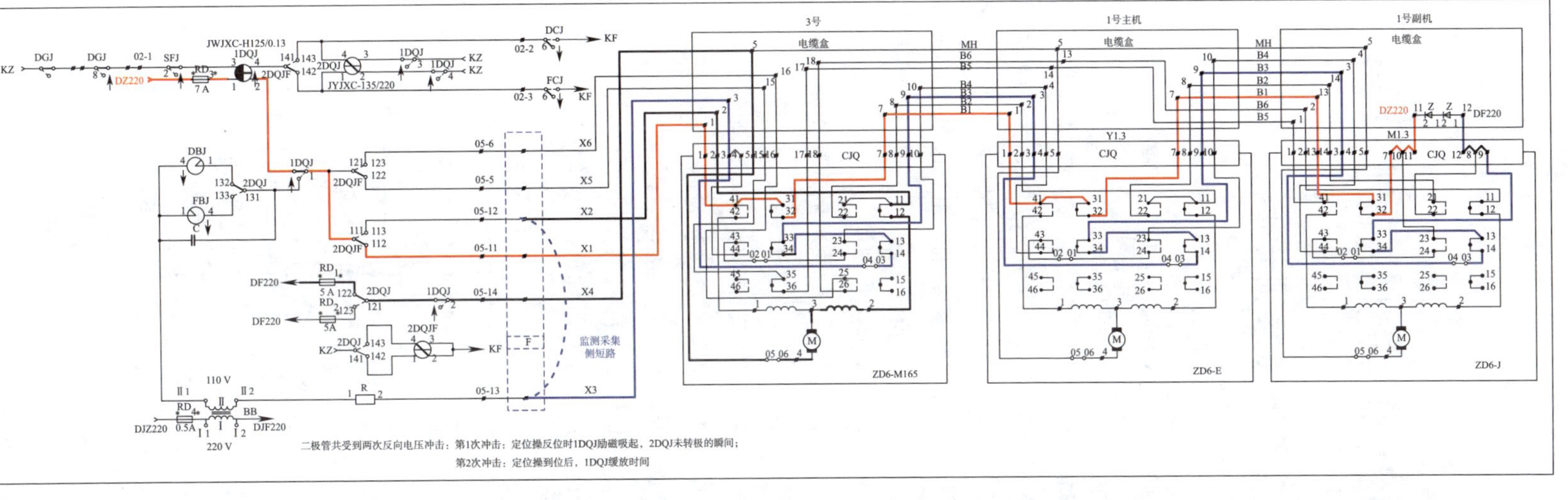

图 1－134　1/3 号道岔动作电压冲击室外二极管电路及道岔到定位时接通反位启动的电路

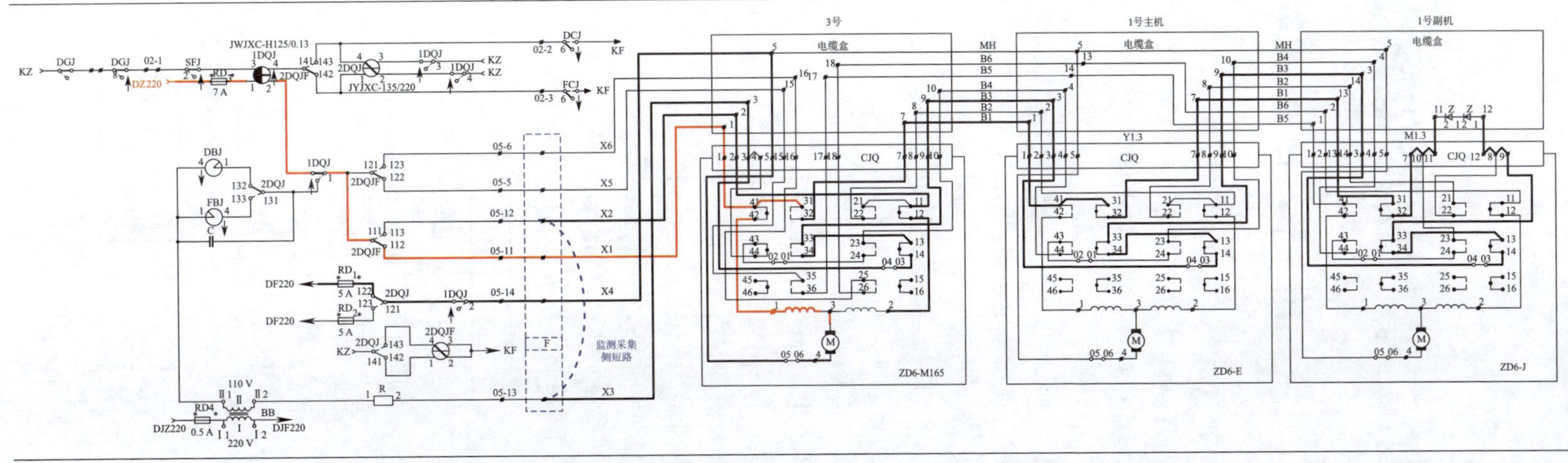

图 1－135　1/3 号道岔到反位时接通定位启动的电路

第二章　轨道电路监测曲线典型案例分析

第一节　25 Hz 相敏轨道电路典型案例分析

1. 两线制 25 Hz 相敏轨道电路

25 Hz 相敏轨道信号电源（GJZ、GJF）通过室内调整变压器 BMT 送至室内隔离器 2、12 端子，室内隔离器将 25 Hz 轨道信号和移频信号叠加，由 5、15 端子通过信号电缆送至室外隔离器 I_1、I_2 端子。室外隔离器将轨道信号和移频信号分离，移频信号从室外隔离器 I_1、I_2 端子变压到 II_1、II_2 端子，25 Hz 轨道信号从室外隔离器 I_1、I_2 端子到 I_3、I_4 端子再连接到 BG_{25} 变压器Ⅰ次侧，BG_{25} 变压器变压后由Ⅱ次侧输出，经由电阻 R 连接到室外隔离器 II_3、II_4 端子再到 II_1、II_2 与移频信号合并。合并信号经室外隔离器 II_1、II_2 送至扼流变压器，经 3∶1 降压后再通过轨道引接线连接到钢轨，当列车压入该轨道区段时，一方面接收移频信号，另一方面分路 25 Hz 轨道信号。轨道电路处于调整状态时，接收端的引接线将钢轨上传输的轨道信号和移频信号送至扼流变压器Ⅰ次侧，经 1∶3 的升压后由Ⅱ次侧连接至室外隔离器的 II_1、II_2，室外隔离器将两个信号分离：轨道信号通过 BG_{25} 再次升压后送至室外隔离器 I_3、I_4，与移频信号合并一起通过 I_1、I_2 电缆送回室内隔离器 5、15，室内隔离器将轨道信号和移频信号分离，移频信号经室内隔离器的 8、18 端子送回至检测盒进行检测。轨道信号经室内隔离器 2、12 端子送到防护盒 HF 和 JRJC 轨道侧线圈。JRJC 继电器将轨道信号与局部电压（JJZ110、JJG110）进行相位比较，当轨道电压条件和相位条件同时满足时，JRJC 继电器励磁，控制台显示轨道电路区段空闲。当有列车压入轨道电路区段后，对轨道电路分路，JRJC 继电器落下，控制台显示红光带，电路原理如图 2－1 所示。

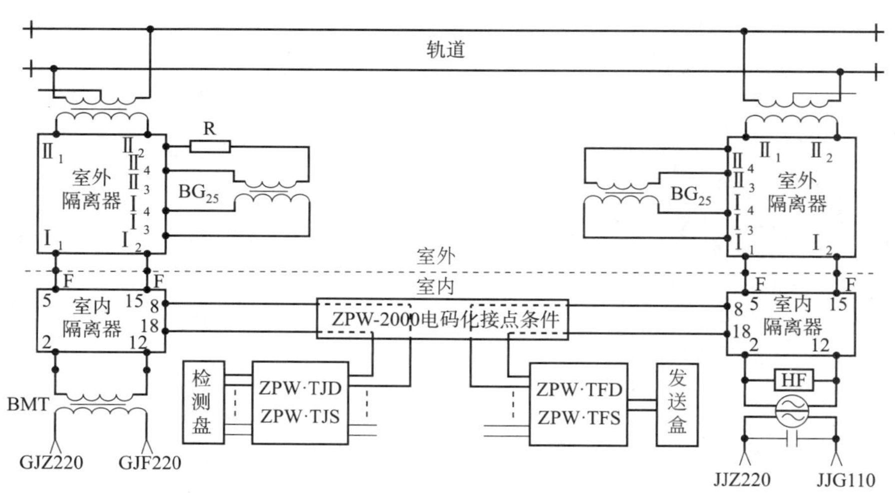

图 2－1　两线制 25 Hz 轨道电路原理

2. 四线制 25 Hz 相敏轨道电路

25 Hz 相敏轨道信号电源(GJZ、GJF)通过信号电缆由室内送往室外，经送端 RD、HLC 连接到 BG_{25} 变压器Ⅰ次侧，BG_{25} 变压器降压后Ⅱ次侧输出，经电阻 R 和 10 A 熔断器连接到扼流变压器Ⅱ次侧，扼流变压器Ⅰ次侧通过轨道电路引接线将 25 Hz 信号信息传输到钢轨。接收端引接线将钢轨上传输的 25 Hz 轨道信号送至扼流变压器Ⅰ次侧，经扼流变压器升压后由Ⅱ次侧输出，通过 10 A 熔断器送至 BG_{25} 变压器Ⅱ次侧，BG_{25} 变压器升压后Ⅰ次侧输出，再经 HLC、信号电缆送回室内防护盒 HF_2-25 和 JRJC 轨道侧线圈。JRJC 继电器将轨道电压与局部电压(JJZ110、JJG110)进行相位比较，当轨道电压条件和相位条件同时满足时，JRJC 继电器励磁，控制台显示轨道空闲。当有列车压入区段后，对轨道电路分路，JRJC 继电器落下，控制台显示红光带。股道、正线接发车进路分别设置移频发送器，将调制后的载频信号，通过进路方向条件，从送端(受端)送至室外。以送端发码为例：移频信号通过电缆送至 HBP 的 3、4 端子，经由 HBP 的 1、2 端子输出至扼流变压器Ⅱ次侧，同轨道信号一起由一次侧输出送至钢轨，当列车通过时，通过车载线圈接收相应的移频信号。当没有列车通过时，移频信号再经受端的扼流变压器、HBP 送回室内检测盒进行检测，电路原理如图 2—2 所示。

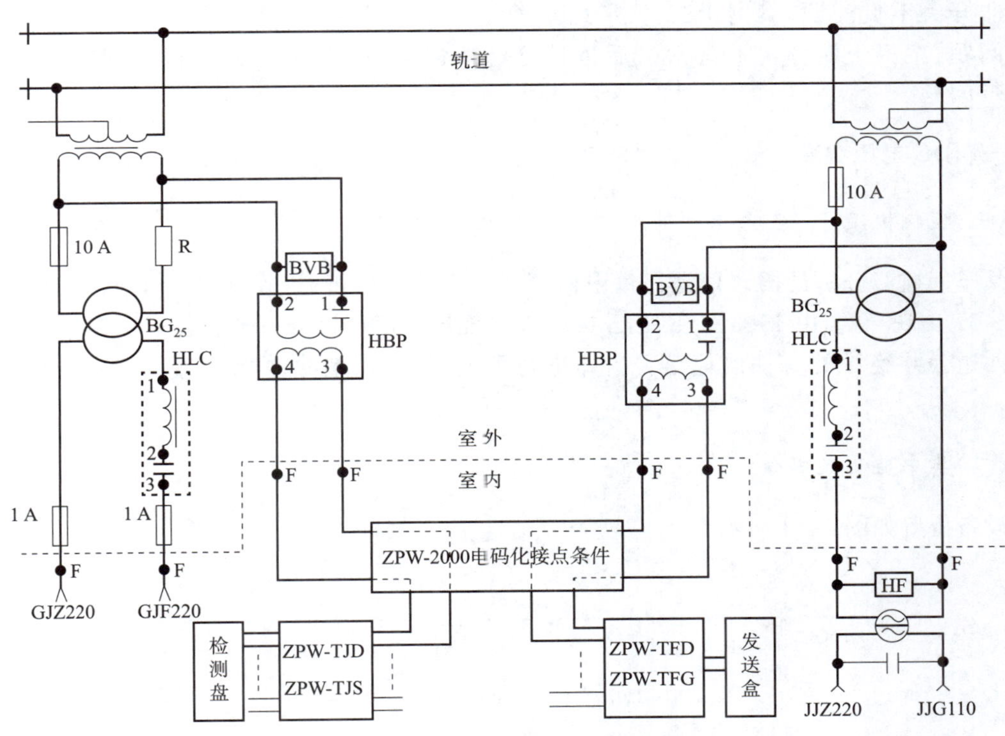

图 2—2　四线制 25 Hz 相敏轨道电路原理

集中监测系统监测 25 Hz 相敏轨道电路接收端交流电压、相位。采集机对采样到的轨道电压信号进行数字滤波，滤除 50 Hz 的交流干扰，然后计算轨道电压的有效值，并与局部电源的相位进行比较，得到轨道电压与局部电源间的相位角(图 2—3)。

以下通过对 25 Hz 相敏轨道电路 15 个故障案例曲线成因进行分析，研判造成设备故障可能存在的问题处所。其中案例一至案例四分析了轨端绝缘不良问题，案例五分析了扼流变压

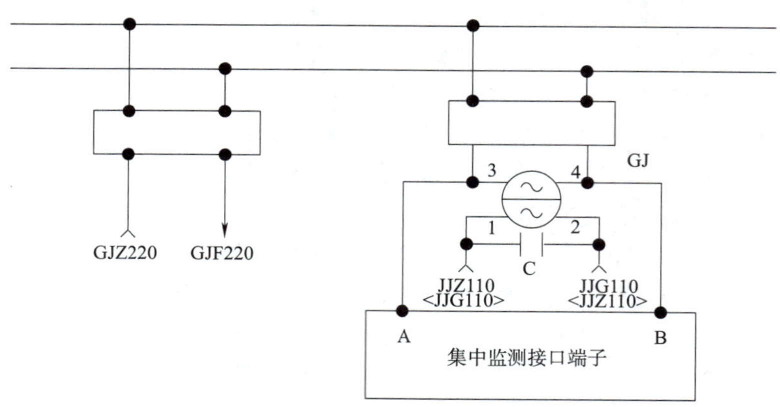

图 2—3　25 Hz 相敏轨道电路采集原理

器不良问题，案例六、案例七分析了轨道交叉渡线绝缘不良问题，案例八分析了组合架配线假焊问题，案例九、案例十分析了区间逻辑检查电路误动作导致红光带问题，案例十一分析了室外南非开关不良问题，案例十二分析了道岔表示杆短路问题，案例十三分析了钢轨单边接地问题，案例十四分析了道岔岔后极性绝缘短路问题，案例十五分析了列车后溜造成红光带问题。

一、4DG 电压突变

（一）案例概况

某车间监测分析员按计划进行集中监测数据浏览和分析时，发现某站 4DG 电压曲线在 09:12:57 出现异常，由 19.3 V 突变至 12.8 V。现场工区经过分析查找发现 4DG、8DG 两区段靠西边公共绝缘处有铁屑掉落。当即进行了处理，及时消除故障隐患，确保了设备正常运用。

（二）集中监测数据分析

设备位置如图 2—4 所示。

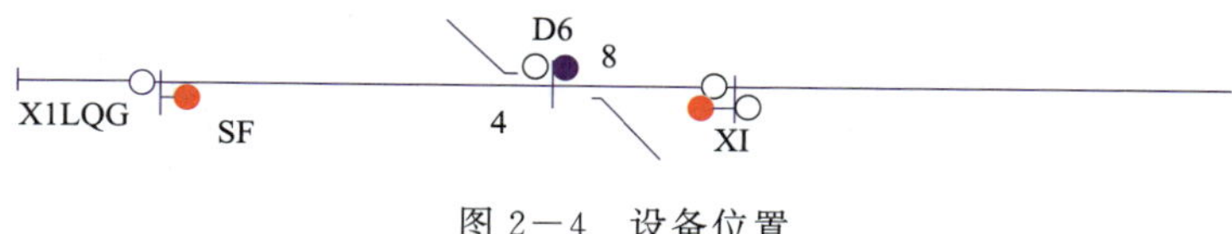

图 2—4　设备位置

4DG 电压在 09:12:57 出现突变，由 19.3 V 降至 12.8 V，时长 1 s 如图 2—5 所示。该区段往日无类似下降尖波，可以确定为突发情况。

查相邻区段轨道电压曲线，8DG1 在 09:12:57 同时出现下降尖波，8DG1 电压 15.8 V。并且 8DG1 有三个下降尖波，在 09:12:15 出现了下降尖波，电压 12.2 V，时长 2 s；在 9:16:48 出现了下降尖波，电压 11.8 V，时长 2 s，如图 2—6 所示。

4DG 只有一个下降尖波，而 8DG1 有三个下降尖波，似乎关联度不高。但通过轨道电压

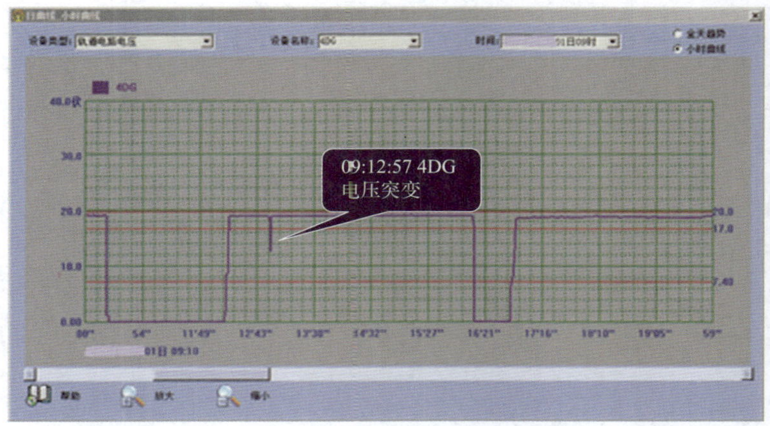

图 2－5　4DG 电压突变

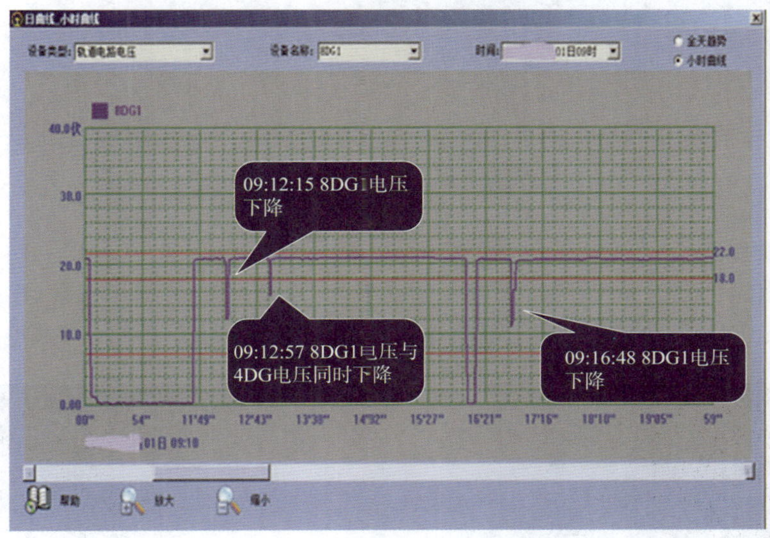

图 2－6　8DG1 电压突变

曲线图形比较，发现 8DG1 电压三个下降尖波出现的状况分别为①09：12：15 列车刚出清 4DG；②09：12：57 与 4DG 同时变化；③09：16：48 也是列车刚出清 4DG(图 2－7)。4DG 列车出清，电压应当恢复正常的时候，8DG1 却出现了两次突变；无车占用时，两区段出现了一次波动，首先考虑两区段公共部分是否存在异常。

(三)检查处理

根据分析，4DG、8DG 公共绝缘可能存在间歇性绝缘失效，现场工区要点上道检查后，发现两区段靠西边公共绝缘处的工字绝缘顶部有金属杂物搭连(图 2－8)。现场人员当即清除了杂物，及时消除了故障隐患，确保了设备正常运用。车间、工区在后续数日对该两区段电压进行盯控分析时，没有再出现电压曲线异常的状况，因此确定造成电压异常突变的原因是两区

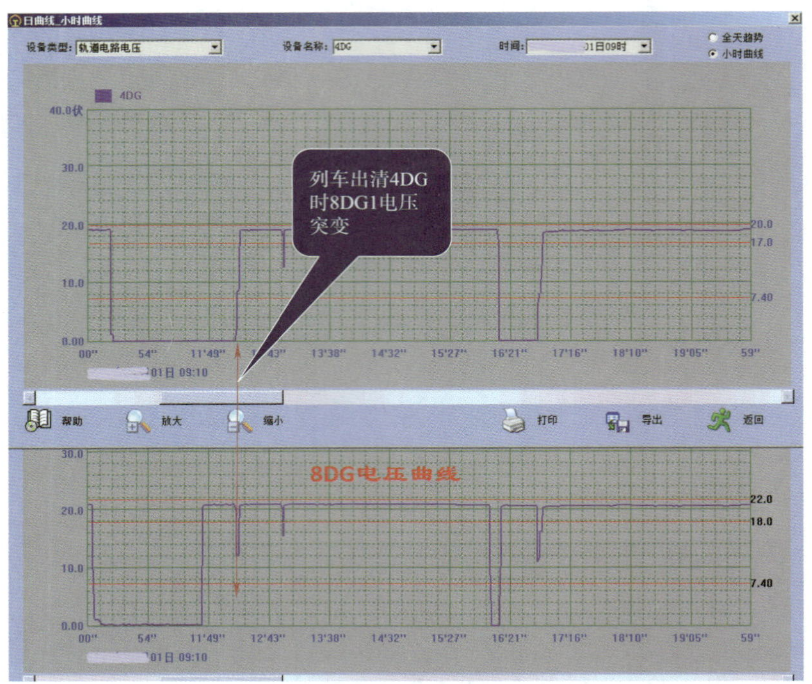

图 2—7　列车出清 4DG 时 8DG1 电压突变

段公共部分绝缘短路。

调阅集中监测回放显示 09:10:00，3G 侧线发车，铁屑可能是机车撒砂，砂中含有金属杂质掉落在 4DG、8DG 公共绝缘西边工字绝缘处，经车辆轮对碾压，短接了公共绝缘。

图 2—8　工字绝缘被铁屑短路

（四）总结

1. 25 Hz 站内轨道电路电压波动时，首先确定波动区段的设备现场位置，如果两相邻区段出现了电压波动，首先要检查室内外公共部分是否存在异常。

2. 工区在进行轨道电路巡视、检修时要对轨道电路的公共绝缘进行检查测试，绝缘一旦出现外观破损或绝缘测试超标，立即进行绝缘分解检查并更换。

二、某站 3AG 轨道电压曲线波动

（一）案例概况

2018 年 3 月 10 日某站 3AG 轨道电压非正常突变，最低下降至 12 V 左右，原因是进站内方第一个区段 3AG 与相邻区段（相邻工区）2613G 间东边公共绝缘处有铁屑造成。

（二）集中监测曲线分析

1. 该站值班人员 3 月 10 日 07:30 进行集中监测浏览时，发现 3AG 轨道区段电压在 07:16 发生异常突变，如图 2—9 所示，电压由正常 21.6 V 下降到 18.4 V。

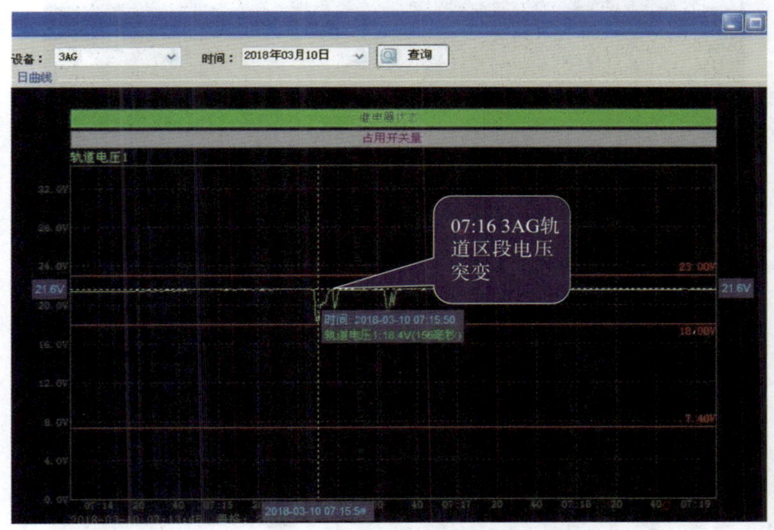

图 2—9　07:16，3AG 轨道区段电压突变曲线

2. 查看当日前期曲线，发现 3AG 轨道电压在占用前多次发生突降情况，如图 2—10 所示，电压最低下降到 12.2 V。

3. 车间监测分析员分析发现，07:16 该站 3AG、邻站 2613G 两区段电压分别由正常时的 21.6 V、566 mV 同时下降至 18.4 V、523.6 mV（图 2—9 和图 2—11），初步判断为室外 3AG 与 2613G 相邻两区段间的公共绝缘存在间歇性短路现象。

（三）检查处理

处理人员赶到现场后，经检查发现 3AG 与 2613G 间公共绝缘处东边有一铁锈搭连

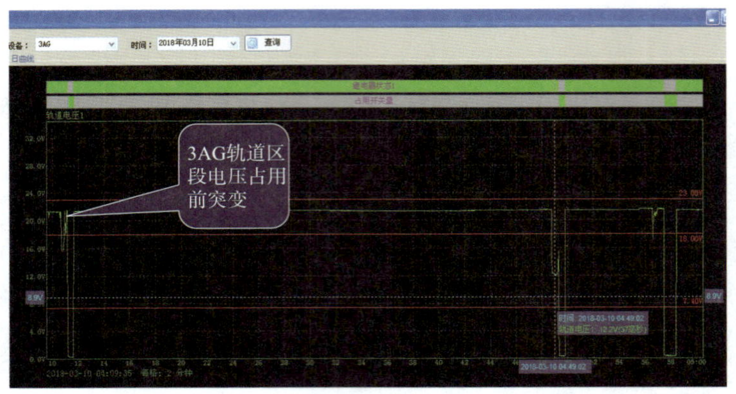

图 2－10　3AG 轨道电压在占用前多次发生突降曲线

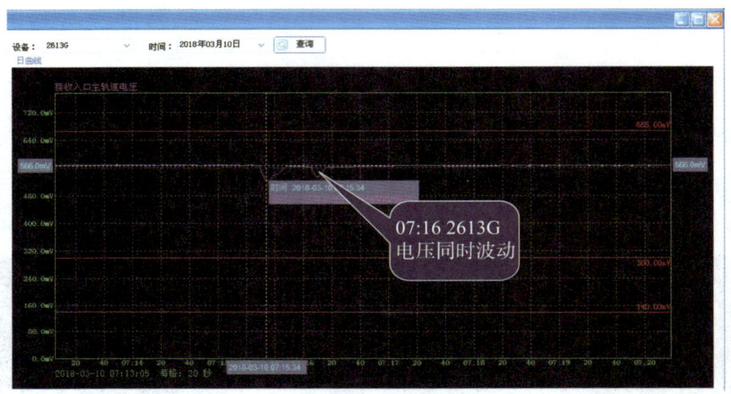

图 2－11　邻站 07:16,2613G 电压波动曲线

(图 2－12),处理人员立即进行清除,并对绝缘处进行清扫,经观察 3AG 及 2613G 电压曲线均已恢复正常。

图 2－12　3AG 与 2613G 间公共绝缘短路

（四）总结

进站口机械绝缘绝缘节处，相邻区段为 ZPW-2000 区段和 25 Hz 区段时，站内轨道区段电压变化明显，ZPW-2000 区段电压变化不明显，细微的电压变化要引起高度重视，积极排查隐患。

三、某站 121DG 与 119DG 闪红故障

（一）故障概况

1 月 9 日 18:02—18:22，某站 119DG、121DG 闪红光带（调阅集中监测数据：119DG 故障时电压由 19.2 V 降至 9.5 V，121DG 故障时电压由 21.4 V 降至 3.8 V）。原因为 119DG、121DG 公共绝缘东边胶结绝缘轨头处金属杂物经列车碾压后导致间歇性短路造成，如图 2—13 所示。

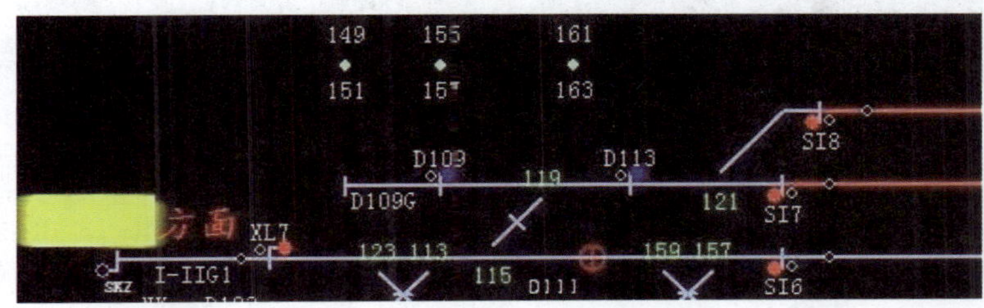

图 2—13　区段位置示意

（二）集中监测数据分析

1. 查 119DG 与 121DG 历史曲线，两区段电压在 9 日 17:26 前一直平衡无异常，正常电压值分别为 19.1 V 和 21.3 V。

2. 17:28:39 开放 XL7 至 SI7 调车信号准备连挂 K338 牵引机车。

17:28:39，119DG 与 121DG 电压瞬间分别下降到 16.4 V（正常 19.1 V）和 16.5 V（正常 21.3 V）；

17:30:35 牵引机车压入 119DG，同时 121DG 电压下降到 20.8 V；

17:30:49 牵引机车压入 121DG，17:30:53 牵引机车出清 119DG，出清 119DG 时电压 14.8 V，至 17:31:00，119DG 电压在 10.7～14.8 V 抖动并出现闪红；

17:31:00，119DG 电压恢复正常 19 V，17:31:13 牵引机车出清 121DG，出清 121DG 时电压 21.2 V，如图 2—14 所示。

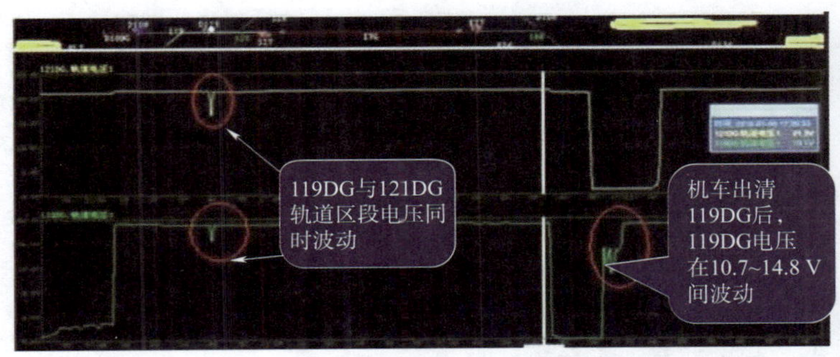

图 2—14　牵引机车通过时 119DG 与 121DG 电压曲线 1

3. 17:33:09,119DG 与 121DG 电压同时分别下降到 11.4 V(正常 19.1 V)和 4.0 V(正常 21.3 V)并出现红光带,17:33:16 电压恢复正常,红光带消失,如图 2—15 所示。

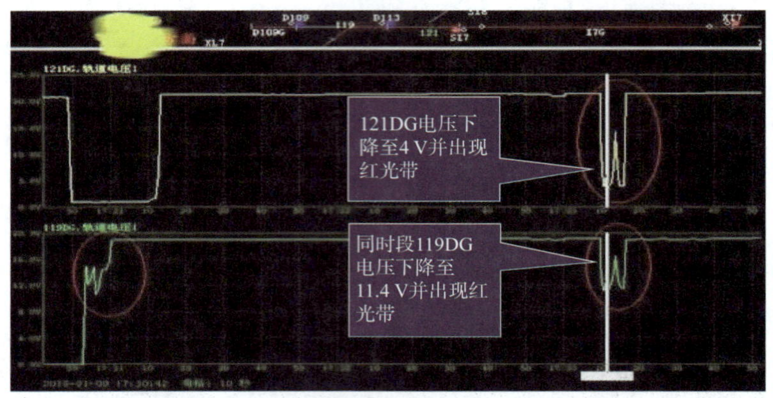

图 2—15　牵引机车通过时 119DG 与 121DG 电压曲线 2

4. 18:00:16,SI7 开放出发信号,18:00:42,121DG 与 119DG 电压同时分别下降到 5.0 V(正常 21.3 V)和 10.1 V(正常 19.1 V)并出现红光带,如图 2—16 所示,18:00:47,SI7 出发信号恢复,18:01:20 121DG 与 119DG 电压同时恢复正常。

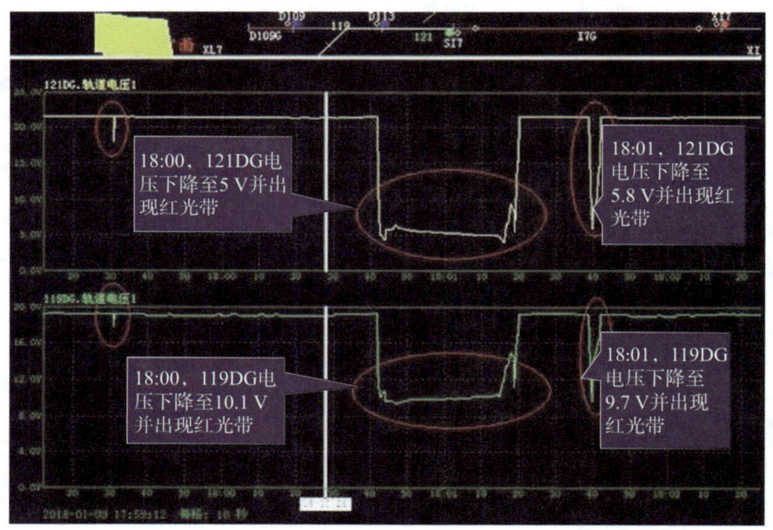

图 2—16　SI7 开放信号后 119DG 与 121DG 电压曲线

5. 18:01:39,121DG 与 119DG 电压再次同时下降至 5.8 V(正常 21.3 V)、9.7 V(正常 19.1 V),18:01:42,121DG 与 119DG 电压同时恢复正常,121DG 出现红光带,如图 2—16 所示。

6. 18:04:54 之后两区段电压正常平衡无变化。

(三)检查处理

1. 17:26,K228 本务机车进机待线时经过 121DG 与 119DG 公共绝缘时因某种原因在工字绝缘上遗留有金属杂质，不稳定的接触造成 17:28:39，119DG 与 121DG 电压瞬间分别下降到 16.4 V(正常 19.1 V)和 16.5 V(正常 21.3 V)。

2. 17:30:35 牵引机车碾压后杂物变成片状并连接工字绝缘两边，造成 17:30:53 牵引机车出清 119DG 时电压 14.8 V，至 17:31:00，119DG 电压在 10.7～14.8 V 波动。

3. 机车连挂时因牵引回流呈脉冲状变化，不平衡电流增大，工字绝缘处接触不良的金属杂物在间隙产生放电造成 17:33:09 119DG 与 121DG 电压同时分别下降到 11.4 V(正常 19.1 V)和4.0 V(正常 21.3 V)，并出现红光带(D109G 最北端扼流变压器至 XL7 信号机处扼流变压器有一横向连接线)。

4. 同样因列车准备开车，脉冲状牵引回流再次引起工字绝缘处接触不良的金属杂物在间隙产生放电造成 18:00:42，121DG 与 119DG 电压同时分别下降到 5.0 V(正常 21.3 V)和 10.1 V(正常 19.1 V)并出现红光带，18:00:47，SI7 出发信号恢复。

5. 现场处理人员发现 121DG 与 119DG 间工字绝缘与钢轨平齐，工字绝缘顶面有金属反光，红圈处有片状物碾压处理迹象，如图 2－17 所示。

图 2－17　121DG 与 119DG 处工字绝缘顶面有金属片照片

(四)总结

1. 对于同一时间相邻两区段电压互相影响或是同一时间出现同样的波动，波动的幅度、曲线大致相同或是其中一个区段电压在相邻区段占用时出现波动，多为相邻两区段间有绝缘短路问题。

2. 轨道电路红光带故障现象消失，必须确认轨道电压恢复到正常值时才能交付使用，避免故障重复发生。

四、绝缘节铁屑熔化引起红光带故障

(一)故障概况

2017 年 12 月 30 日 12:08:16 某站 13-21DG 闪红光带，12:08:19 恢复，原因是 13 号道岔岔后极性绝缘西边绝缘节内铁屑被牵引电流熔化造成绝缘造成。

（二）监测曲线分析

查该站集中监测，13-21DG、13-21DG1 电压分别由正常时 18 V、18.5 V 于 12:08:16 同时下降至 5.6 V、5.7 V，如图 2—18 所示，相邻区段电压无变化，分析 13-21DG 两受端电压下降幅度基本相同，初步判断为室外公共部分存在问题。

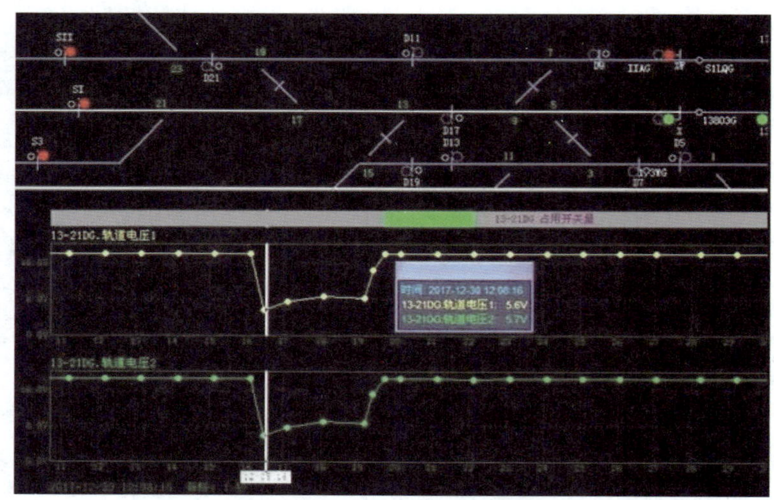

图 2—18　13-21DG 故障时电压曲线及区段位置

查该区段电码化发送电流，故障时由 180.8 mA 上升至 183.8 mA（图 2—19），因该站为四线制叠加电码化轨道电路，故障性质判断为短路故障。

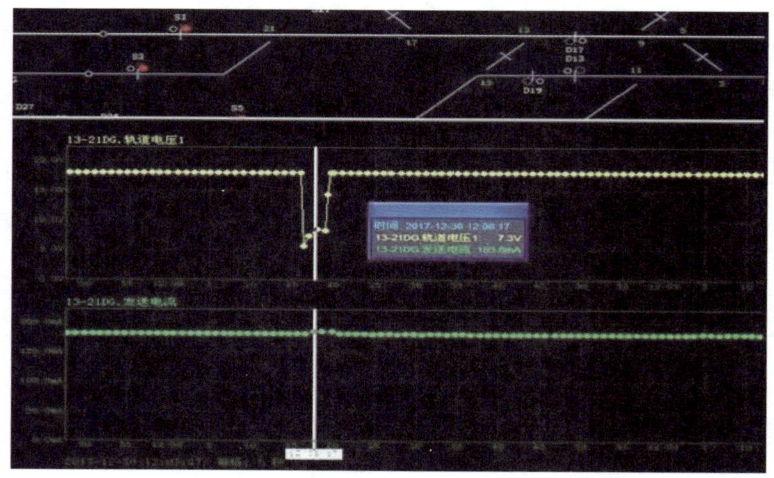

图 2—19　13-21DG 故障电压和电码化电流曲线

（三）现场处理

处理人员赶到现场时，信号楼反映 12:22 该区段又闪红光带，区段电压和电码化电流与

12:08 闪红光带时一致，如图 2—20 所示，处理人员根据故障现象和集中监测分析，首先重点检查岔后极性绝缘、轨距杆绝缘和外部短路痕迹。

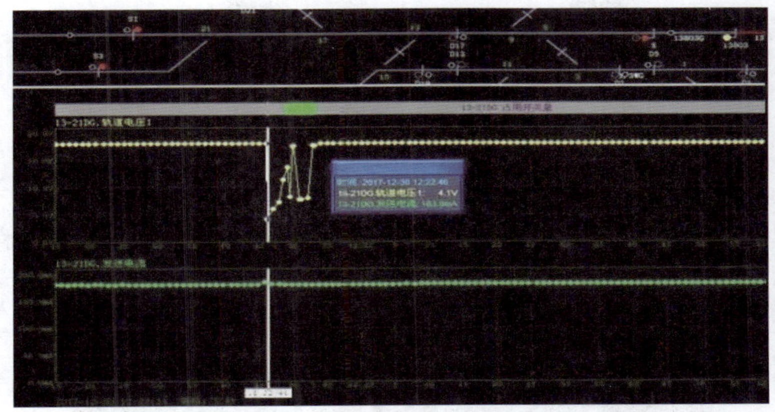

图 2—20　12:22 闪红时 13-21DG 故障电压和电码化电流曲线

当检查到 13 号道岔岔后极性绝缘西边绝缘节时，处理人员闻到空气中存在的焦煳味，而在其他处所检查未发现任何异常。处理人员决定对 13 号道岔岔后极性绝缘西边绝缘进行分解检查，经联系工务要点分解绝缘发现，绝缘板中间位置在工字处有一明显圆形的金属熔块（图 2—21），绝缘内部不洁净。

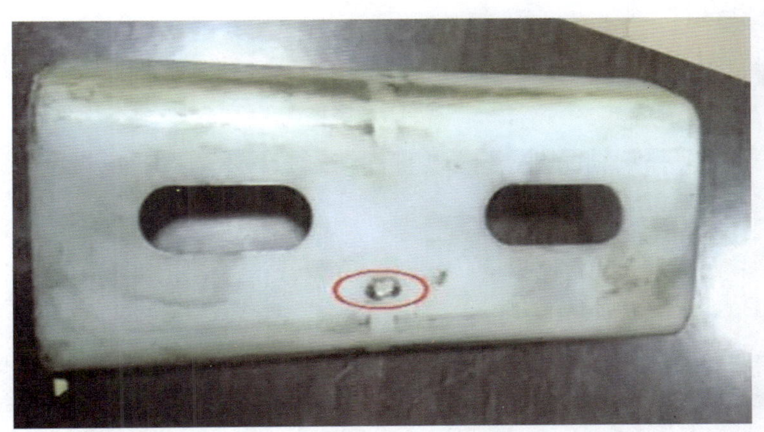

图 2—21　绝缘板中间位置在工字处有一明显圆形的金属熔块

原因分析：该区段为 25 Hz 相敏轨道电路（UI 型），轨面电压 4.6 V，因牵引回流过大，导致极性绝缘两侧电压超出正常值，因绝缘内部不洁净存在金属屑末引起击穿放电，放电熔化金属屑末，从而使绝缘节瞬间短路，造成轨道电路闪红。

联系工务要点分解岔后极性绝缘西边绝缘节绝缘，将铁屑等杂物清理干净后更换绝缘。

（四）总结

1. 本案例中，故障区段为四线制叠加电码化轨道电路，且相邻区段电压在本区段电压波动时没有变化，电码化电流明显有上升趋势，具备室外短路故障的明显特征。

2. 在对室外短路点进行查找时，要结合检修时的轨道电路数据来缩小范围，重点检查测试岔后极性绝缘、轨距杆绝缘，以及查找其他外部短路痕迹。

五、换轨施工后轨道电压下降

（一）案例概况

某日车间监测分析员发现某站 D4G 进行人工换轨施工后，电压有 21.3 V 降至 17 V 并有 2.6 V 的波动。经检查确认原因发送端扼流变压器特性不良。

（二）集中监测数据分析

D4G 位于沪昆线上行正线接车进路第一个区段，如图 2—22 所示。

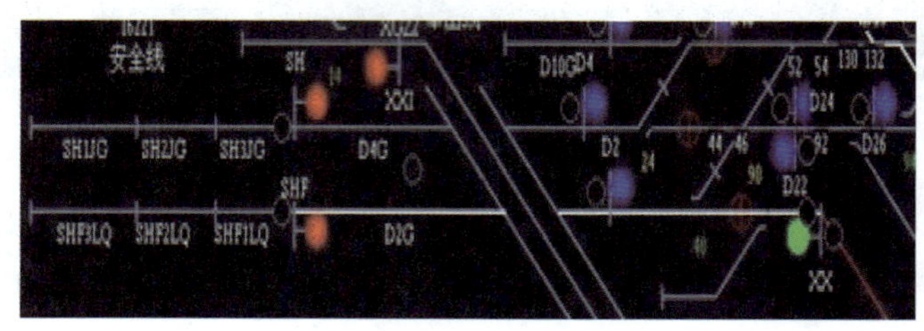

图 2—22　设备布置

1. 轨道电路电压

施工后 D4G 电压曲线如图 2—23 所示，电压平均值 17 V，并伴有 2.6 V 的波动（15.7～18.3 V）。

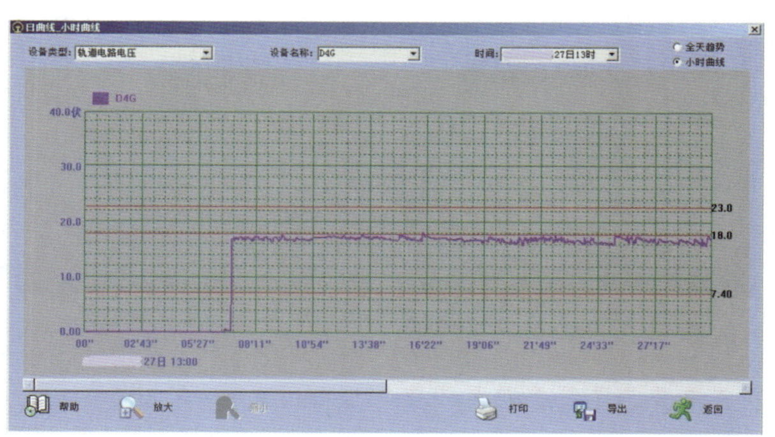

图 2—23　D4G 电压波动

施工前该区段电压 21.3 V，曲线平整无纹波，如图 2—24 所示。

2. 轨道相位角

施工后 D4G 相位角为 80.4°（图 2—25）。

施工前该区段相位角 83.7°（图 2—26）。

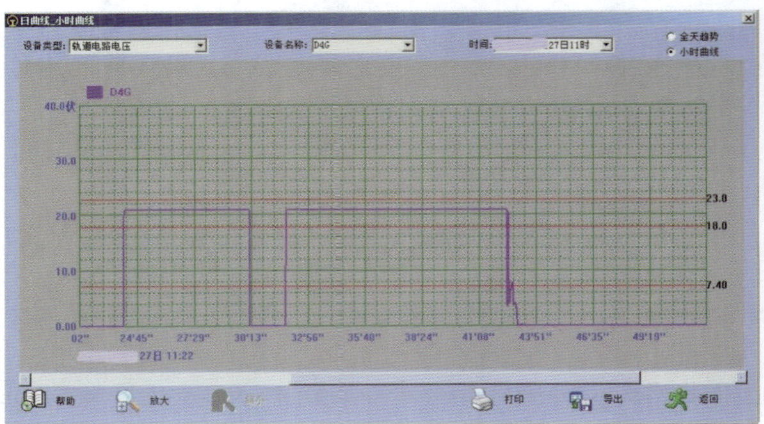

图 2－24　施工前 D4G 电压

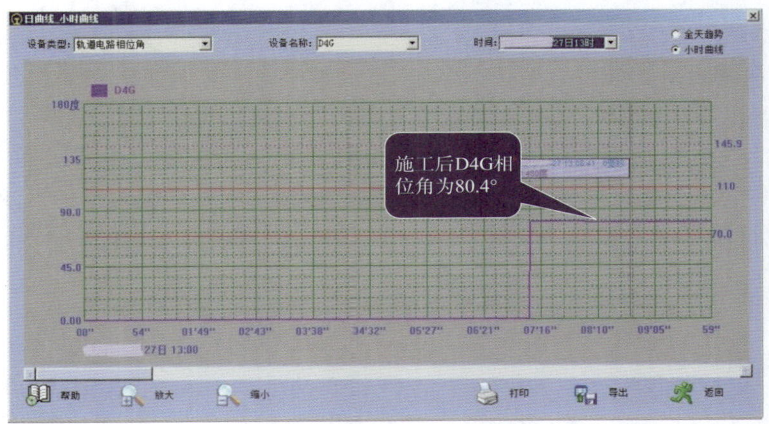

图 2－25　施工后 4DG 相位角

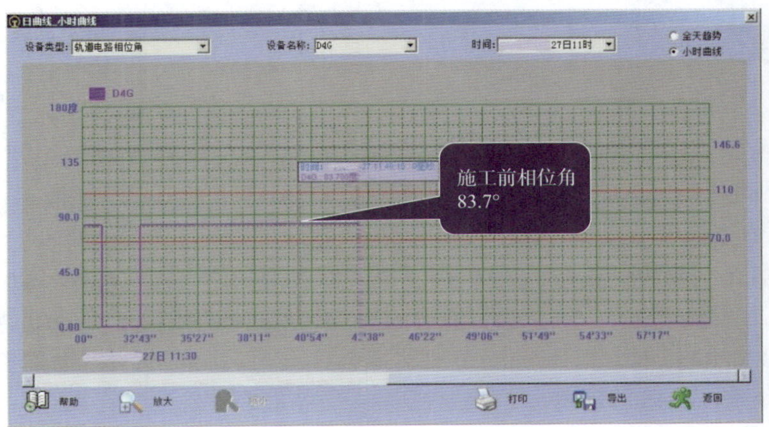

图 2－26　施工前 4DG 相位角

D4G 相邻区段 24DG、SH3JG 电压无变化。

3. 原因分析

D4G 电压和相位角在施工后电压发生了变化，但是相邻区段 24DG、SH3JG 电压无变化，公共绝缘节作用良好，为本区段设备问题。因为电压变化发生在施工作业后，主要考虑施工影响：一是轨道接续线、电源引入线接触不良，二是二横一纵牵引电流短路线防护作用不良造成设备损坏。

（三）检查处理

工区根据曲线分析做出了以下处理，一是工区对该区段接续线进行全面检查，对电源引入线进行检查，无不良情况，该区段电压未恢复正常。二是对轨道电路通道中含有电容元件的器材进行更换，如室内防护盒、室外隔离盒、室内隔离盒，该区段电压仍未恢复正常。三是检查 D4G 送电端扼流变压器(SH 信号机处)既有横向连接线，还有吸上线，考虑到不平衡大电流对扼流变压器产生的磁滞影响，在更换发送端扼流变压器后电压恢复正常，相位角正常。

（四）总结

1. 施工中两横一纵防护措施连接不牢固，造成经横向连接线至吸上线的牵引电流回流在扼流变压器上产生不平稳的大电流出现磁滞现象，导致 D4G 电压下降。

2. 现场配合工务更换钢轨时，为了防止牵引电流不平衡造成扼流变压器工作异常，以及由此产生不平衡电压损坏室内各类防护盒、电子接收器件，除了确保两横一纵短路线与钢轨接触良好外，还应该断开室外送受端断路器。

六、交叉渡线 A、B 绝缘不良引起电压波动

（一）案例概况

某日 13:49:30—13:49:45 某站 138-144DG 轨道电压 14.5 V，超调整下限报警(18 V)，集中监测报“电气特性一级超限预警(超限 15%)”。经检查原因为交叉渡线 A、B 绝缘不良，立即联系工务部门对该胶接绝缘进行更换。

（二）集中监测数据分析

1. 预警信息分析

下行列车占用 140-142DG 时，138-144DG 电压由 19.3 V 下降到 13.8 V，当列车继续运行至下一区段 130-136DG，138-144DG 电压恢复正常 19.3 V，如图 2－27 所示。

2. 电路原理分析

为有效隔离交叉渡线两相邻轨道区段，在交叉渡线增加两组钢轨绝缘，增加的两组钢轨绝缘通常称为 A、B 绝缘(图 2－28)。当没有设置 A、B 绝缘时，138-144DG 正电(负电)的与 140-142DG 的正电(负电)可能会相互干扰，造成轨道电压波动，引起红光带，设置了 A、B 绝缘后，两区段之间就实现了有效的隔离。

因列车运行至下一区段 130-136DG 时，138-144DG 电压恢复正常 19.3 V，分析交叉渡线 A、B 绝缘不良。

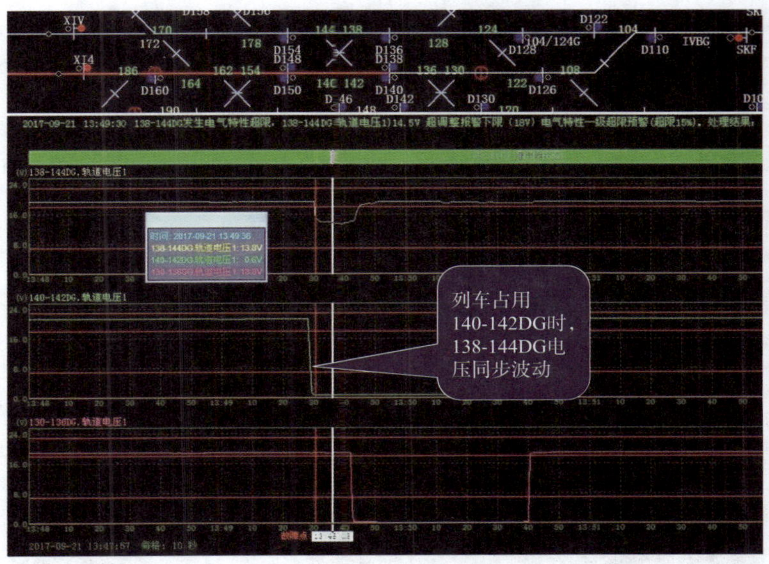

图 2－27　138-144DG 轨道电压波动曲线

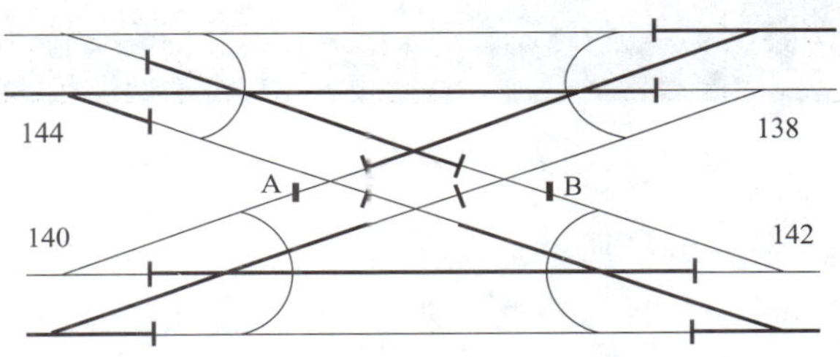

图 2－28　交叉渡线增加两组钢轨绝缘布置

（三）检查处理

经要点检查 A 绝缘一端扣件短路，一端绝缘破损，临时处理后立即联系工务部门对该胶接绝缘进行更换，设备恢复正常。

（四）总结

轨道电路电压异常下降时，一是观察相邻轨道区段电压是否同时变化，二是回放相邻轨道区段列车运行情况，本区段电压是否随列车的占用相邻区段而波动。

七、交叉渡线区段闪红光带

（一）故障概况

5 月 19 日 14：00—14：09，某站 1-7DG 过车后交叉渡线两区段 1-7DG、3-5DG 同时出现闪红光带，原因是施工遗留螺母卡在交叉渡线锐角处垫片中造成短路。

（二）监测曲线分析

1. 查阅集中监测轨道电路电压曲线，下行列车通过后，1-7DG 电压未恢复正常（正常值 19.1 V），电压在 7.5～19 V 间波动。在下行列车通过 1-7DG 的同时，上行列车通过 3-5DG，同样 3-5DG 电压未恢复正常（正常值 19.5 V），电压在 7.8～18.8 V 间波动。在故障状态下两区段 1-7DG 与 3-5DG 电压曲线呈现相似变化，如图 2—29 所示。

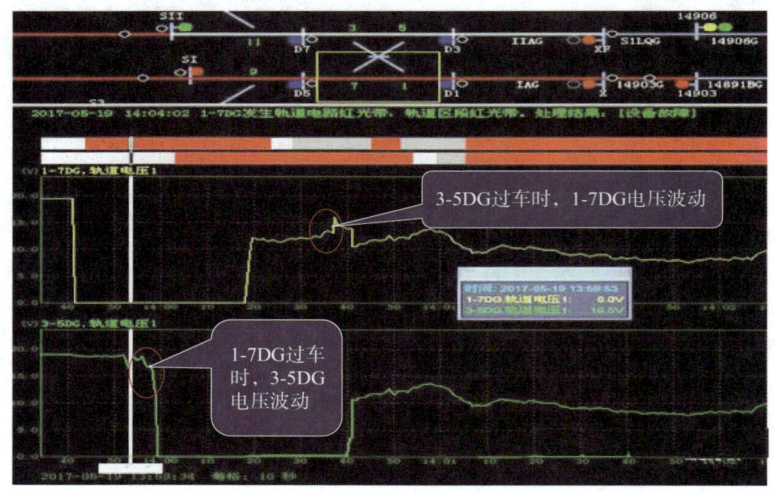

图 2—29　故障时 1-7DG 与 3-5DG 电压曲线

2. 查阅轨道电路故障前集中监测报警预警情况，5 月 19 日 13:08:22 集中监测报“3-5DG”“站内轨道电压异常”“站内轨道电压突变一级预警（电压突变大于 20%）”。回放查看相关电压曲线（图 2—30），当邻线下行列车占用 1-7DG 时，3-5DG 轨道电压异常波动，最低约 12 V，列车出清 1-7DG 后 3-5DG 电压恢复正常。

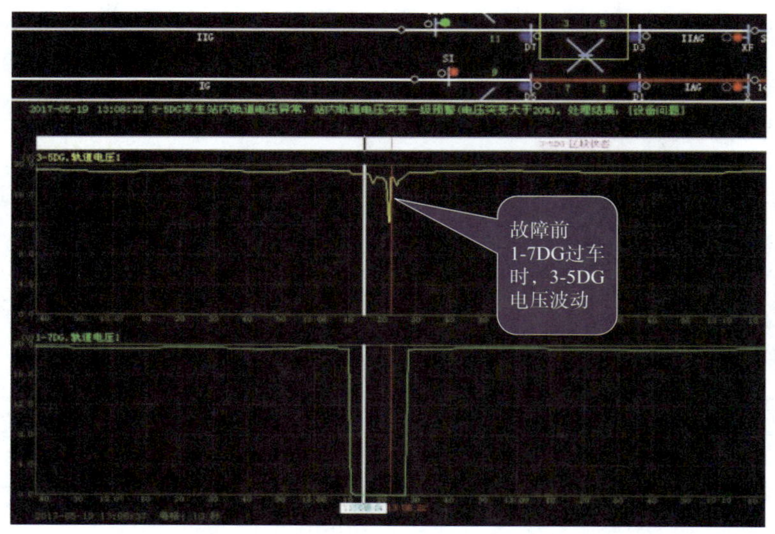

图 2—30　13:08，3-5DG 轨道电压突变一级预警电压曲线

5 月 19 日 11:15:39 集中监测报“3-5DG”“站内轨道电压异常”“站内轨道电压突变一级预警(电压突变大于 20%)”。回放查看相关电压曲线(图 2－31),列车占用ⅡG 时 1-7DG、3-5DG 轨道电路电压同时下降波动,3-5DG 电压下降到 15.5 V,1-7DG 电压下降到 15.7 V。

上述两条预警信息分析可以判定 1/3、5/7 交叉渡线公共绝缘存在破损、短路问题。

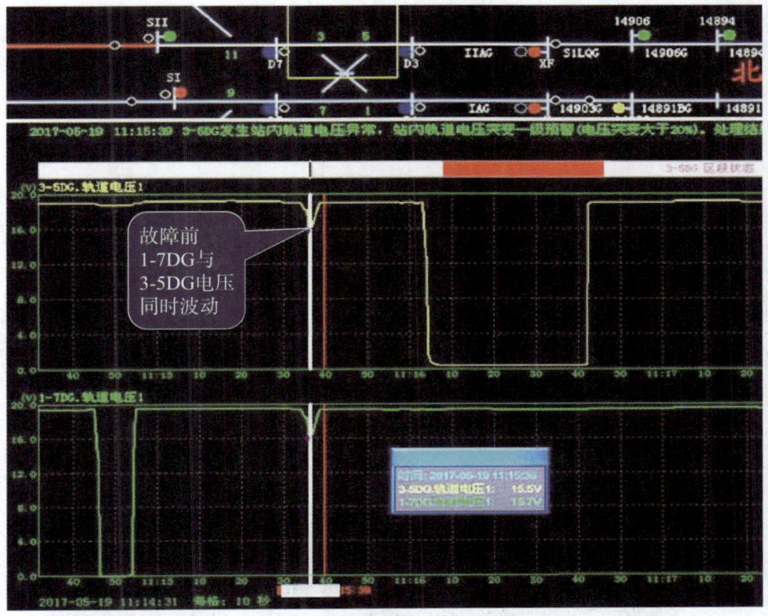

图 2－31　故障前集中监测预警信息

(三)检查处理

通过曲线分析可以判定,这是一起交叉渡线上公共绝缘失去绝缘作用导致的故障。应急处理人员根据分析情况进行检查,发现在交叉渡线锐角处垫片中卡有一个施工遗留的螺母,该螺母造成用于电化隔离的绝缘(俗称 A、B 绝缘)短路(图 2－32),将该螺母捡出后两区段电压恢复平稳。

图 2－32　遗留螺母短路相邻轨道区段

（四）总结

1. 施工后材料、器具要清理干净，防止遗留金属物件短路轨道电路造成故障。

2. 对集中监测的报（预）警信息需及时分析，将设备故障消灭在萌芽状态。

八、某线路所 1DG 掉码故障

（一）故障概况

某日 12:34，X366 次列车运行至某线路所 1DG 时机车信号绿灯因掉码显示白灯，当机车驶离线路所进入区间后机车信号正常。原因是 SMJ 励磁电路中组合架 Z2-1003-4 端子假焊。

（二）机车信号远程监测分析

调阅查机车信号远程监测，X366 次列车在越过 2606（预告）信号机时机车信号正常，越过 2594（地面为 S 进站信号机）信号机时（12:33:45—12:33:59），机车信号显示白灯，接收低频为 0，载频为乱码（2 150.88 Hz，非规定频率），幅度 3～70 mV 左右，说明机车未接收到地面低频信号，初步分析为地面发码电路存在故障，如图 2—33 所示。

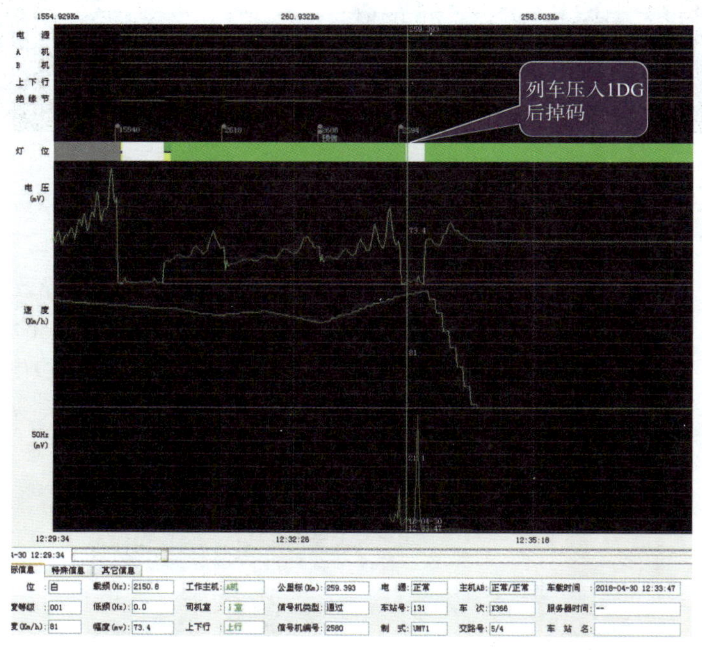

图 2—33　机车信号掉码截图

（三）集中监测分析

1. 查集中监测曲线，列车在 2606G 时，2606G 功出低频维持 11.4 Hz 不变（正常），XF-CFS（1DG 电码化发送器）发送低频由 13.6 Hz 转 11.4 Hz（正常低频变化）再于 12:34:16 转变为 27.9 Hz，列车占用 1DG 时 1DG 发码低频信息为 27.9 Hz，1DG 轨道电路电压残压0.4 V（达标），无分路不良现象，如图 2—34 所示。

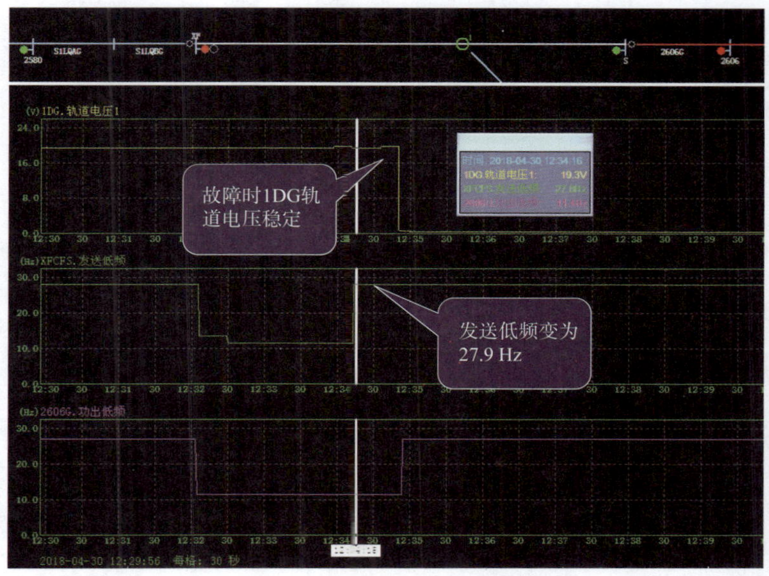

图 2—34　故障时相关监测数据

初步分析为 1DG 室内发码电路故障。

2. 同时浏览 XFCFS 低频曲线发现，11：16：23 XFCFS 发送低频由 11.3 Hz 变为 27.9 Hz，11：16：31 再由 27.9 Hz 变为 11.3 Hz，如图 2—35 所示，同时 2606G 发送低频 11.4 Hz 未变化，并且看到 SMJ 状态在变化（↑—↓—↑）。

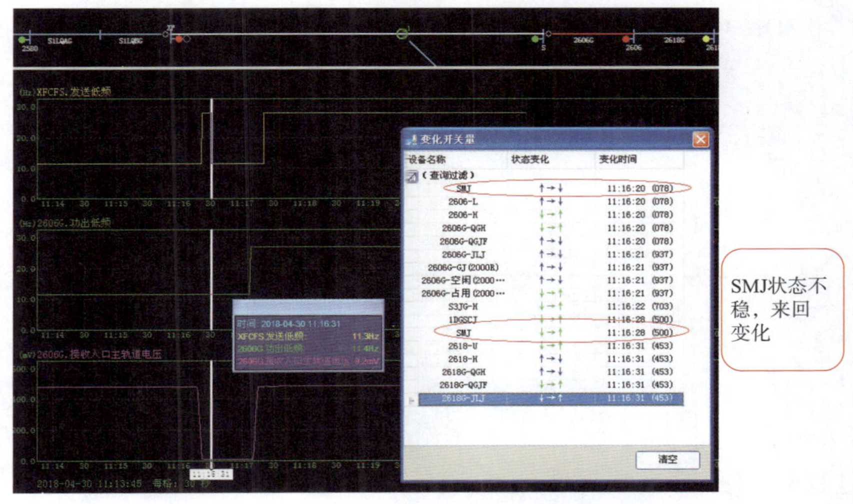

图 2—35　11：16：23 XFCFS 发送低频变化场景数据

（四）电路分析

查看该线路所 XFCFS（SCFS 与 XFCFS 为同一发送器）发送器编码电路如图 2—36 所示，当 SMJ ↑，接通对应低频编码，SMJ 第 5 组后接点接通时发送器输出 27.9 Hz 检测码（JC）。

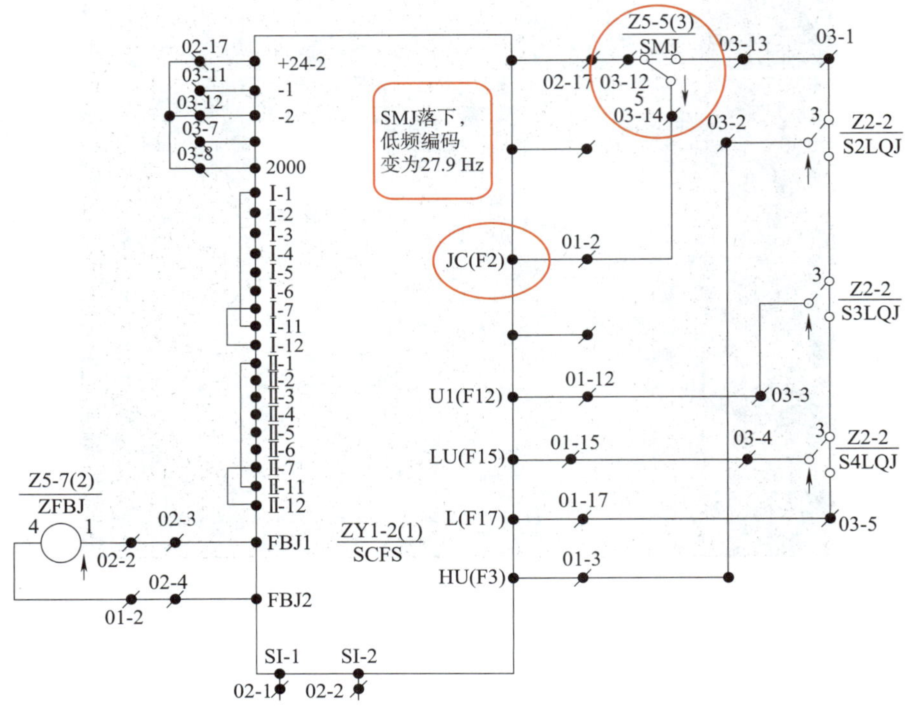

图 2—36　线路所 XFCFS(SCFS)发码电路

查看该线路所 SMJ 电路，当 S1LQG 空闲时，开放 S 进站信号，SLXJ↑连通 SMJ 励磁电路；当列车占用 1DG 时，1DGJF 落下构通 SMJ 自闭电路，SLXJ 落下切断 SMJ 励磁电路如图 2—37 所示。

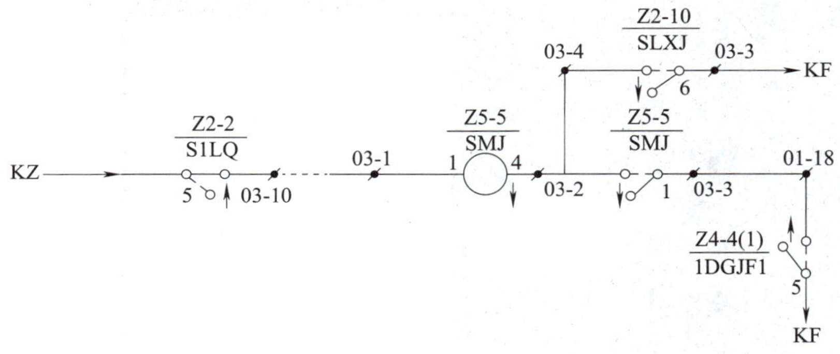

图 2—37　线路所 SMJ 电路

图 2—20 和图 2—21 的数据显示，列车占用 2606G，未压入 1DG 时，XFCFS(即 SCFS)低频码突然由 11.4 Hz 变为 27.9 Hz 检测码。说明 SMJ 因某种原因励磁电路突然断开落下，导致 XFCFS(即 SCFS)发送器发送 27.9 Hz 检测码，同时因 SMJ 落下，切断 1DG 电码化发送通道(图 2—38)，导致机车信号无信号接收(接收低频为 0，载频为乱码(2 150.88 Hz，非规定频率)，幅度 3～70 mV 左右)。

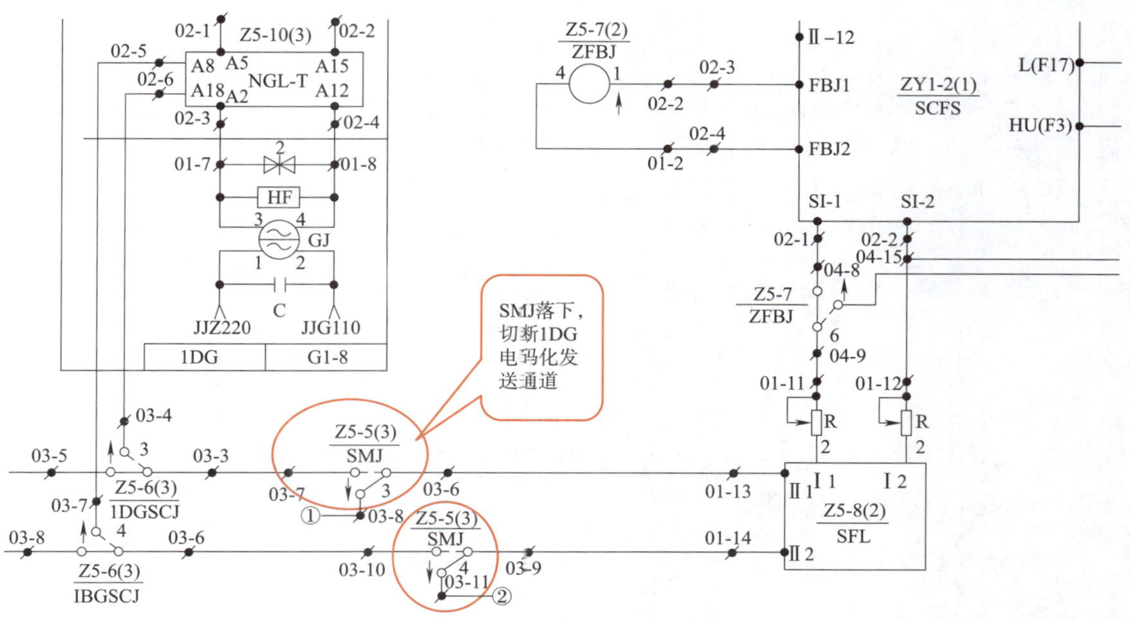

图 2—38　1DG 电码化发送通道电路

（五）检查处理

处理人员在机械室检查发现该站组合架 Z2-1003-4 端子假焊，焊线通过线孔在焊片上滑动（图 2—39），造成 S 行开放信号后 SMJ 励磁电路时通时断，导致 X366 次运行至该线路所 1DG 时掉码。

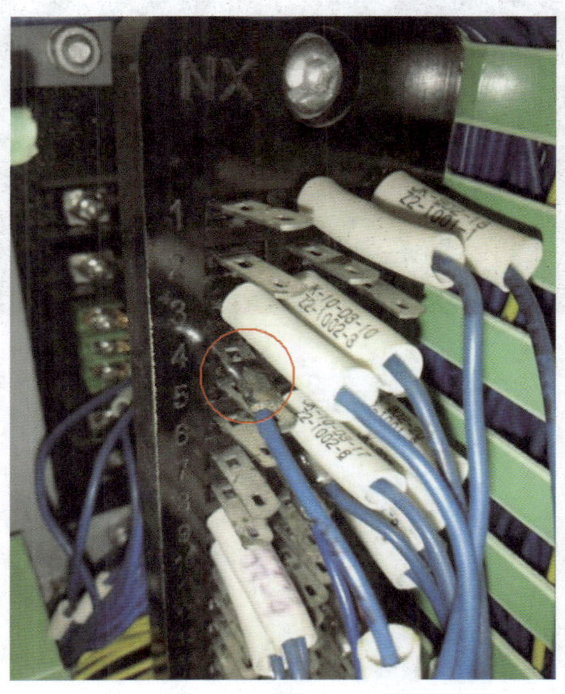

图 2—39　03-4 端子假焊

（六）总结

1. 出现机车掉码故障时，先调阅机车信号远程监测数据，确认机车是否收到正常的低频码、载频码、电压，从而判断是机车设备故障还是地面设备故障。

2. 地面设备故障时，要结合轨道电路和发码电路一起分析，若轨道电路正常，发码电路出现问题，则分析发码电路；轨道电路和发码同时出现故障时，多为两者公共通道故障。

九、某站区间逻辑检查电路引起机车信号掉码故障

（一）故障概况

某日 22:02，K1007 次列车在京广线某站因机车信号由绿码转为白码停车。原因分析为轨面有沙造成 4DG 瞬间分路不良，导致闪红光带，引起区间逻辑检查电路动作，X1LQG 被防护出现红光带，导致 XIFMJ 落下，致使列车在 4DG 运行时掉码。

（二）监测数据分析

1. 机车信号分析

查机车信号远程监测，K1007 次列车越过 XI 出站信号机后走行 168 m 收到 27.9 Hz 低频信号，机车信号显示白灯，如图 2—40 所示。

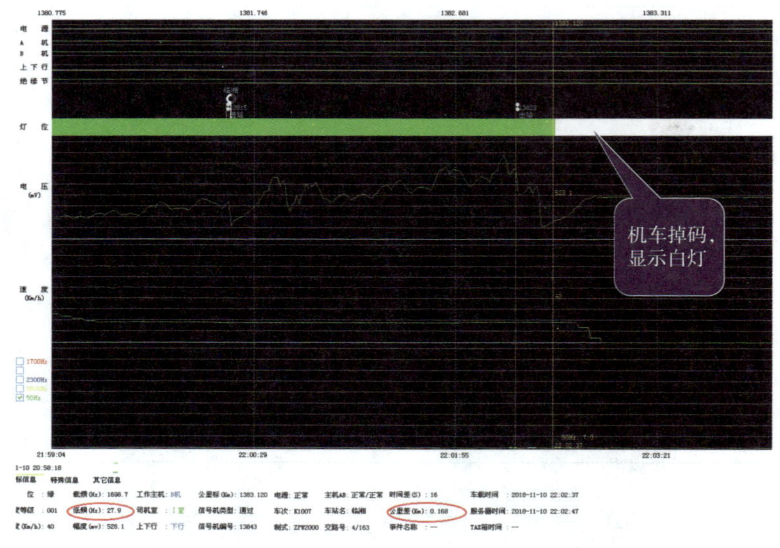

图 2—40　掉码时机信监测数据

2. 确定掉码位置

查该站信号设备平面布置图如图 2—41 所示，XⅠ发车进路含二个区段，分别为 8DG 和 4DG，8DG 长 77 m，4DG 长 297 m。机车越过 XⅠ出站信号机后走行 168 m 收到 27.9 Hz 低频信号，说明机车在 4DG 掉码。

3. 监测数据分析

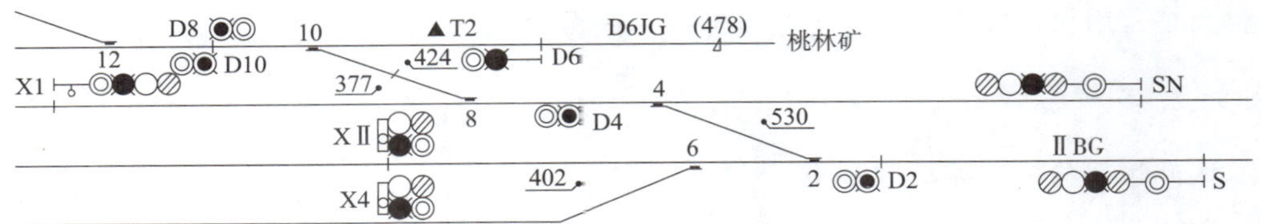

图 2—41　信号布置

集中监测回放，列车 22:02:44 压入 8DG，分路电压为 16.0 V；22:02:49，8DG 电压瞬间降到 12.2 V，8DG 继电器状态瞬间跳变；22:02:54，8DGJ 落下，列车压入 4DG，4DGJ 落下，4DGJ 电压 8.9 V；22:02:55，4DGJ 吸起，4DGJ 电压 12.6 V；22:02:55，4DGJ 落下，X1LQGJLJ 落下；22:02:58，XIFMJ 落下；期间无 X1LQJ 状态变化信息；22:03:00 4DG 红光带，如图 2—42 所示。

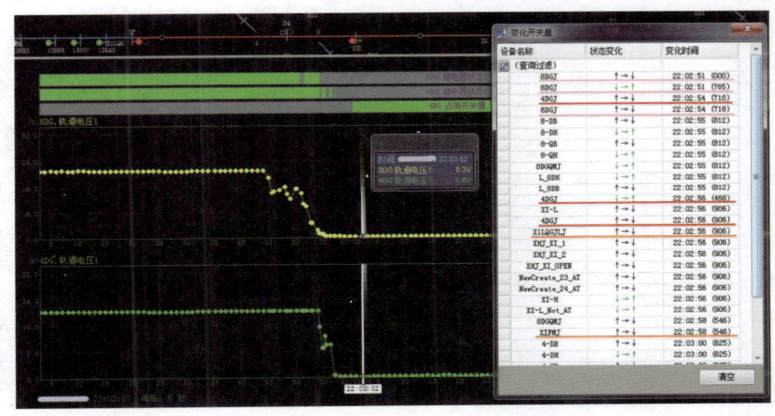

图 2—42　掉码时监测记录的开关量与电压信息

4. TDCS 数据

调阅 TDCS 报警信息，发现 TDCS 存在列车区间占用丢失逻辑检查报警。回放 TDCS，列车运行到 4DG 时，4DG 与 X1LQG 先后显示红光带，如图 2—43 所示。

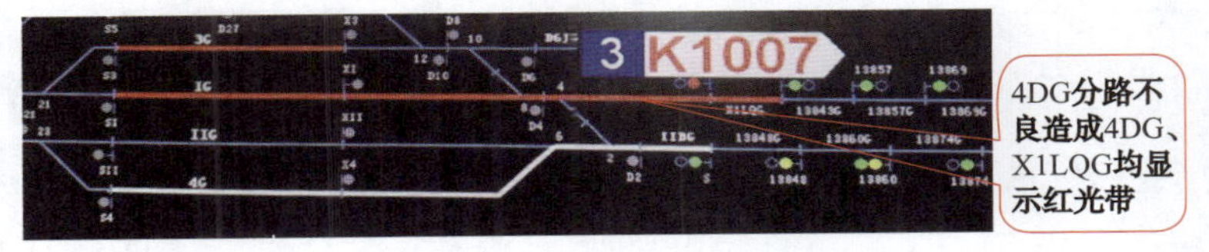

图 2—43　故障时 TDCS 显示

5. 联锁维修机数据

查阅联锁维修机回放记录显示，列车运行到 4DG 时，4DG 与 X1LQG 顺序红光带。

(三)现场处理

值班人员在行车室发现区间逻辑检查人解盘 X1LQG 处于防护状态并伴有声光报警。工区值班人员在逻辑检查人解盘将 X1LQG 的人解按钮破封后按压按钮，X1LQG 红光带消失，

4DG 因列车占用保留红光带。分析机车掉码与逻辑检查有关。

（四）原因分析

1. 区间逻辑检查电路原理分析（图 2－44）

图 2－44 中发车进路末区段为Ⅰ BG，故障站发车进路末区段为 4DG。区间每个闭塞分区设一个 JLJ（记录继电器）、GJ（轨道继电器），每个正方向出站口设一个 CZJ（出站继电器）。

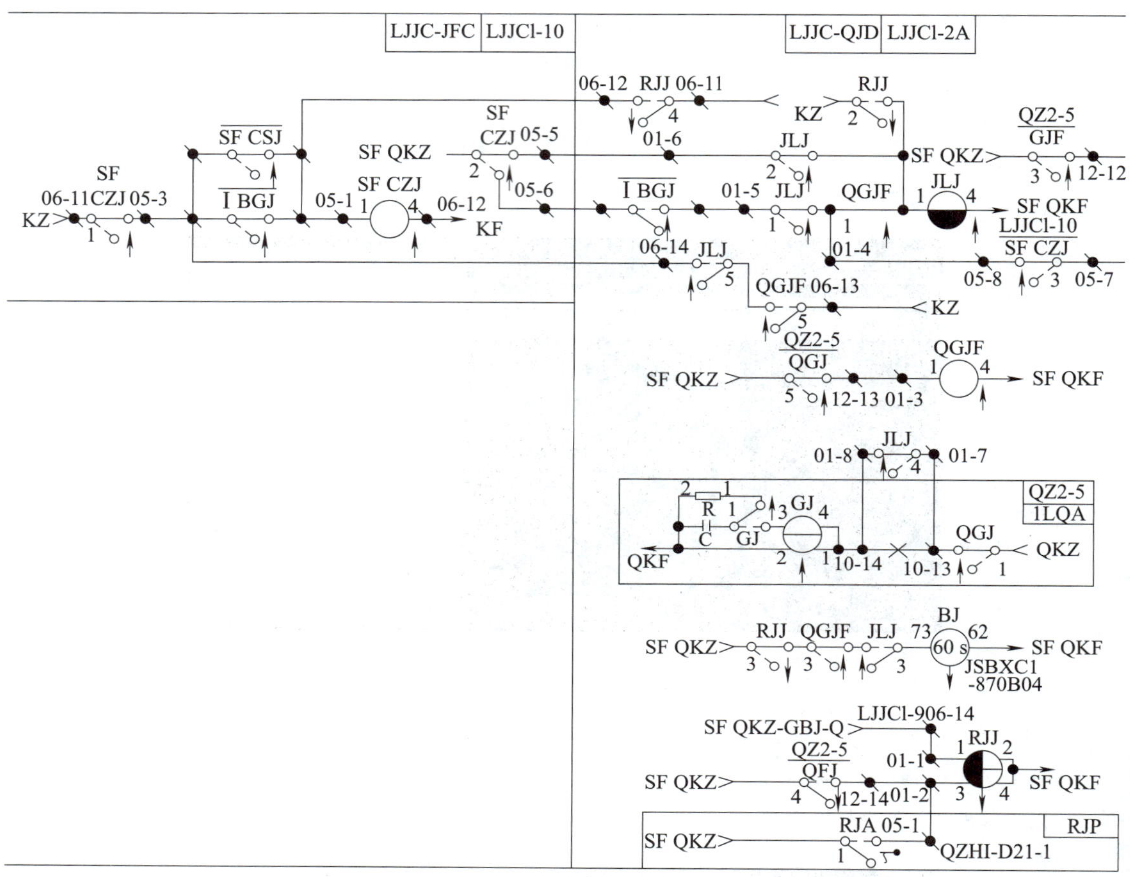

图 2－44　SF 口逻辑检查电路原理

（1）JLJ 常态吸起，1LQ 区段的 JLJ 为 JWXC-H340 型，各闭塞分区的 JLJ 为 JWXC-1700 型。对于 1LQ 区段，其 JLJ 第一条自闭电路为：QKZ—SF CZJ_{21-22}—1LQ JLJ_{21-22}—JLJ_{1-4}→QKF，当列车占用发车站末区段 4DG 时会使 SF CZJ 随着 4DGJ 的落下而落下，因此 JLJ 立即转接到第二条自闭电路：QKZ—SF CZJ_{21-23}—Ⅰ BGJ_{61-63}—JLJ_{11-13}—JLJ_{1-4}—QKF。当列车出清发车进路末区段、占用 1LQ（或虽未占用 1LQ 但出清发车站末区段）时 JLJ 落下。

（2）CZJ 为 JWXC-1700 型，常态吸起；出站信号机开放后，列车正向发车并占用发车进路最末区段后失磁；列车占用 1LQ，1LQ JLJ 失磁，并出清发车进路末区段后恢复励磁并自闭。

（3）1LQG GJ 由 QGJ 驱动并具有缓吸特性，JWXC-1700 型，常态吸起。1LQG GJ 的励磁电路中串联了本区段 JLJ 的前接点。因此当 QGJ、JLJ 均吸起时 GJ 才吸起，而 QGJ、JLJ 任一继电器落下，GJ 均落下。

(4)以 XⅠ向 SF 口发车为例，当 XⅠ发车进路锁闭后，SF CSJ↓，SF CZJ 的自闭电路的两组并联接点（SF CSJ 和ⅠBG 前接点）只剩下ⅠBG 前接点（KZ—SF CZJ_{11-12}→ⅠBGJ_{71-72}—SF CZJ_{1-4}—KF），所以当列车正常占用发车进路最末区段时，首先使 SF CZJ 落下，然后切断 X1LQG　JLJ 第一条自闭电路断开，接通第二条自闭电路（QKZ—SF CZJ_{21-23}—ⅠBG_{61-63}—LJ_{11-12}—$QGJF_{11-12}$—JLJ_{1-4}—QKF）。当列车顺序占用 X1LQG 时，X1LQ　QGJF 落下，通过 QGJF11-12 切断 JLJ 第二条自闭电路使 JLJ 落下。当出清发车进路最末区段，即使 1LQ 区段分路不良使 QGJF↑，也可通过发车进路最末区段轨道继电器 61-63 断开 JLJ 自闭电路而使 JLJ 落下。

2. 原因分析

(1)因轨面分路不良（机车撒砂致使轨面有很厚的砂粒），机车在 8DG 运行时就造成 8DGJ 抖动，机车在 4DG 运行时 4DGJ 多次抖动（图 2－45），4DGJ↑—↓(22:02:54)、4DGJ↓—↑(22:02:56)、4DGJ↑—↓(22:02:56)，使得 SF CZJ↓、X1LQG JLJ↓(22:02:56)，造成 X1LQG GJ↓。X1LQG GJ↓切断 X1LQJ、X1LQJF 励磁电路，X1LQJ、X1LQJF 落下导致 XⅠFMJ↓(22:02:58)（图 2－46），造成机车还在 4DG 运行时接收 27.9 Hz 检测码掉码。

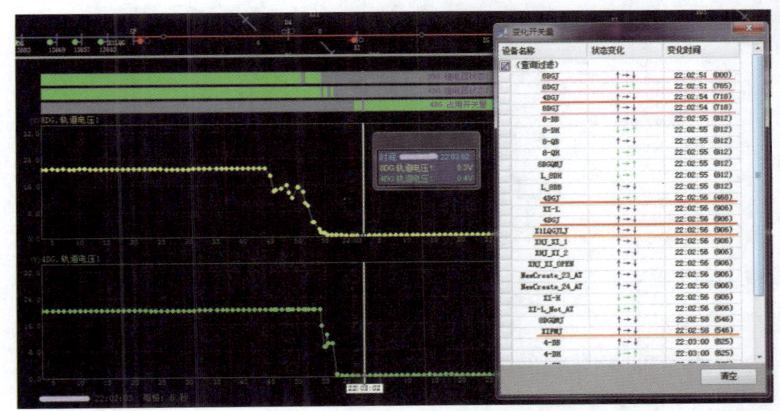

图 2－45　掉码时监测记录的开关量与电压信息

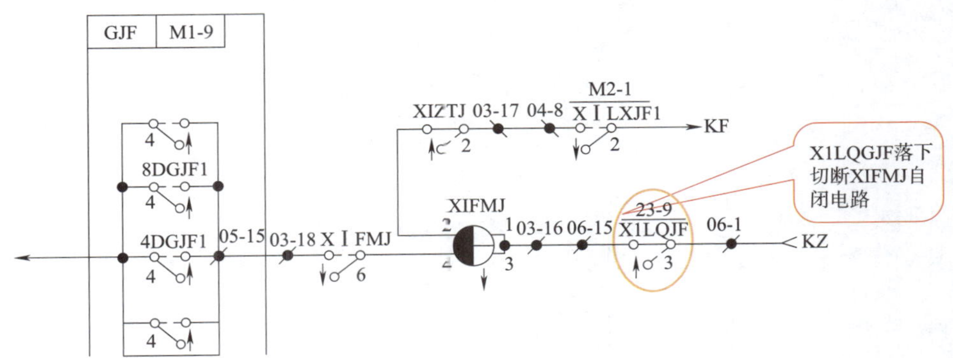

图 2－46　XIFMJ 电路

(2)当 SF CZJ 落下，即使 4DGJ 已恢复吸起（图 2－44 原理图，图中发车进路末区段为ⅠBG，故障站发车进路末区段为 4DG），计算机联锁机通过采集 CZJ 后接点信息给出占用表示，如图 2—47 所示，控制台和 TDCS 仍显示 4DG 出现红光带。

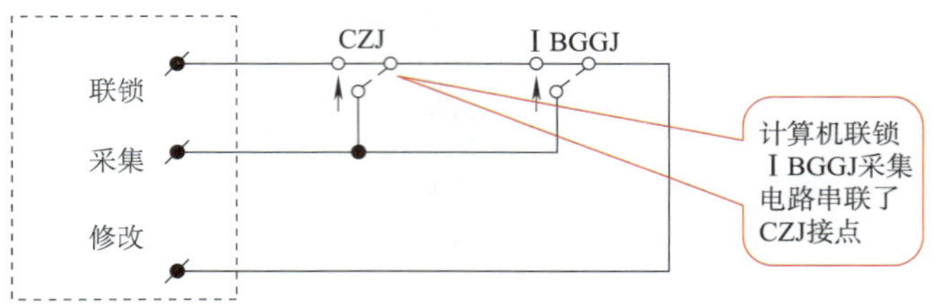

图 2—47　Ⅰ BG 红光带的联锁采集电路

(3)因逻辑检查电路实现三点检查要求，4DG 分路不良，4DGJ 落下后励磁 2 s 切断 X1LQG JLJ 自闭电路，X1LQG JLJ 落下切断 X1LQG GJ 励磁电路，使 X1LQG 在控制台、TDCS 显示红光带(图 2—48)(X1LQG 主轨出电压正常，QGJ、QGJF 吸起)。同时 JLJ 落下，报警继电器开始计时，60 s 后在逻辑检查人解盘给出声光报警。后经人工办理后 RJJ 吸起，XLQG 的 SF CZJ、X1LQG JLJ、X1LQG GJ 励磁，XLQG 红光带消失(4DG 因列车占用仍显示红光带)。

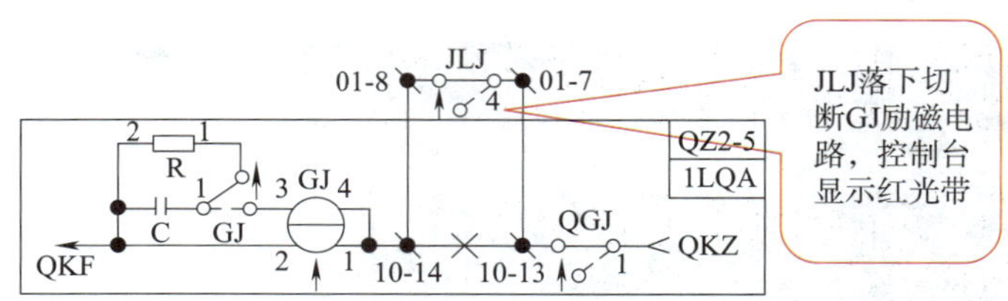

图 2—48　X1LQG 逻辑防护红光带电路

(4)集中监测和 TDCS 采集红光带显示不一致分析(图 2—49)

由于集中监测采集的是 QGJF 前接点，而 TDCS 采集的是 GJ 前接点，这就是集中监测的 X1LQG 不会出现红光带而 TDCS 的 X1LQG 红光带的原因。

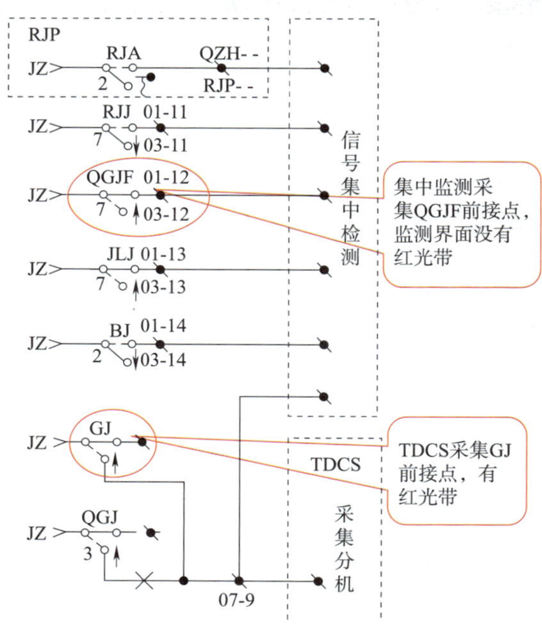

图 2—49　集中监测和 TDCS 采集电路

综上所述，该站机车信号掉码的原因为轨面有沙层造成 4DG 瞬间分路不良，闪红光带，致使区间逻辑检查电路动作，X1LQG 被防护出现红光带，导致 XⅠFMJ 落下切断发码电路，使机车占用 4DG 时掉码。

（五）总结

1. 出站信号开放后，若发车进路最末区段轨道继电器出现抖动现象，将导致出站信号恢复，发车进路站内最末轨道区段和 1LQG 红光带，60 s 后区间逻辑检查电路输出报警信息。

2. 发生有逻辑检查报警的红光带和信号恢复、机车信号掉码故障，因集中监测和 TDCS 信息不一致，指挥和处理人员要检查 QGJ、GJ、JLJ 状态及列车运行情况。在测试轨道电路数据正常，本区段及运行前方区段无列车占用的情况下才能人工解锁对逻辑检查报警进行处理，如有车占用而发生逻辑检查报警，严禁人工解锁。

十、某站ⅠBG 和 X1LQG 红光带故障分析处理

（一）故障概况

2018 年 2 月 26 日 10：43—10：48，京广线某站ⅠBG 及 X1LQG 红光带（区间加入逻辑检查电路），原因是路外电网电源波动导致电源转换造成ⅠBG 及 X1LQG 红光带。

（二）监测数据分析

1. 回放集中监测记录信息，10：43：16 主电源转副电源，X1LQGJLJ↓、SF CZJ↓，ⅠBG 轨道电路电压正常ⅠBGJ 状态未变化（保持吸起），集中监测显示ⅠBG 红光带如图 2－50 所示。

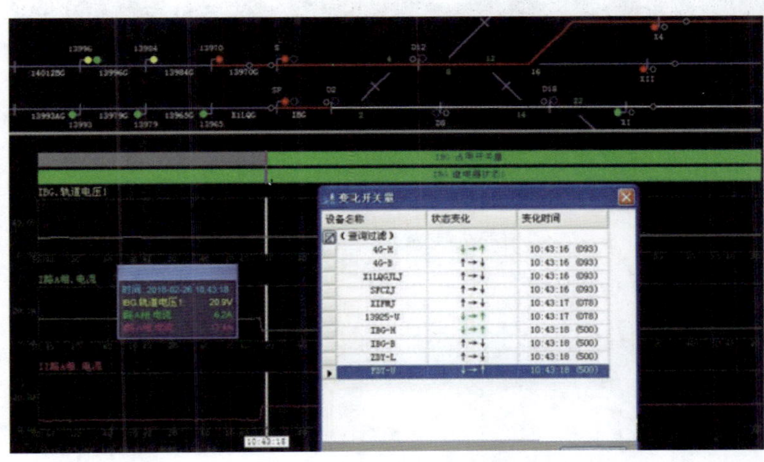

图 2－50　故障时相关开关量状态与模拟量数据

2. 调阅 TDCS 信息，TDCS 回放显示主电源转副电源时ⅠBG 与 X1LQG 同时显示红光带，如图 2－51 所示。

3. 查阅集中监测ⅠBG 电压曲线，如图 2－52 所示，ⅠBG 电压在主副电源转换时有 0.8 V下降尖波。

从图 2－52 的ⅠBG 电压曲线分析：电源屏电源有一个倒换过程（Ⅰ路电流下降同时Ⅱ路

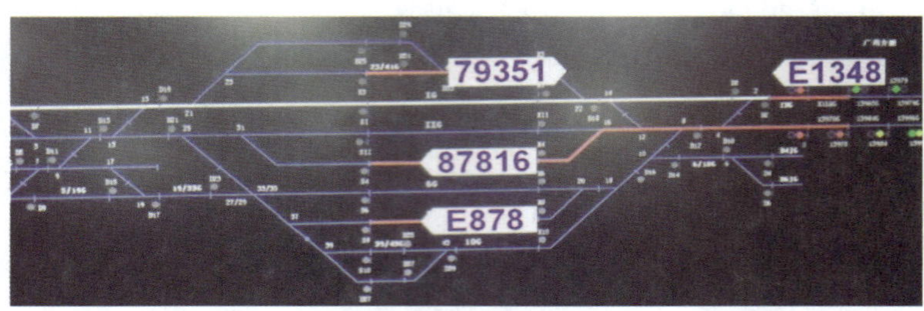

图 2－51　故障时 TDCS 显示ⅠBG 与 X1LQG 红光带

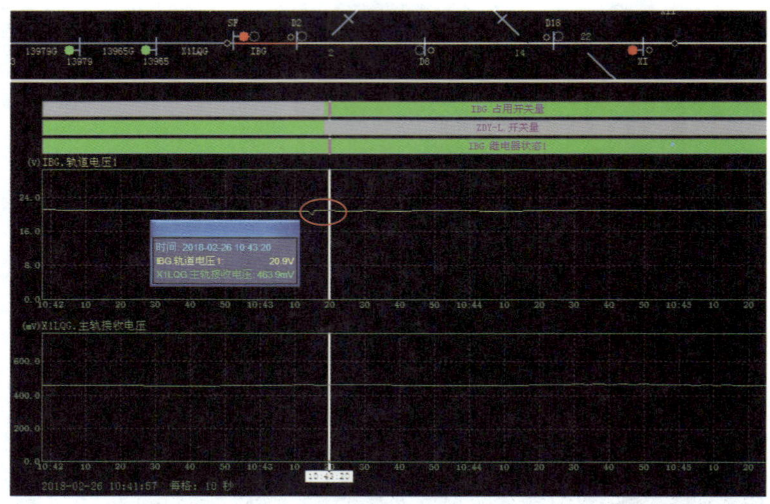

图 2－52　红光带时ⅠBG 电压曲线

电流上升)，在电源倒换时ⅠBG 有 0.8 V 电压突变，但ⅠBG 轨道电路电压和继电器的状态未变化，但计算机联锁系统输出ⅠBG 占用开关量信息。同时控制台ⅠBG、X1LQG 出现红光带。

4. 原因分析

(1)主副电源转换致使 KZ/KF 电源瞬间掉电，使 SF CZJ(JWXC-1700)失电落下，ⅠBG 显示红光带，如图 2－53 所示。

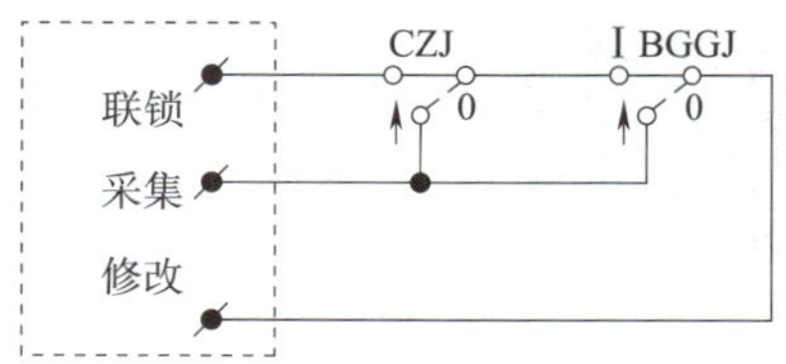

图 2－53　ⅠBG 红光带的联锁采集电路

(2)如图 2－54 所示，SF CZJ 落下将 QKZ 电源接往 X1LQG JLJ 另一条自闭电路，但ⅠBGJ 励磁切断了 X1LQG JLJ 另一条自闭电路，使 X1LQG JLJ 落下切断 X1LQ GJ 励磁电路，X1LQG 显示红光带。60 s 后区间逻辑检查人解盘 X1LQG 输出声光报警。

综上所述，该站ⅠBG 及 X1LQG 红光带主要原因是主副电源转换瞬间掉电，导致 SF CZJ、

X1LQG JLJ、X1LQG GJ 相继落下（ⅠBG、X1LQ QGJ、X1LQ QGJF 均正常励磁）。

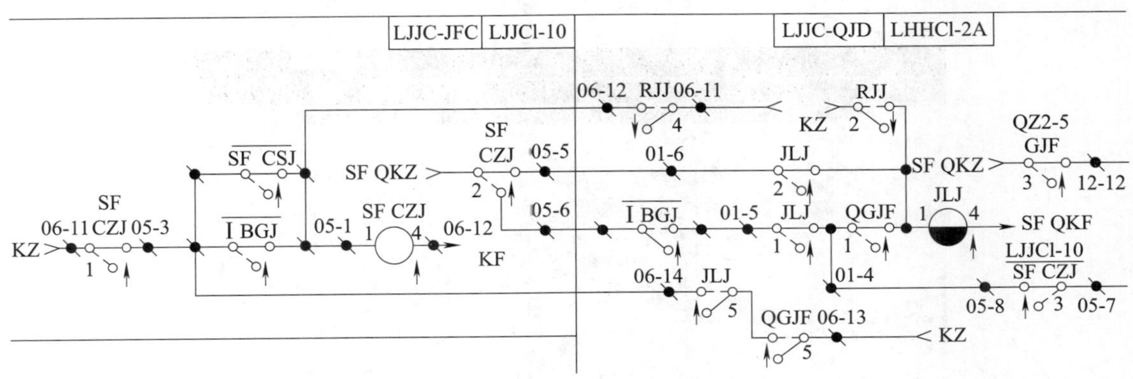

图 2－54　SF 口逻辑检查电路原理

（三）故障处理

检查区间逻辑检查人解盘 X1LQG 处于防护状态并伴有声光报警。工区值班人员在确认无列车占用ⅠBG 和 X1LQG 情况下，在区间逻辑检查人解锁盘解锁 X1LQG 后，ⅠBG、X1LQG 红光带消失。

（四）总结

1. 开通了继电式逻辑检查的自动闭塞区间，主副电源转换造成发车进路站内最末轨道区段和 1LQG 红光带时，需人工确认无列车占用ⅠBG 和 X1LQG 情况下，才能人工解锁逻辑检查电路防护区段。

2. 增设净化电源设备，改善电源屏工作环境，避免电源转换造成轨道电路红光带问题的发生。

十一、某站ⅡAG 闪红光带故障

（一）故障概况

某日 14:21，某站ⅡAG 列车通过后闪红光带。原因是ⅡAG 受端 10 A 熔断器（南非开关）不良。

（二）集中监测分析

该站使用 06 版集中监测系统。ⅡAG 位于上行正线发车进路最末一个区段，25 Hz 相敏轨道电路叠加 ZPW-2000 四线制闭环电码化电路。

1. 调阅集中监测轨道电路电压曲线信息如图 2－55 所示。从故障时ⅡAG 电压曲线可以看出，列车在 14:21:28 通过后分别在 14:21:31 和 14:22:10 发生二次闪红，持续时间 1 s，在 14:22:38 发生轨道电压小幅波动，至 14:23:04 恢复平稳，持续时间 26 s，至 14:24:00 再次发生红光带，至 14:24:11 恢复平稳，持续时间 11 s。

2. 电码化电流曲线如图 2－56 所示。因该站为四线制闭环电码化电路，查看ⅡAG 电码化电流曲线，发现当ⅡAG红光带时，ⅡAG电码化电流为4 mA，在ⅡAG轨道电压波动时ⅡAG电码化电流也出现了下降尖波，并且在列车通过ⅡAG时电码化电流出现6次骤降现象。

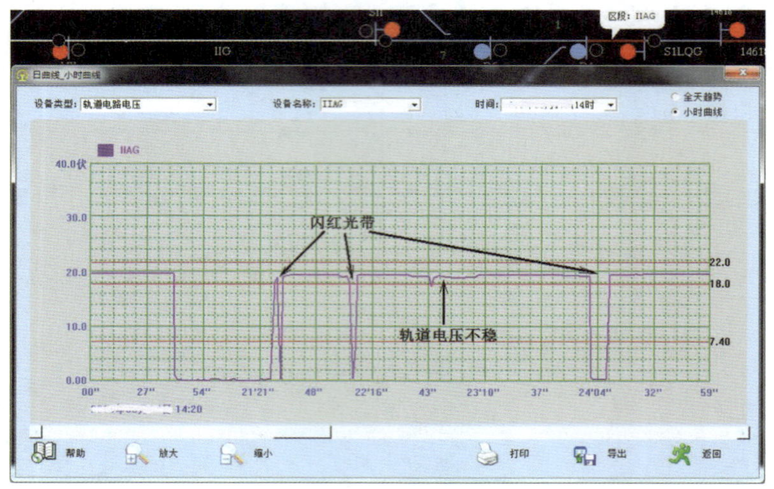

图 2—55　故障时ⅡAG电压曲线

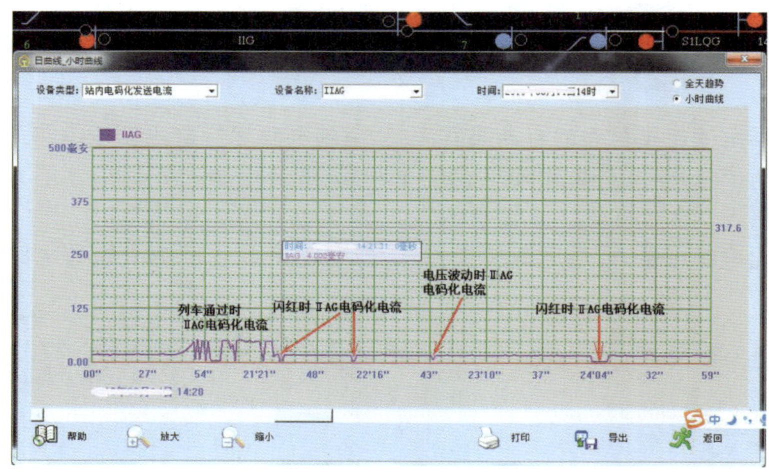

图 2—56　故障时ⅡAG电码化电流曲线

3. S1LQG电压、电码化电流、ⅡAG电压对比，如图2—57所示。列车14:20:39压入ⅡAG，14:20:49 ⅡAG电码化电流突变为4 mA，14:20:50列车压入S1LQG。列车占用ⅡAG区段时，电码化发送电流频繁波动，说明ⅡAG接收端（电码化发送端）从XB箱电码化接入点到钢轨存在开路点。

（三）电路分析

25 Hz相敏轨道电路叠加ZPW-2000四线制闭环电码化系统原理如图2—58所示。轨道电路通道和电码化传输通道共用"扼流变—钢轨—扼流变"通道，轨道电路红光带时电码化电流几乎为0（4 mA）及列车占用时电码化发送电流频繁波动，说明电码化发送端与25 Hz相敏轨道电路共用通道存在开路问题。

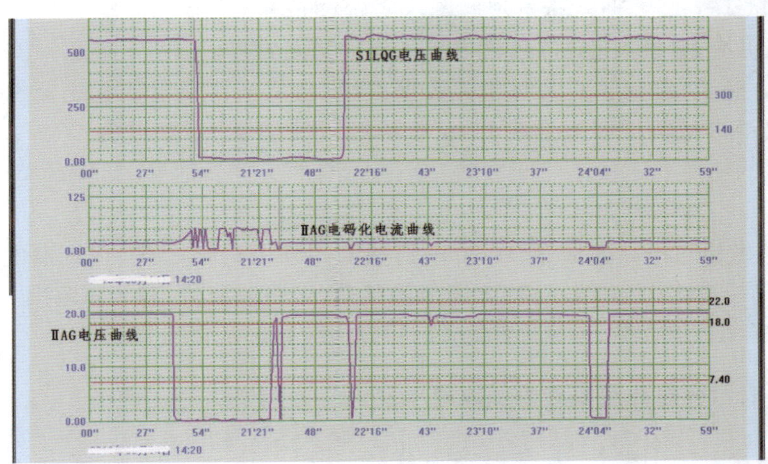

图 2—57　各部位数据变化时刻对比

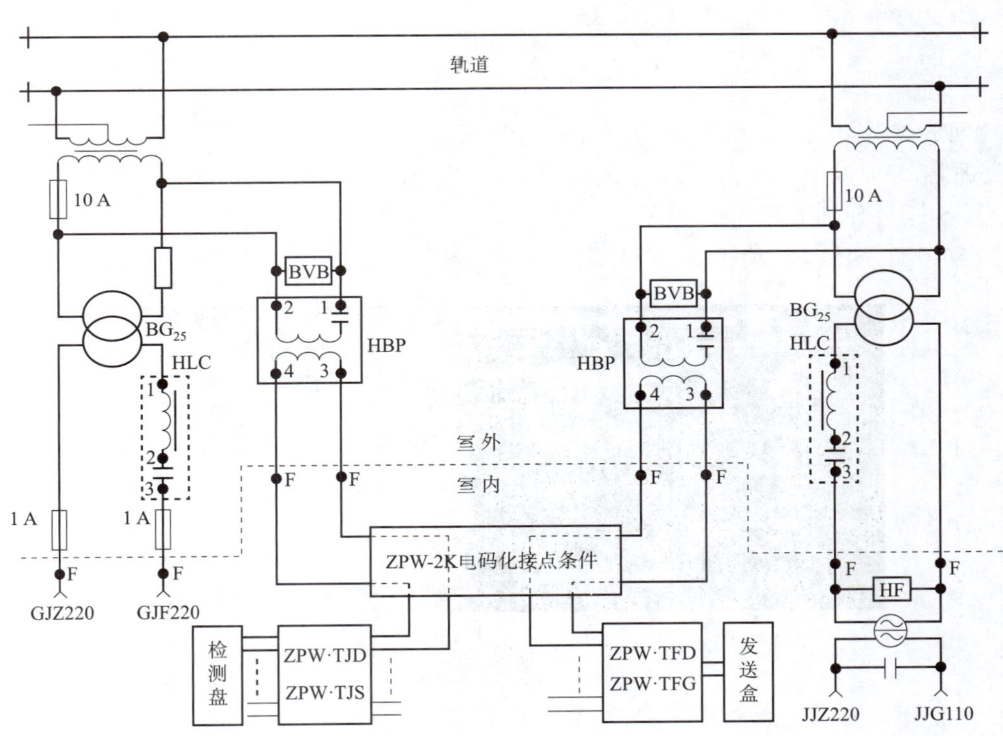

图 2—58　25 Hz 轨道电路叠加 ZPW-2000 四线制闭环电码化系统原理

（四）检查处理

根据分析情况，应急人员对室外轨道 XB 箱、扼流变压器、引入线进行全面检查，当检查到 Ⅱ AG 受端（出站口位置）时，在敲打 Ⅱ AG 受端塞钉头和拉动扼流变压器引入线时，Ⅱ AG 再次发生闪红光带情况。检查引入线、塞钉头、接线端子都未发现问题,对 XB 箱内配线、XB 箱至扼流变压器电缆芯线检查,均未发现问题。之后对Ⅱ AG 受端轨道变压器、10 A 熔断器(南非开关)进行了更换,更换后Ⅱ AG 区段电压一致平稳无异常。

分析受端更换 10 A 南非开关时相关数据曲线(轨道电压及电码化电流曲线与故障时曲线)一致,判断Ⅱ AG 故障原因为受端 10 A 熔断器(南非开关)不良造成。

(五)总结

1. 25 Hz 相敏轨道电路叠加 ZPW-2000 四线制闭环电码化电路,在轨道电路红光带时要结合电码化电流的变化(上升或下降)判断故障性质(短路或断路)和故障范围。

2. 根据轨道电压和电码化电流变化时间可以大致判断故障发生的区域。

十二、道岔表示杆短路造成红光带故障

(一)故障概况

2018 年 2 月 6 日 05:12:41,某站 130-134DG 红光带,05:41:24 恢复,原因是 130 号道岔长表示杆一端碰锁钩、一端碰锁闭框短路造成。

(二)监测曲线分析

1. 回放该站集中监测曲线,列车从 130 号道岔定位通过后,车站 05:11:57 排列 130 号道岔反位进路,05:12:01 130-J1_1DQJ 励磁,05:12:09 130-134DGJ↓,三个受端电压 19.4 V、24.1 V、19.5 V 分别下降到 12.0 V、15.3 V、12.1 V,如图 2—59 所示,130 号道岔平时动作时间约 10 s,分析该区段红光带与 130 号道岔动作关系较大。

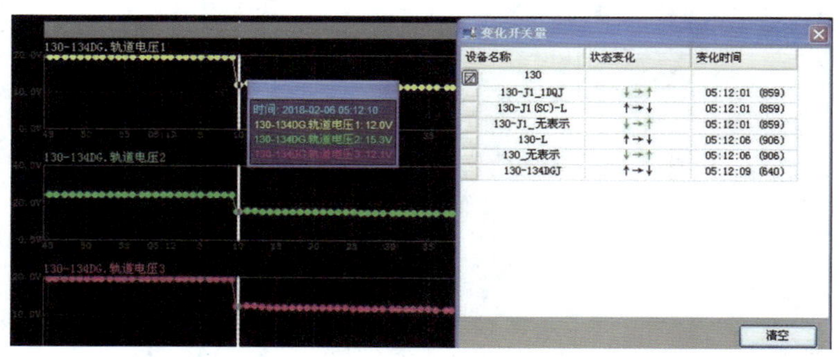

图 2—59　130-134DG 红光带时电压曲线

2. 查阅 130-134DG 故障前数据,2 月 5 日 02:41,监测报“轨道电压下降超过 15%”和“电压突变大于 15%”一级预警。2 月 6 日 01:39,监测报“轨道电压下降超过 10%”二级预警,01:40 监测报“电压突变大于 15%”一级预警如图 2—60 所示。

3. 分析 2 月 5 日 02:41,监测报“轨道电压下降超过 15%”和“电压突变大于 15%”一级预警,列车从 130 号道岔反位通过后,130-134DG 电压不能恢复正常并逐步下降,车站排列 130 号道岔定位进路时,130 号道岔转换,130-134DG 电压恢复正常。电压变化与 130 号道岔转换紧相关,如图 2—61 所示。值班人员臆测预警原因,未进行深入分析,错过预防故障的最佳时

机，导致故障发生。

设备名称	设备类型	报警类型	报警级	报警时间	恢复时间	是否	报警信息
ZPW2000A接口	ZPW2000A	智能接口故障报警	报警	2018-02-06 02:00:28	2018-02-06 02:01:26	已处理	ZPW2000A接口网络通讯中断
130-134DG	站内轨道电路	站内轨道电压异常	一级预	2018-02-06 01:39:53	2018-02-06 01:40:54	已处理	电压突变大于15%
130-134DG	站内轨道电路	过车后站内轨道电路	二级预	2018-02-06 01:39:09	2018-02-06 01:39:32	已处理	轨道电压下降超过10%
208-J1	道岔	道岔动作故障	报警	2018-02-05 18:12:17	2018-02-05 19:20:03	已处理	1DQJ未吸起，请检查1DQJ励磁电路
209DG(209DG1	站内轨道电路	电气特性超限	一级预	2018-02-05 13:09:32	2018-02-05 13:09:38	已处理	209DG1(轨道电压2)14.9V 超调整报警
130-134DG	站内轨道电路	站内轨道电压异常	一级预	2018-02-05 05:41:56	2018-02-05 05:42:59	已处理	电压突变大于15%
130-134DG	站内轨道电路	过车后站内轨道电路	一级预	2018-02-05 05:41:22	2018-02-05 05:41:56	已处理	轨道电压下降超过15%
ZPW2000A接口	ZPW2000A	智能接口故障报警	报警	2018-02-05 02:00:29	2018-02-05 02:01:27	已处理	ZPW2000A接口网络通讯中断

图 2－60 130-134DG 故障前预警信息

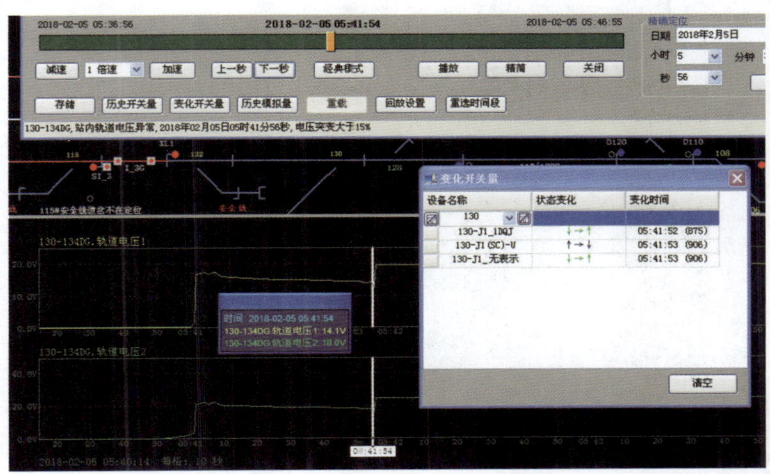

图 2－61 130-134DG 预警信息电压曲线

（三）检查处理

应急人员赶到现场，重点检查 130 号道岔，发现 130 号道岔长表示杆一端碰锁钩、一端碰锁闭框，如图 2－62 所示，导致轨道短路，处理后恢复。

（四）总结

1. 集中监测轨道电压发出预警时，值班人员必须逐条深入分析，对照报预警时间，查看相关曲线，对异常曲线进行回放分析，结合曲线异常时场景，分析产生的原因，积极排查设备隐患。

2. 集中监测终端机打开语音报警功能，对语音报警内容按规定进行设置，打开电脑右下方音量开关，试验语音报警功能完好并定期检查。

十三、某站 110DG 站内轨道电路电压异常波动

（一）案例概况

3 月 22 日 07:00，某车间监测分析员浏览监测曲线发现某站 110DG 电压波动严重，调整状态下轨道电路电压值最高 20 V，最低 12 V，且极不稳定。经排查后确定原因为 110 号道岔

图 2—62　130 号道岔表示杆短路 130-134DG

岔后因工务大修敷设轨排，采取的防护铁栅栏一端与钢轨连接，另一端与供电回流拉索连接，导致钢轨单边接地，造成电压波动。

(二)监测数据分析

查阅 110DG 电压曲线(图 2—63)，3 月 22 日凌晨电压开始无规律波动，调整状态下电压值最高 20 V，最低 12 V，且波动毫无规律。110DG 电压开始波动时，110 号道岔处于定位，查阅其相邻轨道区段 110/128G 和 108DG 电压值均正常，曲线亦无波动，如图 2—64、图 2—65 所示。

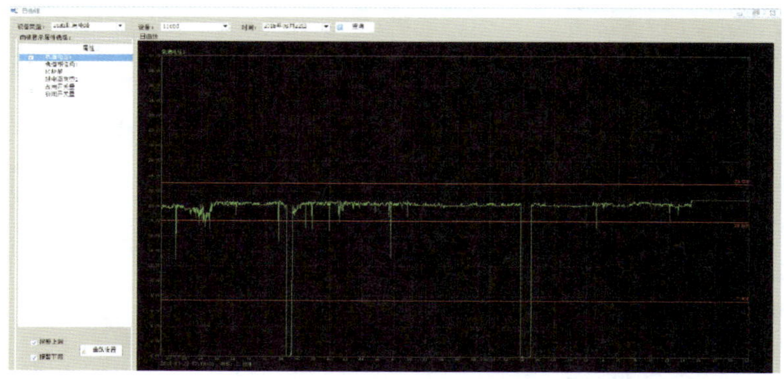

图 2—63　110DG 波动时电压曲线

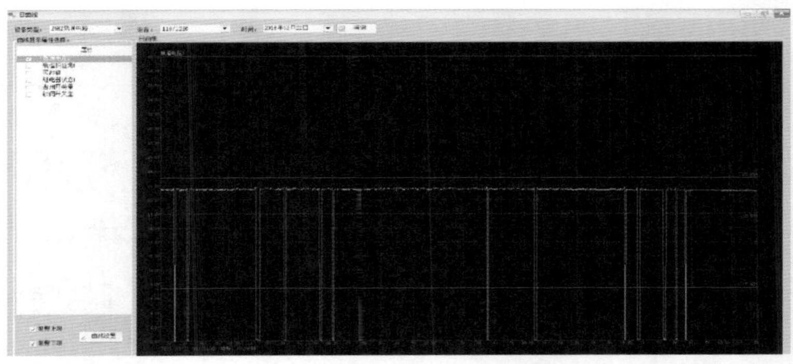

图 2－64　110DG 波动时其相邻区段 110/128G 电压曲线

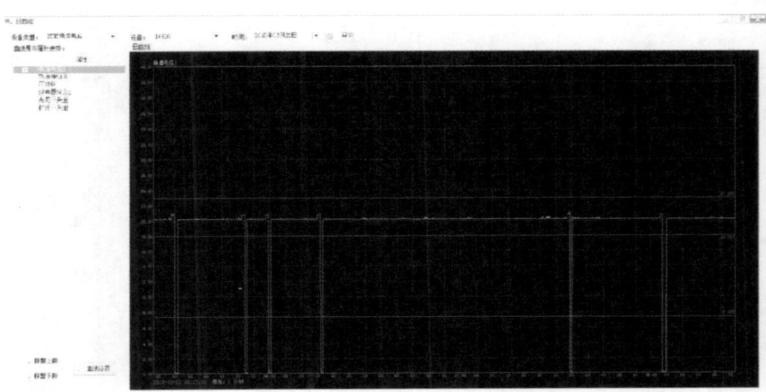

图 2－65　110DG 波动时其另一相邻区段 108DG 电压曲线

（三）分析处理

110DG 为一送一受区段，其 GJ 吸起原理如图 2－66 所示。

从集中监测采集的 110DG 轨道电压波动形态分析：

1. 110DG 为一送一受区段，电压波动时相邻区段 110/128G、108DG 电压均正常，说明相邻区段公共绝缘良好。

2. 值班人员点内在分线盘 110DG 送端处使用万用表测量（15 min 以上）送端电压，电压平稳无波动，说明室内送端良好无问题；甩开室内受端设备使用万用表测量（15 min 以上），期间表针有间隔性摆动，说明问题点在室外。

3. 后经室外人员检查发现，110 号岔后因工务大修敷设轨排，使用的防护铁栅栏一端与钢轨连接，另一端与供电回流拉索连接，造成钢轨单边接地，使该区段电压波动（图 2－67 至图 2－69）。

联系工务部分拆除接地点后（图 2－70、图 2－71），轨道电路电压恢复正常，如图 2－72 所示。

（四）总结

本案例中轨道电路电压波动时，相邻区段电压均正常，说明轨道电路公共绝缘良好。值班人员通过测量分线盘送端电压排除室内送端问题，接着甩开室内受端设备再测量分线盘电压确定问题点在室外，然后室外检查发现干扰源。

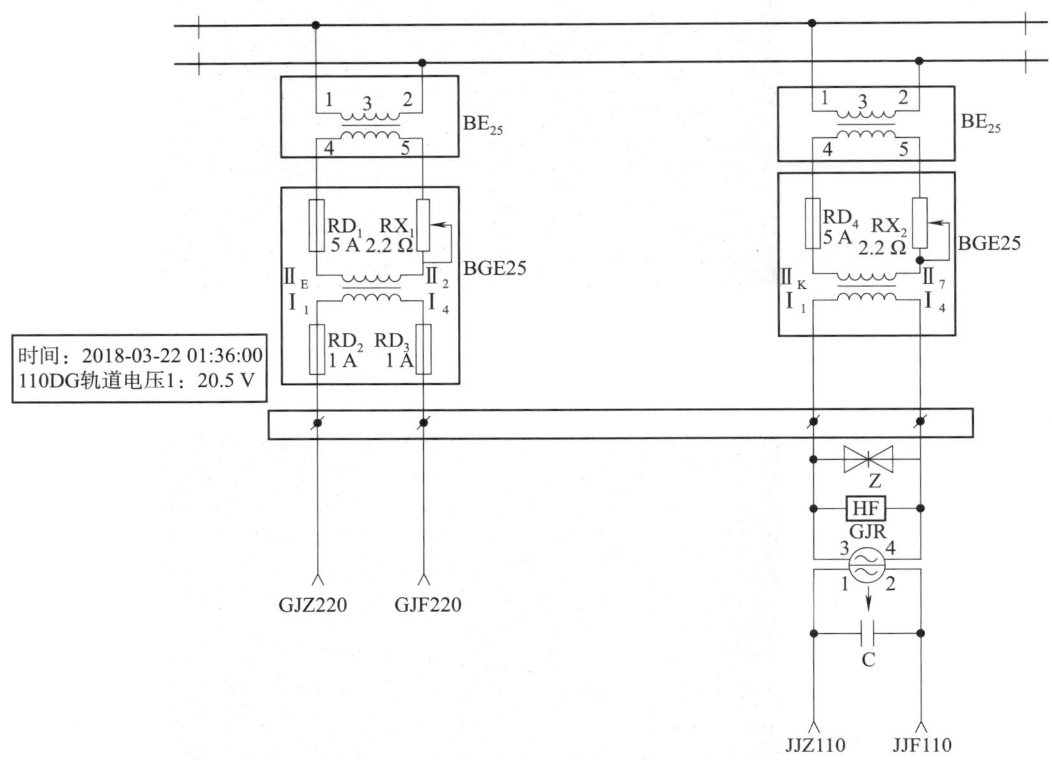

图 2—66　110DG 轨道电路工作原理

图 2—67　110 号道岔岔后工务轨排现场全景

图 2－68　通过防护栅栏与供电回流拉索连接

图 2－69　扣件未拆，直接与钢轨硬连接

图 2－70　联系工务部门拆除与供电回流拉索连接

图 2－71　联系工务部门拆除扣件

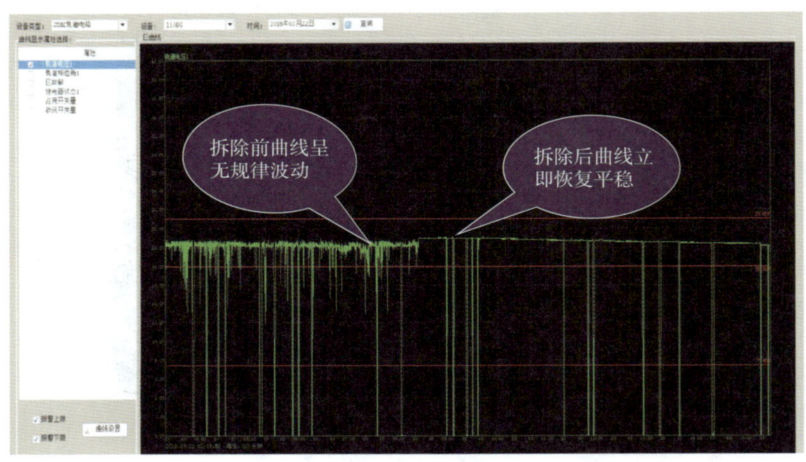

图 2－72　联系工务部门拆除接地点后 110DG 曲线

十四、某站 22DG 闪红光带故障

（一）故障概况

2017 年 7 月 12 日 00:17 某站 22DG 闪红光带(4 s)，原因是 22 号道岔岔后极性绝缘西边绝缘节处铁屑短路造成。

（二）集中监测曲线分析

1. 调阅集中监测，如图 2－73 所示，00:16:36 至 00:36:40，22DG 红光带。22DG1、22DG2 电压分别由 17.4 V、16.1 V 下降到 9.7 V、8.6 V，之后电压上升，红光带消失，电压平稳时分别为 13.2 V、11.9 V，发送电流升高到 94.8 mA。

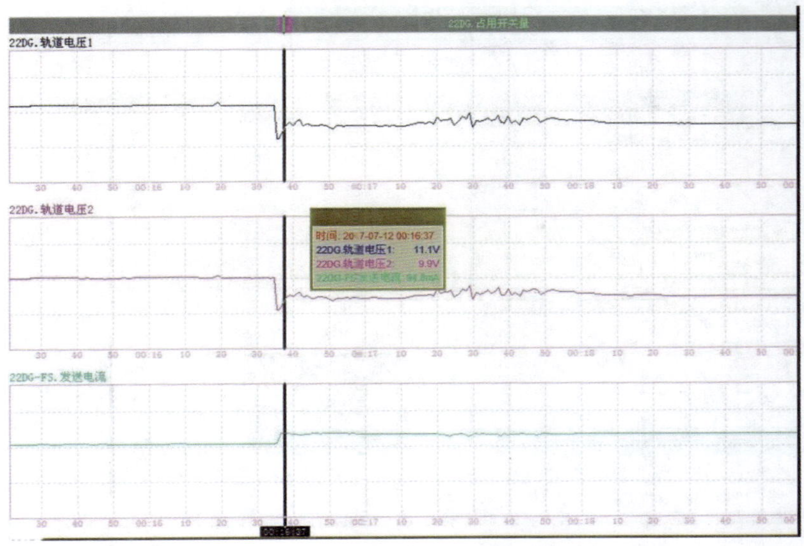

图 2—73　22DG 故障时电压和电码化电流曲线

随后 22DG 又发生了三次闪红，00:27 22DG 红光带消失，电压分别上升至 17.4 V、16.1 V，但未恢复到正常值(19.9/18.9 V)，22DG 电码化发送电流 83.1 mA。此时隐患未彻底处理不能交付使用，00:36 22DG 电压恢复正常(19.9/18.9 V)，22DG 电码化发送电流 82.1 mA，如图 2—74 所示。

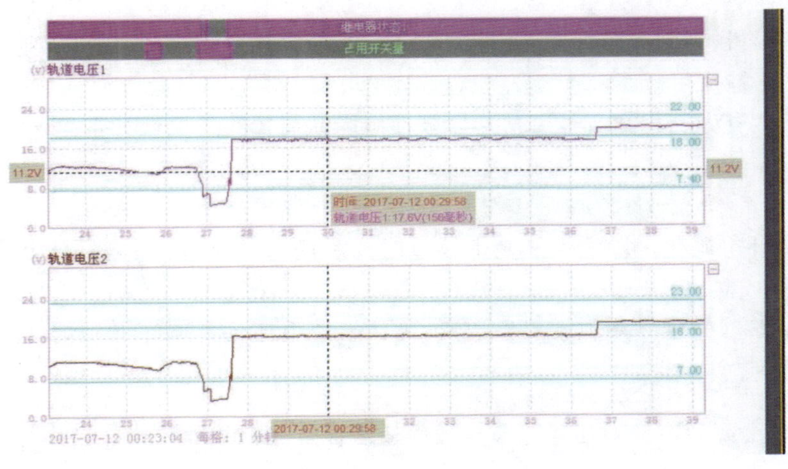

图 2—74　22DG 电压自动恢复正常

2. 浏览集中监测 22DG 相邻区段曲线，16DG、ⅡG(4G 被车占用)电压无变化。分析 22DG 两受端电压下降幅度基本相同，问题可能在岔心处。该区段是正线轨道区段，叠加闭环电码化电压，查该区段电码化发送电流，故障时由 83.1 mA 上升至 94.8 mA，故障性质判断为短路故障。

3. 查故障前 22DG 电压情况，00:06 4G 接车后，22DG 电压未恢复正常。电压由 19.9/18.9 V 下降到 17.6/16.2 V(图 2—75)，同时电码化发送电流由 82.1 mA 上升到 83.1 mA。

判断此时 22DG 工作状态不良，存在故障征兆。

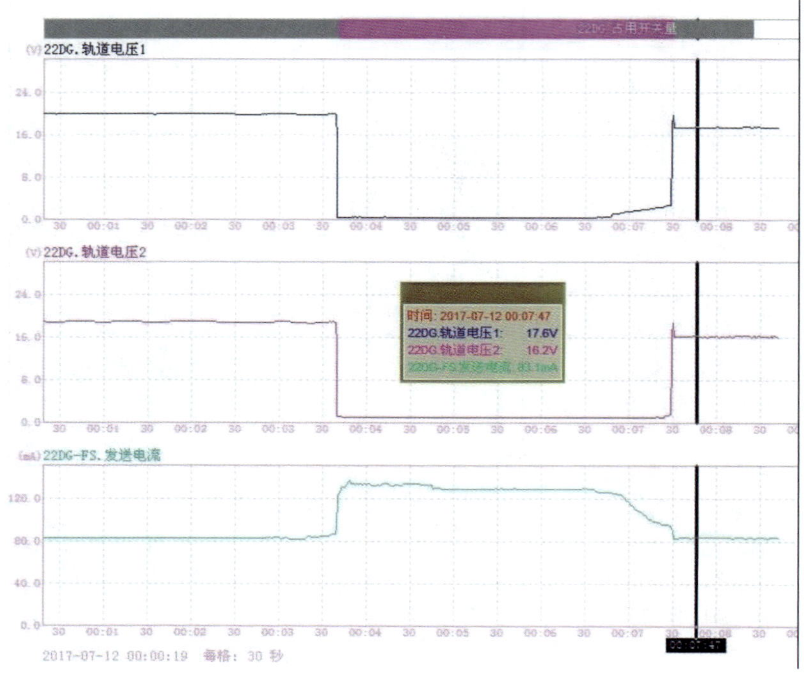

图 2－75　22DG 故障前电压和电码化电流曲线

综合上述分析，判断故障点在 22 号岔心处存在短路现象，存在岔后极性绝缘、轨距杆绝缘破损或外部短路造成可能。

经过现场检查，原因为 22 号道岔岔后极性绝缘铁屑短路造成红光带。

（三）总结

1. 对于闭环电码化区段发生红光带故障时要利用电码化电流的变化（上升或下降）判断故障性质（短路或断路）。

2. 轨道电路红光带故障现象消失，必须确认轨道电压恢复到正常值时才能交付使用，避免故障重复发生。

十五、列车缓解后溜轮对压绝缘节导致轨道区段红光带故障

（一）故障概况

9 月 18 日 07:34，某站 10-12DG 红光带，S 进站信号恢复。原因为列车停车后缓解时车列后溜压在绝缘节上（将一个绝缘节短路）造成相邻区段红光带，信号恢复。

（二）监测分析

1. 调阅集中监测回放信息，上行列车侧线进 4G，越过 10-12DG 后，车站立即开放上行通过信号，07:34:52，10-12DG 红光带，随即 S 进站信号机绿灯转变为红灯，如图 2－76 所示。

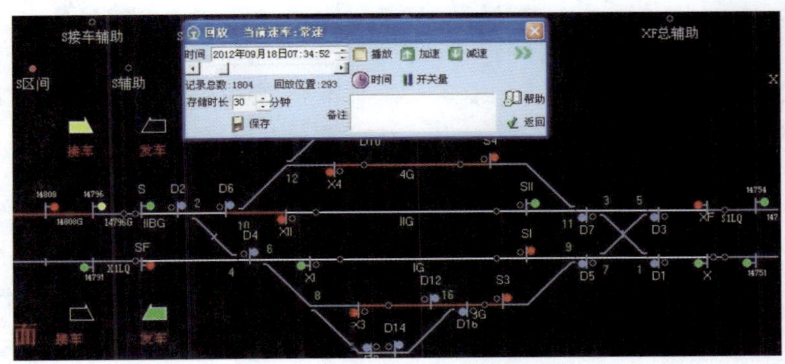

图 2－76　站场图及红光带场景

2. 查阅集中监测轨道电路电压曲线，电压曲线显示列车侧线进站越过 10-12DG 仅 27 s 10-12DG 就出现红光带，红光带故障时 10-12DG 电压分别为 13.2 V 和 12.5 V(图 2－77、图 2－78)，相邻区段电压无变化。

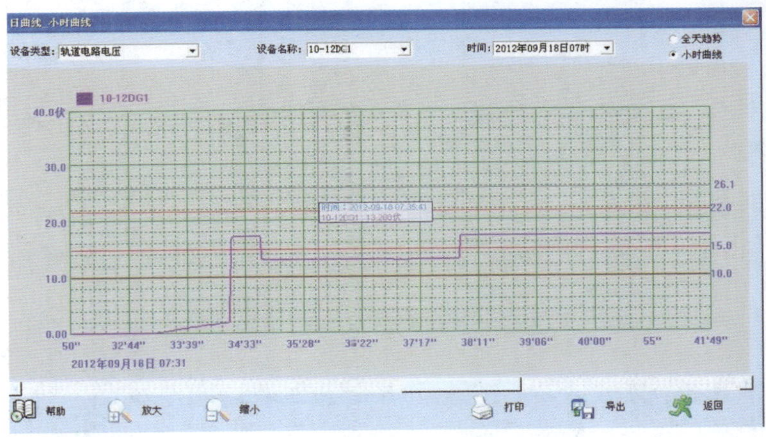

图 2－77　红光带故障时 10-12DG1 电压曲线

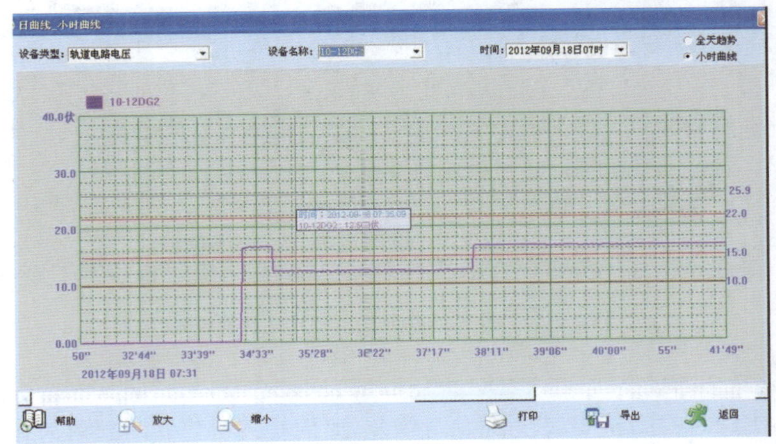

图 2－78　红光带故障时 10-12DG2 电压曲线

(三)现场处理

应急人员赶到现场,检查10-12DG设备无任何异常,发现4G列车尾部在X4信号机处,列车轮对紧靠绝缘节。仔细检查发现4G与10-12DG两公共绝缘不在同一坐标上,错位60 mm,分析为列车停车后缓解时车列后溜压绝缘节(将一个绝缘节短路)造成。

(四)试验核实

为核实故障原因,在天窗点内技术人员进行模拟试验。试验时先将4G用轨道电路短路线短路,再用万用表表笔线将一个绝缘节短路,模拟轮对压在一个绝缘节上情形,监测记录10-12DG电压分别为13.6 V和12.7 V(图2—79、图2—80),与故障时电压几乎一致。

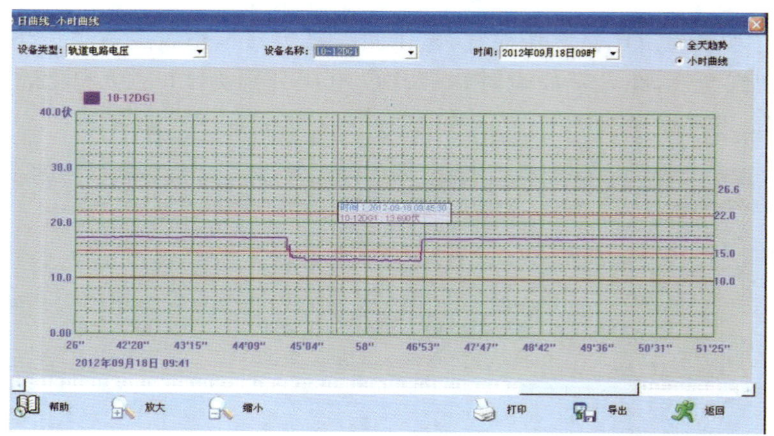

图2—79　模拟试验时10-12DG1电压曲线

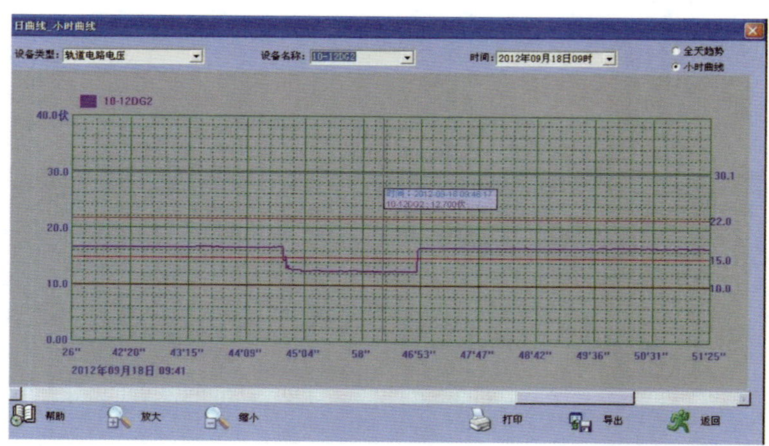

图2—80　模拟试验时10-12DG2电压曲线

当将两个绝缘全部短路时,10-12DG电压分别为4.2 V和5.9 V。

因此,该站10-12DG红光带,S进站信号恢复,原因是列车停车后缓解时车列后退溜压在绝缘节上(将一个绝缘节短路)造成。

第二节　ZPW-2000A 型无绝缘轨道电路典型案例分析

ZPW-2000A 型无绝缘轨道电路系统采用电气绝缘节来实现相邻轨道电路区段的隔离。电气绝缘节由空芯线圈、29 m 长钢轨和调谐单元构成。调谐区对于本区段频率呈现极阻抗，利于本区段信号的传输及接收，对于相邻区段频率信号呈现零阻抗，可靠地短路相邻区段信号，防止了越区传输，实现了对相邻区段信号的电气绝缘。同时为了实现全程断轨检查，将调谐区设计为小轨道电路，并视为列车运行前方主轨道电路的所属“延续段”。

主轨道电路的发送器由编码条件控制产生表示不同含义的低频调制的移频信号，该信号经电缆通道(实际电缆和模拟电缆)传给匹配变压器和调谐单元，因为钢轨是导体，该信号既向主轨道传送，也向调谐区小轨道传送，主轨道信号经钢轨送到轨道电路受电端，然后经调谐单元、匹配变压器、电缆通道传输到室内衰耗盒，经衰耗盒电平调整后送至本区段的接收器。调谐区小轨道信号由运行前方相邻轨道电路接收器处理，并将处理的结果形成小轨道电路继电器执行条件送至本区段接收器，本区段接收器同时接收到主轨道移频信号及小轨道电路继电器执行条件两个条件同时满足时接收器满足条件后驱动轨道电路继电器吸起，由此来判断区段的空闲条件不满足时，轨道继电器落下，原理如图 2—81 所示。

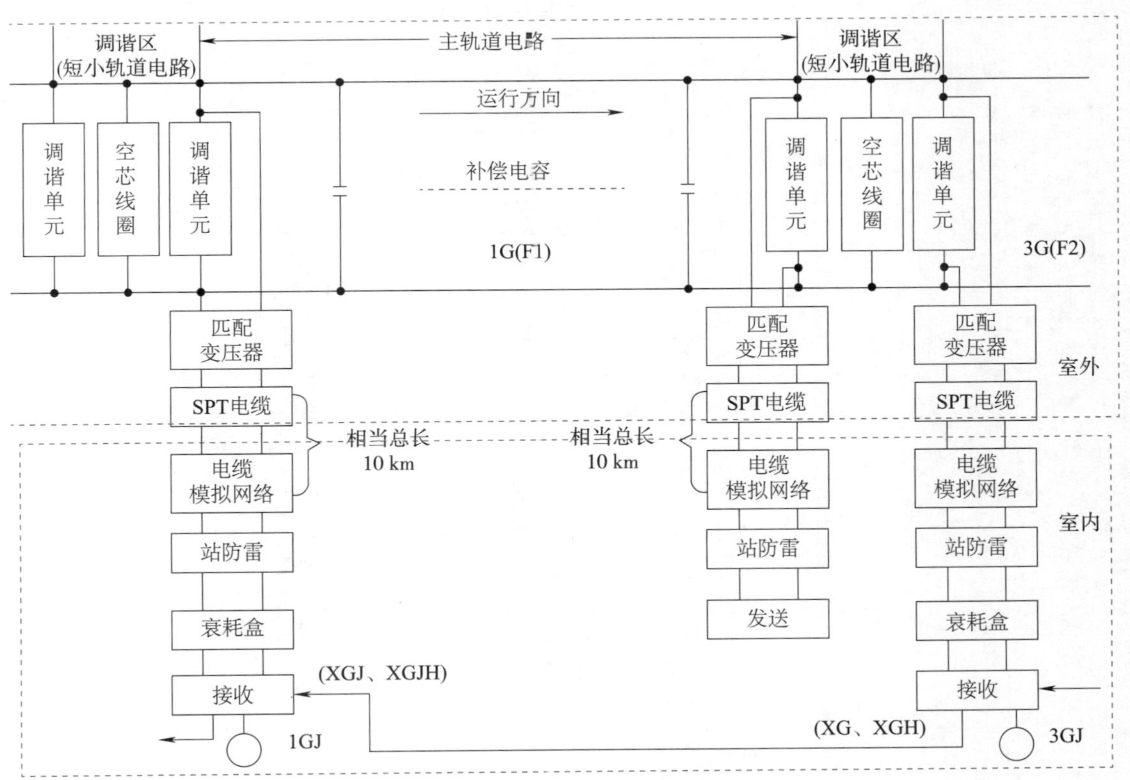

图 2—81　ZPW-2000A 型无绝缘轨道电路原理

移频采集机完成移频/电码化发送和接收电压的监测，通过对发送和接收电压采样，通过 DSP 运算对发送端功出电压、载频信息、发送电流、发送通道电缆模拟网络电缆侧电压、接收通道电缆模拟网络电缆侧电压、轨入电压、轨出 1 电压、轨出 2 的电压、载频、低频频率测量，如图 2—82 至图 2—87 所示。

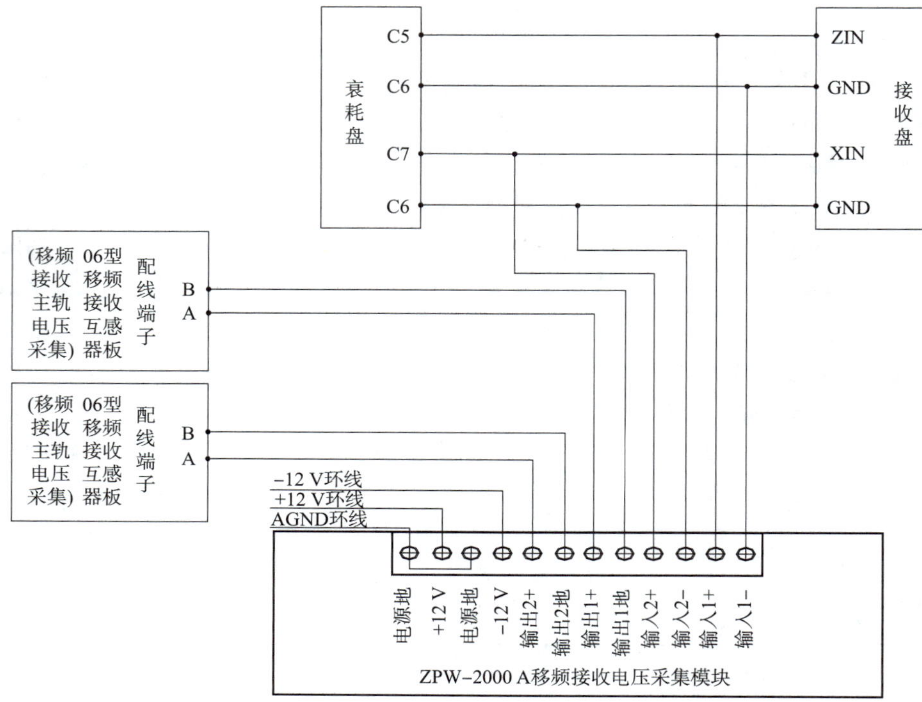

图 2—82　移频接收电压采集模块配线

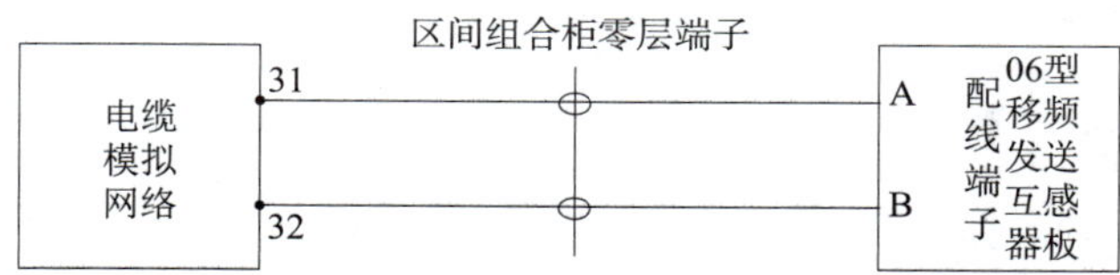

图 2—83　移频发送电缆侧采样原理

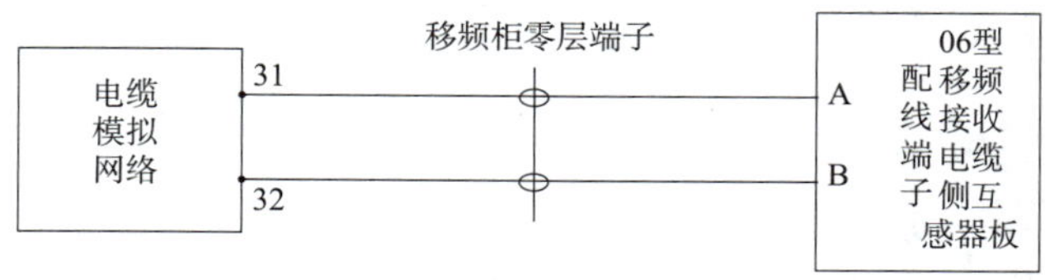

图 2—84　移频接收电缆侧采样原理

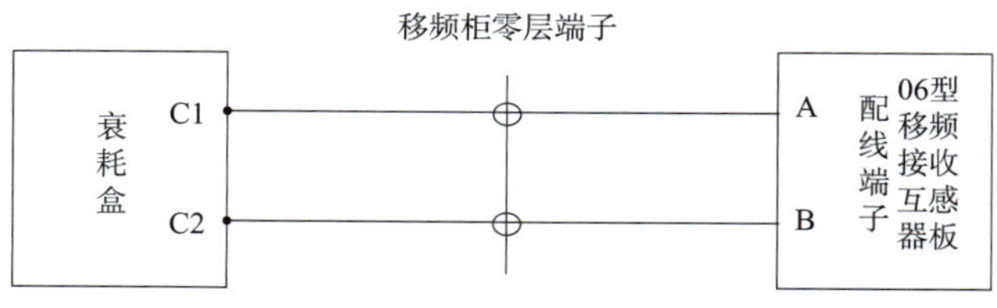

图 2—85　轨入电压采集配线原理

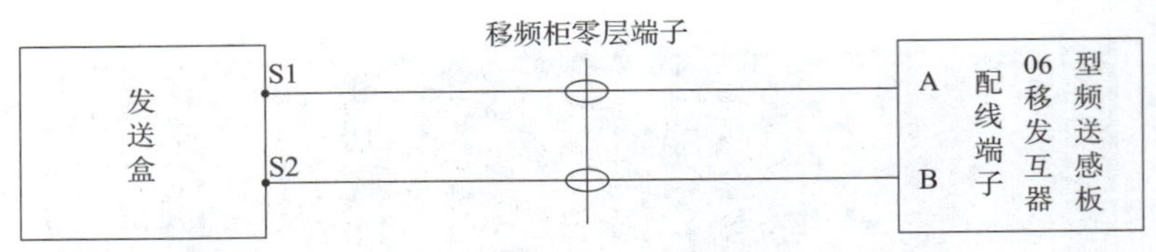

图 2—86　功出电压采集配线

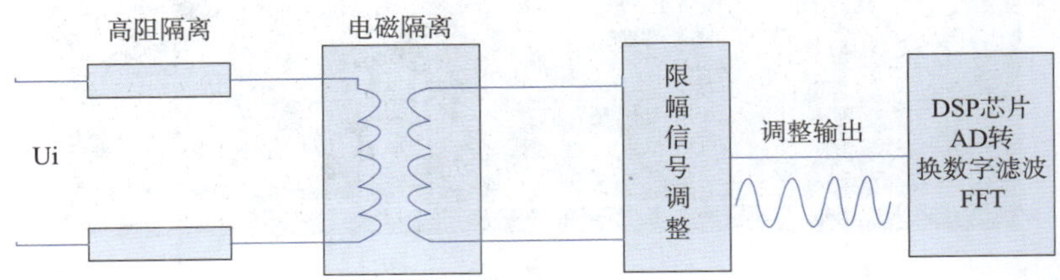

图 2—87　模数转换原理

当轨道电路处于调整状态时，功出电压、电流曲线平稳，无波动；列车通过时，轨道出现红光带，功出电压略有波动，功出电流波动较大；列车出清后，功出电压、电流曲线恢复正常。集中监测报警上下限为功出电压±10%，功出电流波动较大，为±40%，如图 2—88 所示。

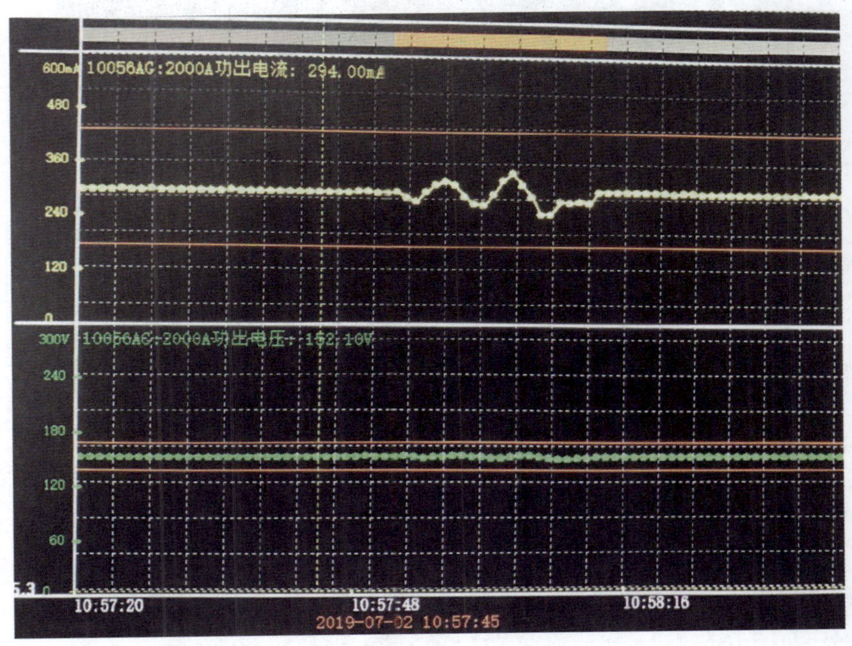

图 2—88　正常状态下的功出电压、功出电流曲线

当轨道电路处于调整状态时，送端、受端电缆侧电压曲线平稳，几乎无波动；列车通过时，轨道出现红光带，送端电缆侧电压略有波动；列车出清后，电压曲线恢复正常。集中监测报警上下限为：送端电缆侧电压波动范围±20%，受端电缆侧主轨电压为+20%，如图 2—89 所示。

当轨道电路处于调整状态时，主轨出、小轨出电压曲线平稳，几乎无波动；列车通过时，轨道区段出现红光带，主轨出电压几乎为 0，小轨电压随着列车运行波动，当列车轮对压在本区

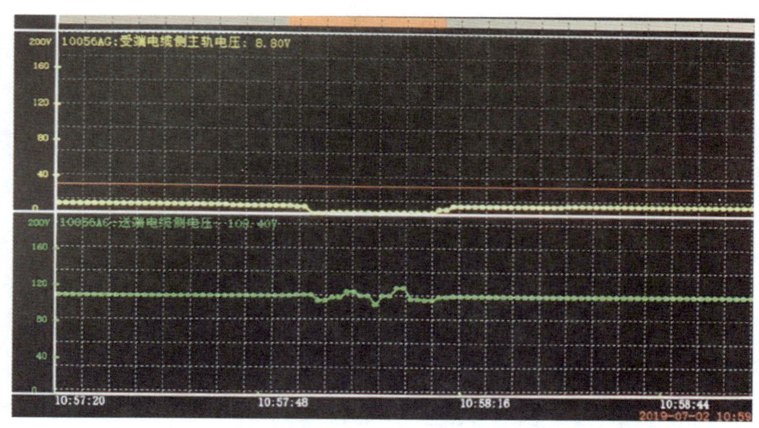

图 2—89　正常状态下的送端、受端电缆侧主轨电压曲线

段送端时，小轨电压下降为 0，列车出清本区段后，主轨出、小轨出电压曲线恢复正常。调整状态下，监测报警上下限为主轨出±10%，小轨出±20%，如图 2—90 所示。

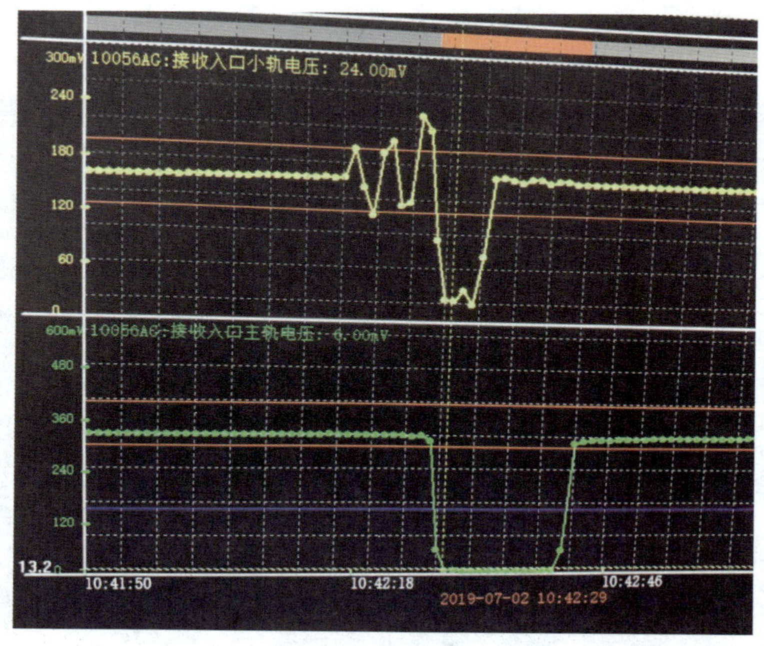

图 2—90　正常状态下的主轨出、小轨出电压曲线

以下通过对 ZPW-2000 型轨道电路 15 个故障案例曲线成因进行分析，研判造成设备故障可能存在的问题处所。其中案例一分析了区间空扼流变压器内部短路问题，案例二分析了信号机 DJ 不良切断发送通道问题，案例三分析了补偿电容不良引起电压波动问题，案例四至案例七分析了断轨问题，案例八分析了站联通道不良问题，案例九分析了桥上护轮轨短路问题，案例十至案例十二分析了信号电缆不良问题，案例十三分析了模拟网络盒不良问题，案例十四分析了送端调谐匹配单元不良问题，案例十五至案例十七分析了发送器不良问题，案例十八分析了支线电缆与模拟网络电缆盒均不良问题。

一、空扼流变压器不良造成轨道电路红光带

（一）故障概况

某日 12:13，某高铁中继站 11555AG 过车后红光带不消失。故障查找原因是自动闭塞分区空扼流变压器连接引入线端子的绝缘管破损，导致空扼流变压器线圈单边接地。

（二）集中监测数据分析

1. 查看集中监测数据，如图 2－91 所示，12:14，11555AG 在列车通过后电压未恢复正常，接收入口主轨电压由 307.3 mV 下降到 80 mV，且红光带时接收入口主轨电压 80 mV 平稳无波动，接收入口小轨电压 155 mV 无变化。

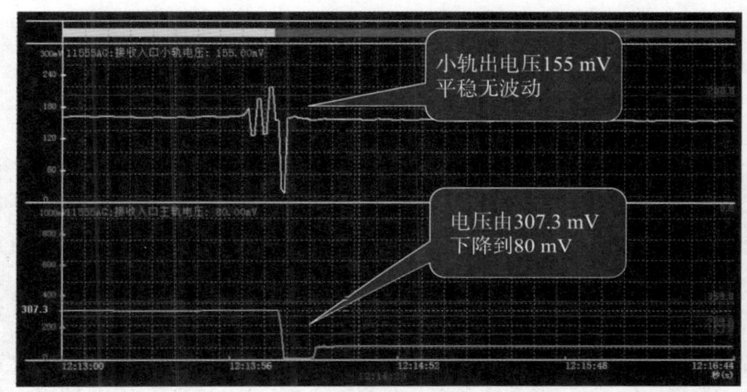

图 2－91　11555AG 主轨、小轨电压曲线

2. 查受端电缆侧主轨电压（图 2－92），11555AG 在列车通过后电压未恢复正常，受端电缆侧主轨电压由 2.1 V 下降到 0.6 V。

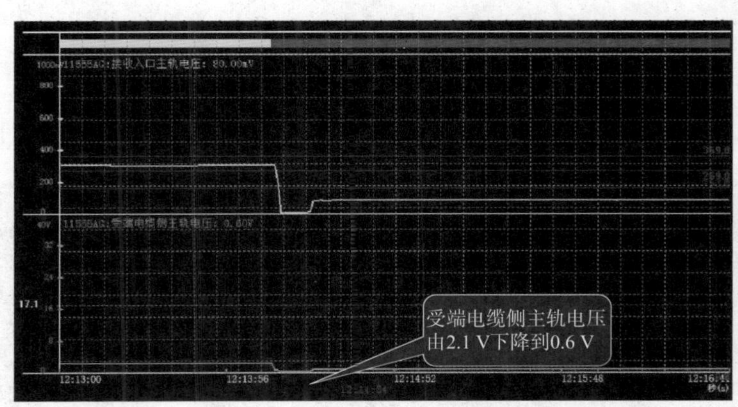

图 2－92　11555AG 受端电缆侧主轨电压曲线

3. 查列车运行前方 11571BG 接收入口小轨电压（图 2－93），11571BG 在列车通过后电压未恢复正常（异常升高），接收入口小轨电压由 166.1 mV 升高到 258 mV。接收入口小轨电压值与列车通过时小轨电压最大值相同。

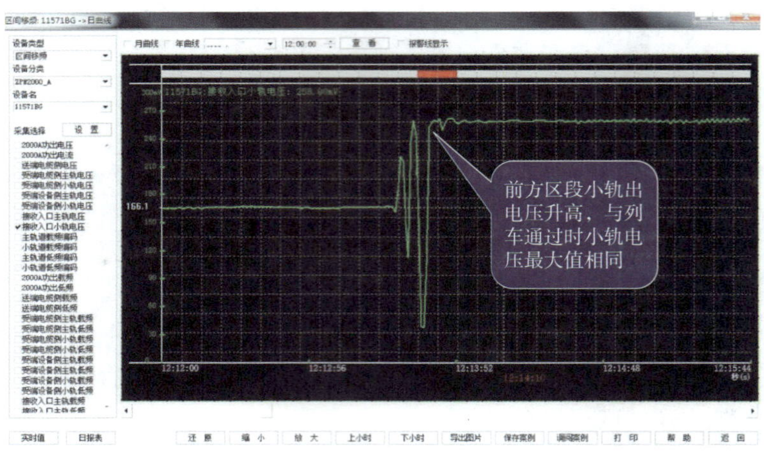

图 2—93　11571BG 接收入口小轨电压曲线

4. 11555AG 功出电流(图 2—94)在列车通过后由 305 mA 上升到 316 mA。

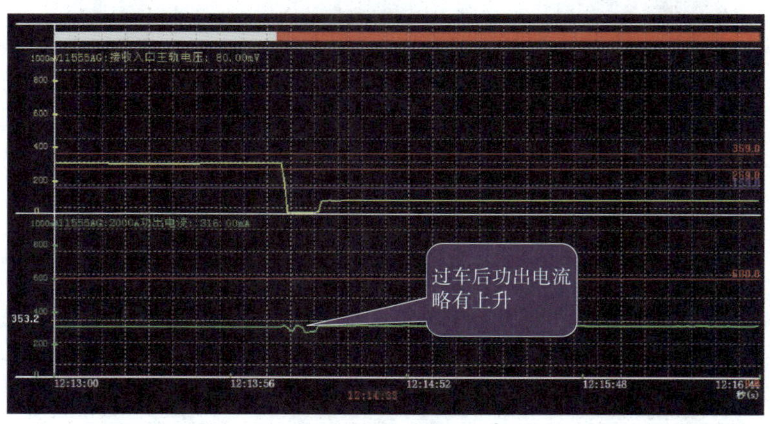

图 2—94　11555AG 功出电流曲线

5. 11555AG 送端电缆侧电压(图 2—95)在列车通过后由 135.8 V 上升到 138.1 V。

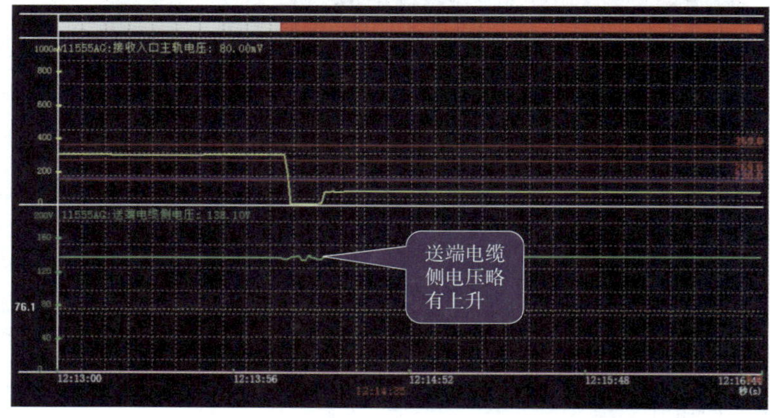

图 2—95　11555AG 送端电缆侧电压曲线

6. 数据分析

(1)因本区段接收入口小轨出电压无变化,可判断接收端从轨面至室内设备良好。

(2)因运行前方区段入口小轨电压 258 mV,可以判断从室内到送端轨面设备良好。

(3)分析 11155AG 本区段主轨道电压大幅下降,本区段小轨道电压不变,运行前方区段 11571BG 小轨道电压上升可判断为主轨线路故障。

(4)红光带时接收入口主轨电压 80 mV 平稳无波动,可排除断轨情况。

因此分析故障性质为轨面短路。

考虑到该线路封闭状态好,线路平直,外界环境造成轨面短路的可能性很小,分析电气短路可能性大,最大可能是调匹单元不良和电容失效。

(三)检查处理

应急处理人员在送端测试轨面电压基本正常(3.5 V),沿线路检查测试电容,13 个电容容值正常,无不良。对比电容位置处轨面电压,发现 C3 与 C4 间电压降幅最大(达 1 V 多),之后轨面电压逐步下降,到受电端轨面只有 500 mV 多。检查 C3 与 C4 间线路,发现在 K1157+013(距送端 171 m)处有用于横向连接的空扼流变压器,应急处理人员在空扼流变压器上拆除引接线后,11555AG 红光带消失,电压基本恢复正常(299 mV)。

11555AG 长 776 m(K1156+408 至 K1157+184),补偿电容容量 25 μF,电容步长 57.2 m(图 2—96)。K1157+013 处用于横向连接的空扼流变压器正处于距送电端的 C3 与 C4 间。

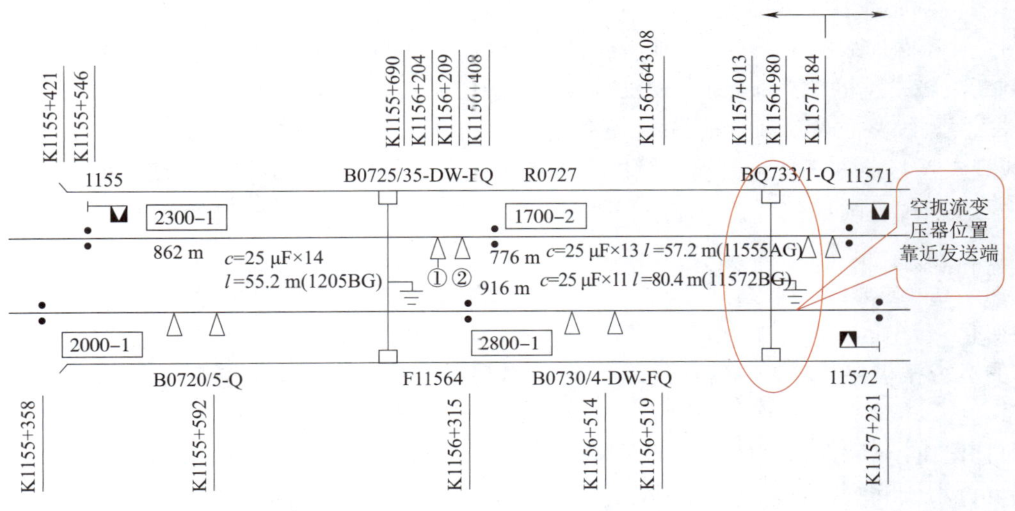

图 2—96　空扼流变压器位置

当晚天窗车间对该空扼流变压器予以更换。

(四)器材鉴定与原因

该扼流变压器型号为 BE(K)-1000/ZPW,要求绕组对铁芯间其绝缘电阻用 500 V 兆欧表测试不小于 100 MΩ,牵引线圈经磁化的移频阻抗,牵引线圈在通过 50 Hz、60 A 电流条件下,在牵引线圈加载 0.6～8 V 的 ZPW-2000 系列标准载频(1 700～2 600 Hz)信号电压时,其阻抗应不小于 17 Ω。

经鉴定，外观检查无异常；绝缘测试 50 MΩ，测试移频阻抗：$V=0.28$ V，$I=0.9$ A，$Z=0.31$ Ω。

对扼流变进行分解检查测试，发现引入线端子绝缘管存在破损，导致扼流变线圈单边接地，如图 2—97 所示。

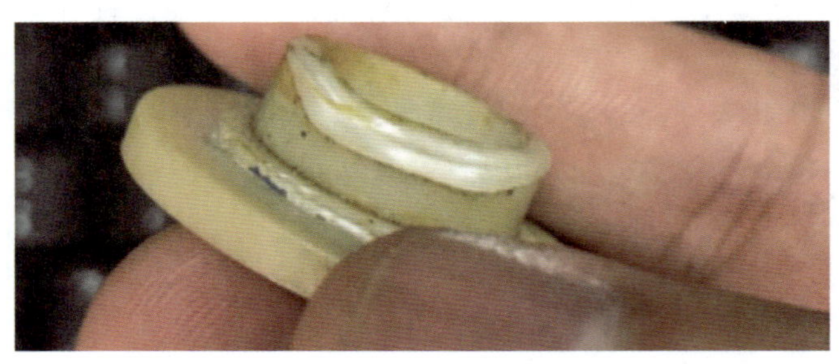

图 2—97　破损的绝缘管

分析结论：该扼流变压器 BE(K)因绝缘不良不合格。该设备出厂组装时，绝缘套管未安装到位，且螺丝没有紧固到位，在线路上长期振动造成接触不良、电阻增大，当通过较大电流时发热造成故障。

（五）总结

1. 故障处理故障中，未利用列车运行前方 11571BG 接收入口小轨电压数据进行定量分析，判断故障发生的位置，从而有效压缩故障处理时间。

2. 主轨线路故障后的特征为：本区段主轨出电压大幅下降，本区段接收端小轨出电压无变化；列车运行前方区段接收端小轨出电压可能升高，列车运行前方区段主轨出电压无变化。

3. 该故障性质已判断为短路，可根据列车运行区段接收入口小轨电压波形大致判断故障点位置。

列车在 11555AG 通过，通过轮对从入口依次（假设匀速）短路至出口，因轨道传输网络参数的变化，列车运行前方 11571BG 区段接收入口小轨电压随之周期性类正弦波变化，且随着列车的运行振幅越来越大。短路故障时，根据故障时小轨电压对应的位置，即可大致判断故障处所。

11571BG 接收入口小轨电压列车通过时波形如图 2—98 所示。列车刚进入 11555AG 时，接收入口小轨电压开始波动，列车压入 11571BG 与 11555AG 之间的调谐区时接收入口小轨电压为 0（顶点 3）。

顶点 1、4、2、5、3 为列车行走距离在横轴上的 5 个点，将全区段划分为四个小区，顶点 4 为列车从 11571AG 接收端行走了 1/4 距离，顶点 2 为列车从 11571AG 接收端行走了 2/4 距离，顶点 5 为列车从 11571AG 接收端行走了 3/4 距离，顶点 3 为列车压到 11571AG 送收端，走完全区段。

故障时 11571BG 接收入口小轨电压 258 mV（图 2—80），与列车通过时小轨电压最大值顶点 5 相同。可大致判断故障点在距发送端 1/4 区段长度左右，该区段长 776 m，即故障点在距发送端 776 m×1/4＝194 m 前后。

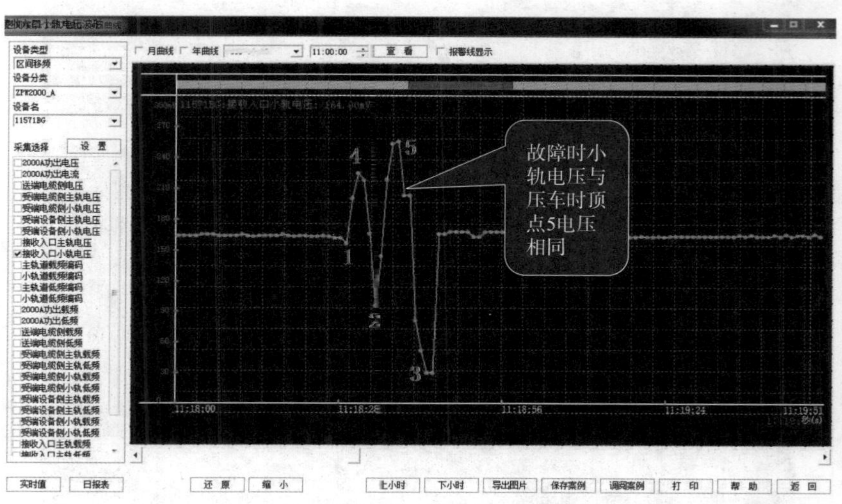

图 2－98　11571BG 列车通过时小轨电压波形

二、DJ 灯丝继电器不良造成红光带故障

（一）故障概况

某日 13:36，某站列车通过后 S3JG（14226G）红光带不消失。原因为上行进站信号机 DJ 第三组接点不通，更换 DJ 恢复。

（二）集中监测分析

1. 调阅集中监测数据，如图 2－99 所示。列车占用 14226G 时发送侧监测数据正常，列车压入进站内方第一区段（4DG）时电缆侧发送电压、发送电流突降为 0 A，列车出清 14226G 后 14226G 主轨接收电压为 0 V，功出电压由 160 V 升至 164 V，列车驶离 4DG 后轨道电压正常。初步分析为开路问题。

2. 结合开关量分析相关数据，开路问题发生在列车压入 4DG、S 进站信号机点红灯时刻（图 2－100），分析原因可能为红灯灭灯导致 DJ 落下，切断 14226G 发送通道（红灯转移电路）。继续回放发现，S 进站信号机点红灯时 1DJ 电流 192 mA，开关量 S-DJ 未落下，S 进站信号机未闪红灯，S 进站信号机点红灯状态良好。

3. 电路分析

区段位置为第三接近区段，故障发生时刻为列车压入站内第一个区段进站信号机点红灯时刻，但红灯未灭灯，DJ 在吸起状态。查看发送通道中实现红灯转换功能电路（图 2－101），在进站信号机未开放（LXJ2F↓）并且进站信号机的 DJ 第 3 组前接点断开时，切断 14226G 发送通道。故障处理人员开放上行进站信号进行试验，14226G 红光带消失，取消上行进站信号后 14226G 又显示红光带，由此可判断为 S-DJ 第三组前接点不良切断了 14226G 发送通道。

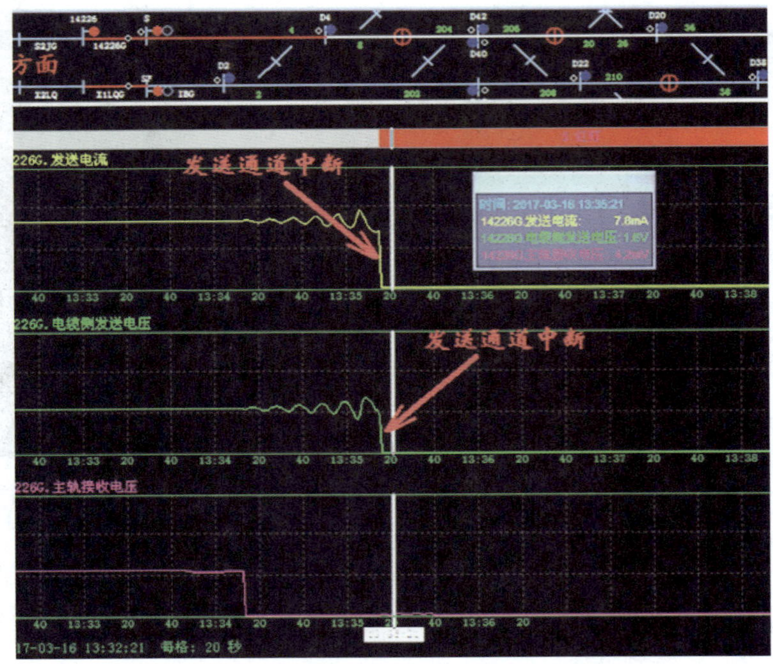

图 2—99　14226G 红光带时电缆侧发送电压、发送电流曲线

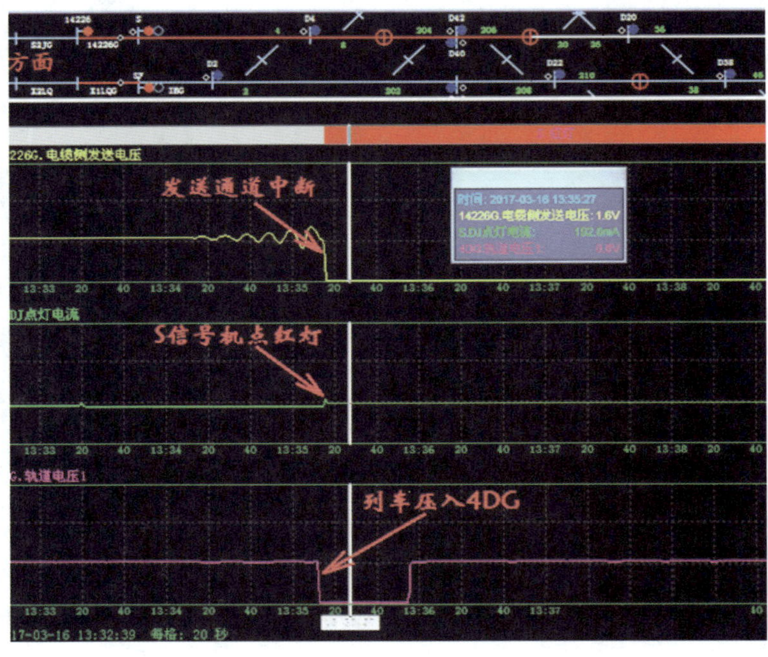

图 2—100　发生开路问题时 S-DJ 电流、4DG 电压曲线

(三)检查处理

根据分析和试验情况，现场处理人员更换上行进站信号机 DJ 后，14226G 红光带消失。

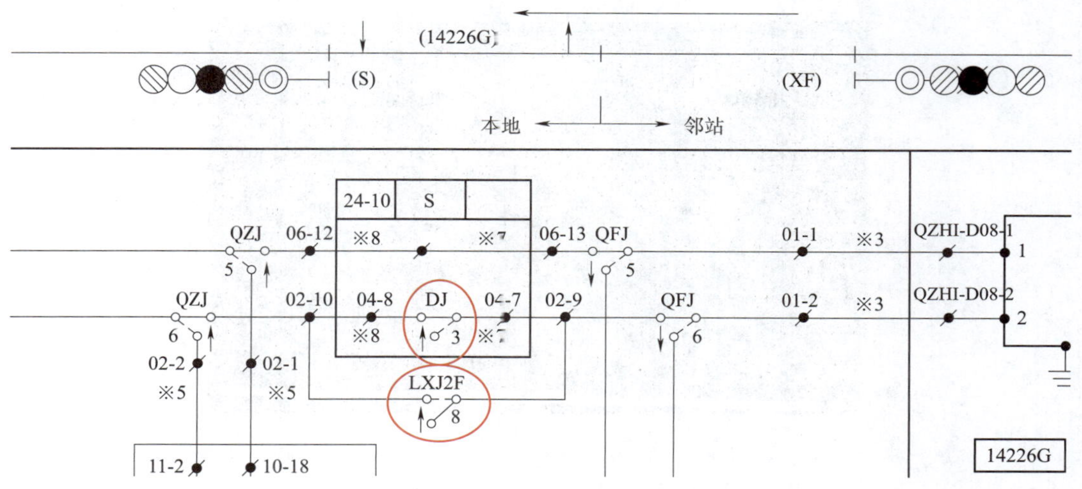

图 2－101　14226G 发送通道中红灯转移电路

（四）总结

1. 故障发生时应对相关区段及结合部设备的电压、电流、继电器状态变化进行系统分析，缩小故障范围。

2. 模拟试验是判断故障原因的直接手段。本案例中 DJ 能正常励磁，S 进站信号机未出现灭灯报警，给出 DJ 良好的假象，但结合 14226G 发送通道中接入了 DJ 前接点与 LXJ2F 前接点并联的条件，通过开放信号让 LXJ2F 励磁来检查 DJ 前接点是否正常，14226G 红光带消失说明 DJ 接点不良，若 14226G 红光带不消失则排除 DJ 前接点不良问题，继续查找从发送盒到模拟网络盒通道开路点。

三、补偿电容接触不良

（一）案例概况

某日 05:36:45—05:42:59，区间 18891G 轨道区段过车后轨出 1 电压下降，此区段后续通过一趟列车后轨出 1 电压恢复。

（二）监测数据分析

1. 调阅集中监测数据，18891G 轨出 1 电压下降时，轨出 2 电压无变化，但是接收电缆侧的主轨电压同步下降，从图 2－102 的轨出 2 数据在轨出 1 电压下降时间段内无变化，以及接收电缆侧的主轨电压同步下降可以判断出接收通道正常。电压下降的主要原因在发送盒至钢轨这一段存在问题。

2. 轨出 1 电压下降时发送电压稳定无变化，发送电流由正常的 286 mA 下降至 134 mA。从图 2－103 的曲线可以看出发送盒正常。

3. 轨出 1 电压下降时发送电流下降，发送电缆侧电压无变化，根据图 2－104 可以判断出室内设备工作正常，结合图 2－102 的数据可以将问题范围缩小到分线盘至室外传输通道。

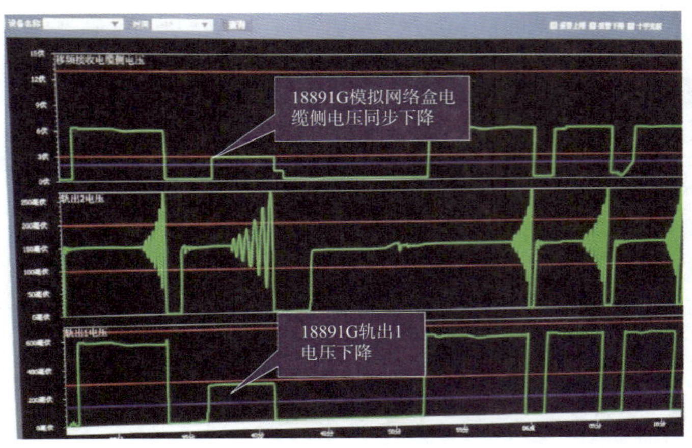

图 2—102　18891G 轨出 1 电压下降时轨出 2、接收电缆侧相关监测数据

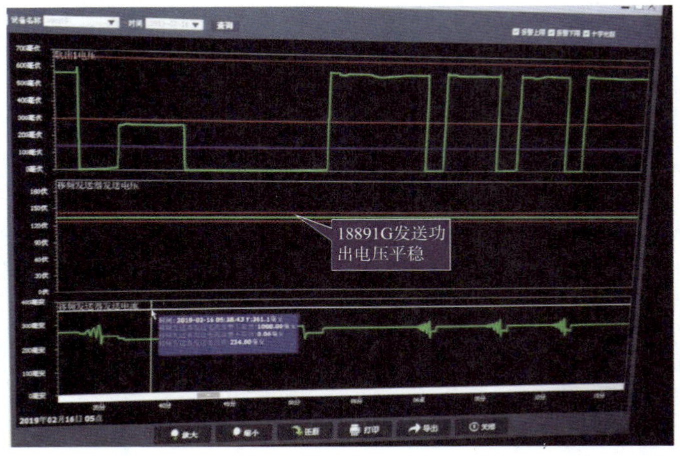

图 2—103　18891G 轨出 1 电压下降时发送电压、发送电流相关监测数据

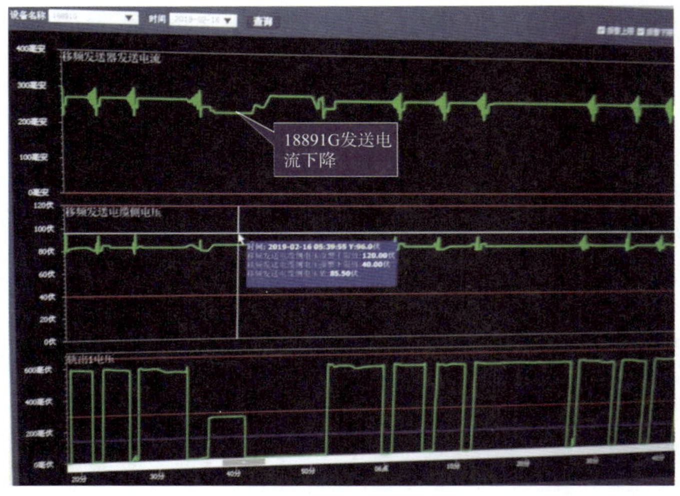

图 2—104　18891G 轨出 1 电压下降发送电流、发送电缆侧电压相关监测数据

4. 在 18891G 轨出 1 电压下降时，运行前方 18903G 区段的轨出 2 的电压出现上升，如图 2－105 所示，根据 ZPW-2000A 型轨道电路的传输原理，运行前方区段的小轨(轨出 2)就是本区段主轨的延续，接收的信号也就是本区段的信号。因 ZPW-2000A 型轨道电路传输的特殊性，需要在主轨区段按照等间距设置补偿电容，而发送端的前三个补偿电容对轨道电路的后续传输起着很重要的作用，这三个补偿电容出现问题，将严重影响 ZPW-2000A 型轨道电路的传输，主轨电压将会下降，运行前方小轨电压将会上升。从图 2－103 可以看出，18891G 轨出 1 电压在 270 mV，已经在监测报警线之下，随时可能出现接收器关门导致区间红光带。18891G 前方区段 18903G 轨出 2 电压在同时间也上升至 220 mV，严重超报警上限，随时可能出现接收器关门导致 XG 无输出而使主轨接收条件不满足出现红光带。故分析此次轨出 1 电压下降的主要原因是室外靠发送端的电容故障。

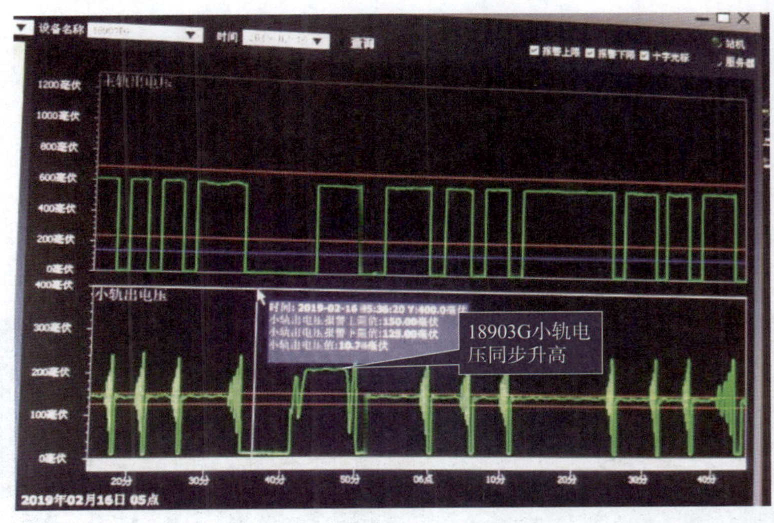

图 2－105　18891G 轨出 1 电压下降时，发送端相邻区段 18903G 轨出 2 监测数据

(三)检查处理

根据分析情况，在 18891G 发送端检查第 1 个电容发现该电容塞钉为组合型电容塞钉，在外力作用下出现接触不良，造成补偿电容失效问题，将此电容更换为新补偿电容后，电压恢复正常。发送电流正常。

(四)总结

1. 在现场维护中要求对发送端的前三个补偿电容进行重点维护，不得使用组合型的塞钉头，在塞钉打入时将塞钉涂抹黄油。在钢轨新钻的塞钉眼要用冲子进行冲铣，避免塞钉打入时被切削变小，长期使用导致松动。

2. 分析隐患时，将集中监测测试的模拟由线与电路图结合起来进行分析，易于查找设备隐患。

四、ZPW-2000A 型轨道电路调谐区断轨

（一）案例概况

2017 年 12 月 26 日 06:03，列车运行至沪昆线××站间下行线 15217G 时，前方 15229 信号机显示由 L 灯突变为 H 灯，15229G 红光带，如图 2—106 所示。

该站区间轨道电路制式为 ZPW-2000A 型轨道电路，小轨未纳入联锁。

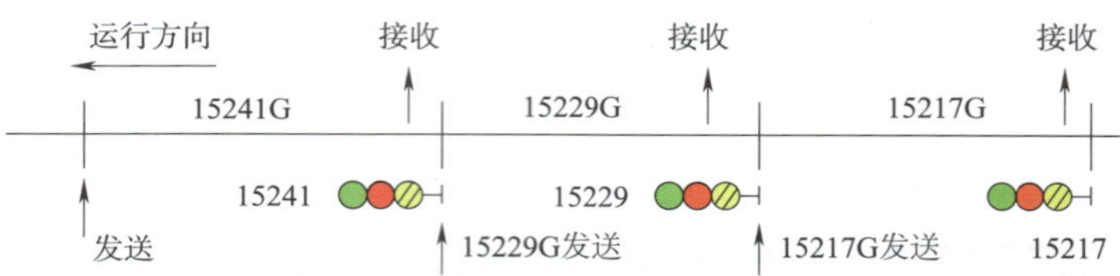

图 2—106　15229G 前后区段信号平面

（二）监测数据分析

1. 集中监测图形分析

（1）调阅集中监测回放，06:02:39 列车压入 15217G，06:02:43，15229G 出现红光带，15229G 区段 QGJ 短暂掉下后励磁，06:03:46，15229G 列车占用丢失报警，如图 2—107 所示。

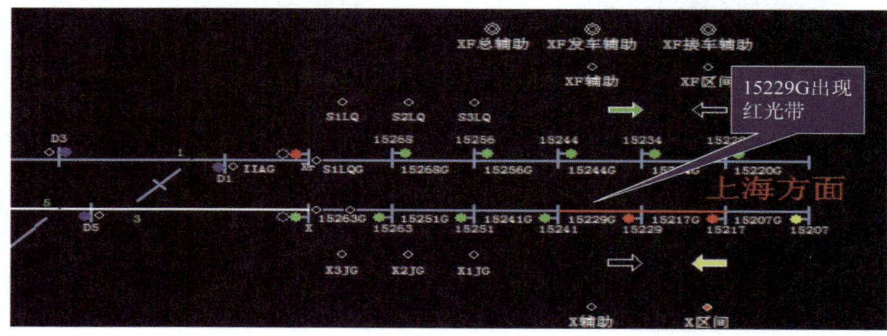

图 2—107　15229G 红光带

（2）调阅集中监测 15229G 故障前，15217G 接收器数据曲线，主轨入电压由 1 550 mV 下降至 1 300 mV 左右、主轨出电压由 620 mV 下降至 520 mV、小轨出电压无变化，如图 2—108 所示。

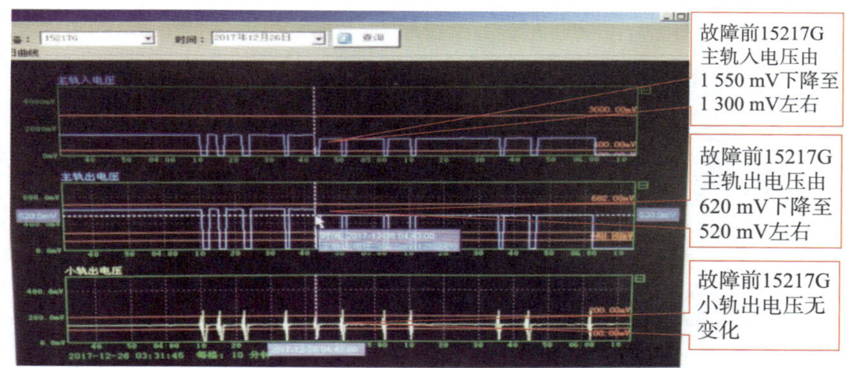

图 2—108　故障前 15217G 接收器数据

(3)调阅集中监测 15229G 故障前后功出电压、主轨入电压、主轨出电压、小轨出电压曲线,功出电压无变化、主轨入电压由 863 mV 下降到 400 mV、主轨出电压由 550 mV 下降到 210～260 mV、小轨入电压 14～39 mV 波动,如图 2—109 所示。

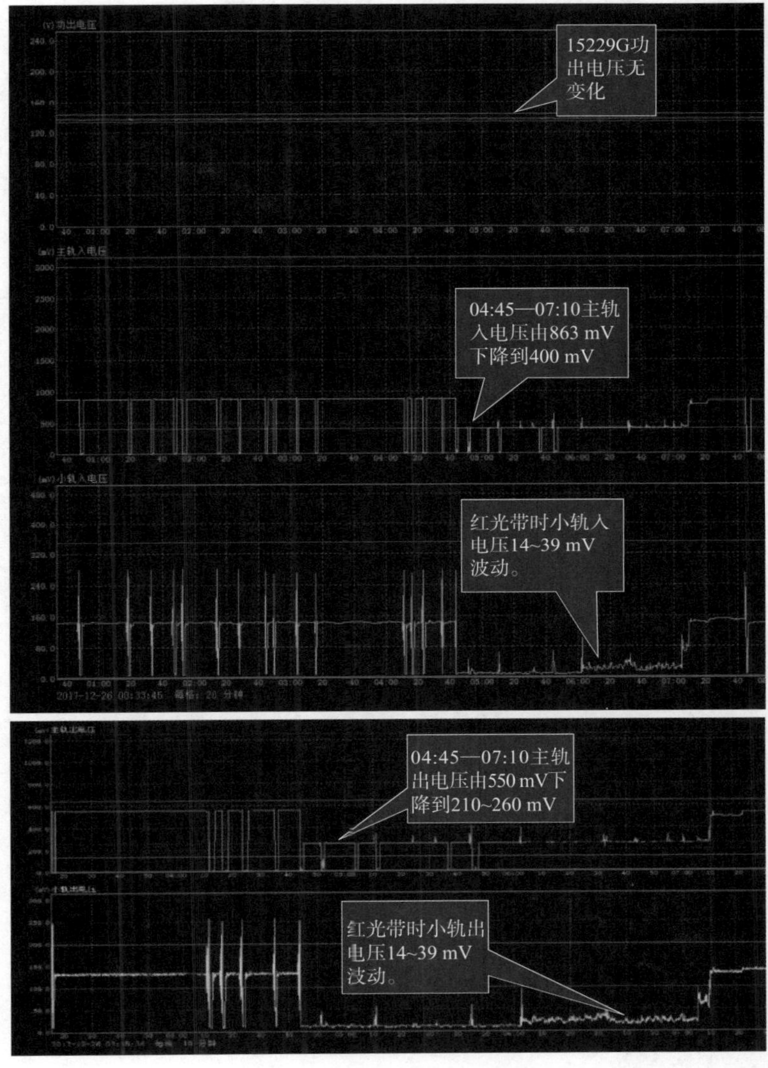

图 2—109　15229G 故障前后功出、主轨入、主轨出、小轨出电压曲线

(4)15229G 和 15217G 轨道区段电气参数对比见表 2—1。

表 2—1　电气参数对比表

区段	15229G			15217G		
项目	主轨入电压	主轨出电压	小轨出电压	主轨入电压	主轨出电压	小轨出电压
正常时	900 mV	560 mV	135 mV	1 550 mV	620 mV	135 mV
故障时	400 mV	210～260 mV	15 mV	1 300 mV	520 mV	135 mV

2. 电路分析

(1)如图 2—110 所示,正常情况下,15229G 的 1700-1 移频信号与 f1 调谐单元、29 m 钢轨、空芯线圈构成并联谐振,在 f1 调谐单元处呈现"高阻抗"(约 2 Ω),以确保 15229G 主轨道电压的传输距离。15229G 的 1700-1 移频信号与 f2 调谐单元、29 m 钢轨、空芯线圈构成串联谐振,呈现"低阻抗"(约数 10 mΩ),相当于短路,以阻止 15229G 的 1700-1 移频信号继续往 15217G 传输。同理 15217G 的 2300-1 移频信号与 f2 调谐单元、29 m 钢轨、空芯线圈构成并联谐振,以确保 15217G 主轨道电压的传输距离。15217G 的 2300-1 移频信号与 f1 调谐单元、29 m 钢轨、空芯线圈构成串联谐振,以阻止 15217G 的 2300-1 移频信号往 152229G 传输。

(2)当调谐区钢轨断轨(图 2—110 红叉处)时,调谐区空芯线圈被隔离,钢轨长度被缩短,f1 调谐单元对 15229G 的 1700-1 频率信号的呈容性,并联谐振被破坏,在 15229G 接收端的"高阻抗"值降低,导致 15229G 接收端主轨信号大幅度衰减,主轨出电压在下限临界值附近波动造成轨道电路区段红光带。15217G 往调谐区传输的小轨信号也因断轨被阻断,在 15229G 接收端得到的信号理论值应为零,集中监测小轨 15 mV 数据为感应电压值。

(3)当调谐区钢轨断轨(图 2—110 红叉处)时(断轨点距空芯线圈 2.8 m),17.3 m 钢轨、空芯线圈、f2 调谐单元对 15217G 的 2300-1 频率的呈容性,并联谐振被破坏,15217G 发送端的"高阻抗"值降低,造成 15217G 发送端信号衰耗,主轨发送端电压下降。

(4)调谐区内钢轨若在图 2—110 红圈处折断时,轨道电路测试参数变化趋势为:15229G 接收器主轨入、主轨出电压略有下降,小轨电压基本为零;15217G 接收器主轨入、主轨出电压大幅度下降,小轨电压保持不变。

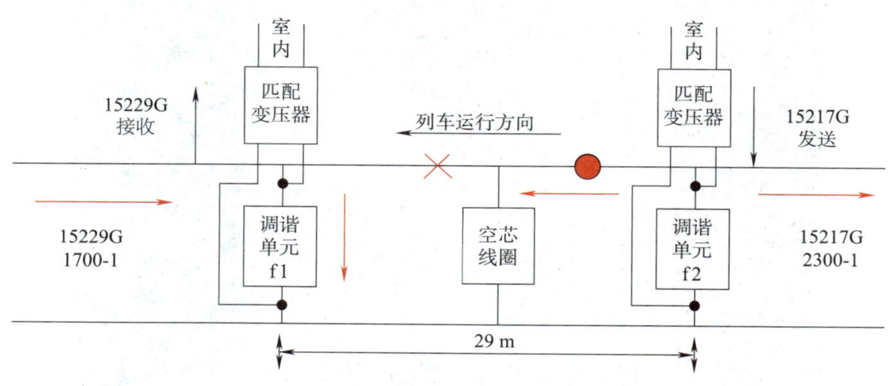

图 2—110 现场调谐区布置

(三)检查处理

经现场检查发现 15217G 与 15229G 间调谐区断轨(15229 信号机处),15229G 主轨出电压下降超下限,导致 15229G 闪现红光带,15229 信号机由 L 灯突变为 H 灯。由于列车占用 15217G,同时 15229G 闪红光带 QGJ 落下后恢复,15229G 区间逻辑检查电路进行安全防护,使得 15229G 的 GJ 落下而显示红光带,15229 信号机点 H 灯防护,并在 CTC(TDCS)显示区间列车占用丢失报警。

（四）总结

1. 将轨道电路划分为五个区域，如图 2—111 所示。

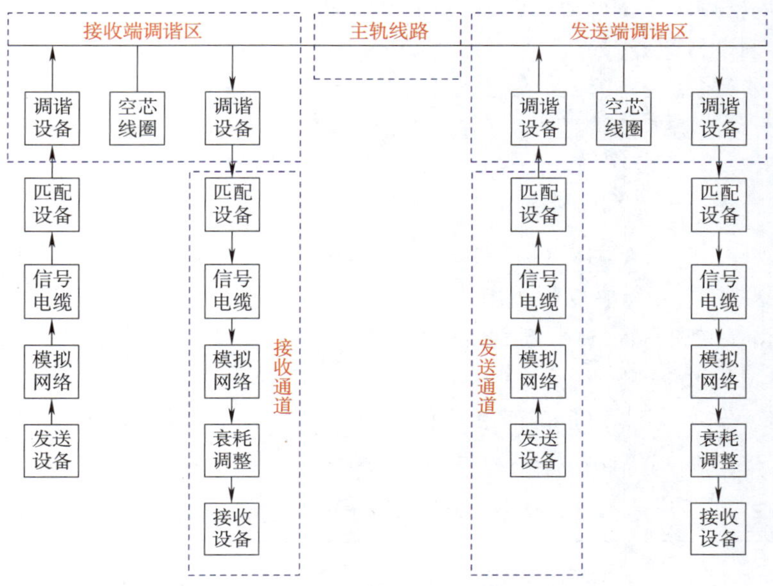

图 2—111　ZPW-2000A 型轨道电路发送通道

由于发送通道、发送端调谐区、主轨线路、接收端调谐区、接收通道五个区域发生故障时，对本区段、前方区段、后方区段的主轨道和小轨道信号的影响存在一定规律。根据这五个测试点电压的变化情况，可快速定位到故障发生的区域。

以 BG 发生故障为例，进行分析判断。五个测试点的位置如图 2—112 所示。

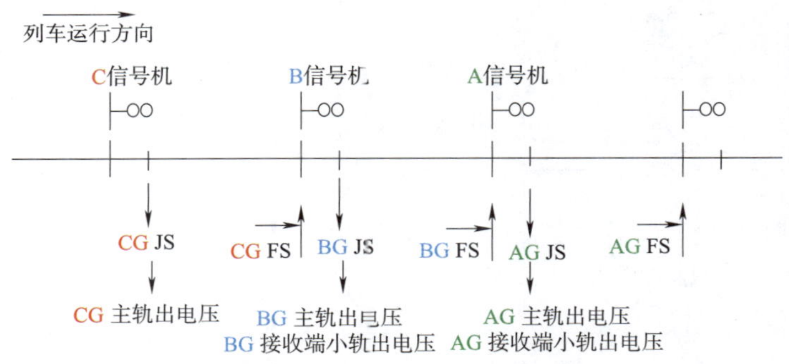

图 2—112　测轨道电压试点位置

（1）发送通道故障

发送通道包括：发送设备、防雷模拟网络盒、信号电缆、匹配设备。

发送通道故障后的特征为：BG 主轨出电压与 AG 接收端小轨出电压同比例降低。

（2）接收通道故障

接收通道包括：匹配设备、信号电缆、防雷模拟网络盒、衰耗盒、接收设备。

接收通道故障后的特征为:BG 主轨出电压与 BG 接收端小轨出电压同比例降低。

(3)送端调谐区故障

送端调谐区包括:空芯线圈、调谐设备、引接线、调谐区内钢轨。

送端调谐区故障后的特征为:调谐区两端 AG、BG 主轨出电压同时下降。

(4)接收端调谐区故障

接收端调谐区包括:空芯线圈、调谐设备、引接线、调谐区内钢轨。

接收端调谐区故障后的特征为:调谐区两端 BG、CG 主轨出电压同时下降。

(5)主轨线路故障

主轨线路故障包括:主轨钢轨。

主轨线路故障后的特征为:BG 主轨出电压大幅下降,相邻区段 AG、CG 电压无变化。

2. 根据上述故障类型,可以归纳出故障现象如下:

(1)调谐区故障或断轨后,两端信号谐振参数被破坏,调谐区内损耗增加,相邻两区段主轨出、小轨信号均发生改变。

(2)如调谐区发生故障,需带调谐单元时,要核实故障区段载频配置,防止拿错备品。

ZPW-2000 系列轨道电路故障判断具体见表 2—2。

表 2—2　ZPW-2000 系列轨道电路故障判断分析表

故障类型	现象					备注
	前方主轨道电压	前方接收盒小轨道电压	本区段主轨道电压	本区段接收盒小轨道电压	后方主轨道电压	
送端通道故障	↓	↓	↓			主轨道、小轨道同比下降
受端通道故障			↓	↓		主轨道、小轨道同比下降
送端调谐区故障	↓	↓	↓			
受端调谐区故障			↓	↓	↓	
主轨线路故障	不变	↑	↓	不变	不变	第二或第三个补偿电容失效、钢轨断轨
	不变	↓	↓	不变	不变	两个及以上补偿电容失效

五、ZPW-2000 系列轨道区段主轨断轨

(一)案例概况

某年 12 月 9 日 06:16,某站 14572G 在列车通过后红光带不消失。经检查确认 K1457+60 处钢轨断轨,如图 2—113 所示。

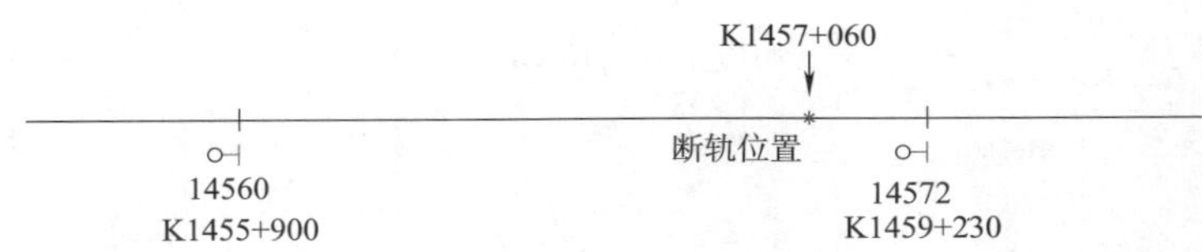

图 2－113　断轨位置示意

(二)集中监测数据分析

1. 断轨特征和判断条件

(1)在无缝长轨情况下因应力作用断轨后电压具有不可恢复性，主轨出电压下降后没有恢复的时机。

(2)因高频信号绕射现象，主轨出电压一般不为 0，并且因环境因素的不稳定性主轨出电压不为稳定值。

(3)发送端设备良好(指从室内直到送端轨面信号设备良好)，通过列车运行前方区段接收本区段的小轨电压判断是否断轨。

(4)接收端设备良好(指从受端轨面信号设备直到室内良好)，通过本区段接收相邻区段的小轨电压判断是否断轨。

因此邻近机械绝缘节第一个区段、中间分割点后方区段和小轨位置断轨不在此讨论范围，断轨处在桥梁或在轨枕上并刚好在固定弹簧的垫片中间时另论。

2. 集中监测数据

调阅集中监测 14572G 红光带故障时数据，轨出 1 电压 60 mV，如图 2－114 所示，小于分路残压标准 140 mV，且电压不稳定，满足断轨判断条件(1)和(2)。

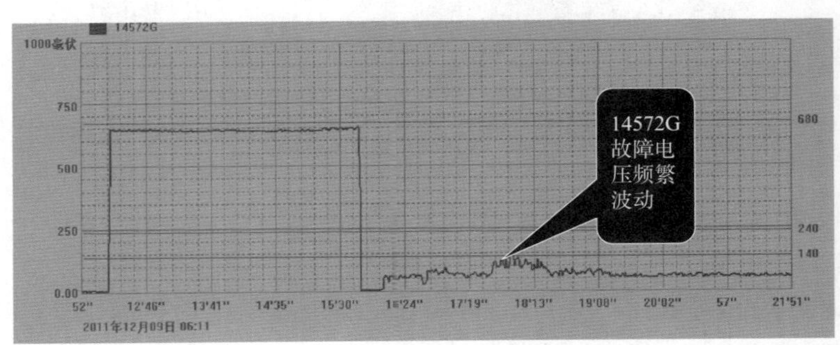

图 2－114　14572G 红光带故障时轨出 1 电压

轨出 2 电压 133 mV(正常值，图略)，主轨区段断轨对本区段接收相邻区段的小轨电压影响很小。该电压说明接收端从轨面信号设备直到定内设备良好，满足断轨条件(4)。

列车运行前方区段 14560G 各电压除小轨电压外测试正常无变化，小轨电压有变化(根据断轨位置的不同小轨电压上升和下降的情况都存在)，14560G 小轨电压由 141 mV 降到 130 mV(图 2－115)，该电压说明发送端设备良好，满足断轨判断条件(3)。

因接收端设备和发送端设备工作被测试数据证明正常，并且主轨出电压不稳定，故该区段红光带可初步判断为主轨道区段断轨造成。

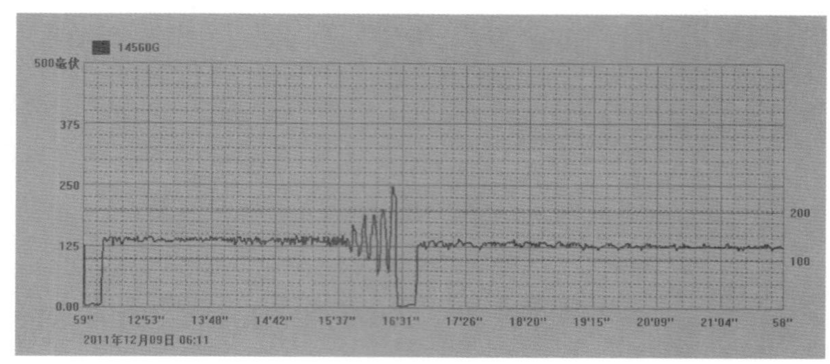

图 2－115　前方区段 14560G 小轨电压

断轨时本区段发送功出电压、发送电缆侧电压、发送电流根据断轨位置的不同数据存在上升或下降的情况都有，但在断轨的判断中不起重要作用。

(三)断轨与轨面短路的区别(ZPW-2000 系列轨道电路区段短路)

ZPW-2000 系列轨道电路在室外短路的原因有曲磨轨肥边、轨距杆、桥涵护轮轨绝缘不良、作业失当等，电压数据的基本和断轨电压数据相似，但有一定区别，如图 2－116 所示是护轮轨下部道钉通过钢梁造成短路时主轨出电压曲线，各部位电压与上述断轨电压相似，但因为造成故障的因素稳定，所以故障时主轨出电压较稳定(与断轨曲线的区别，不符合断轨判断条件(2))。

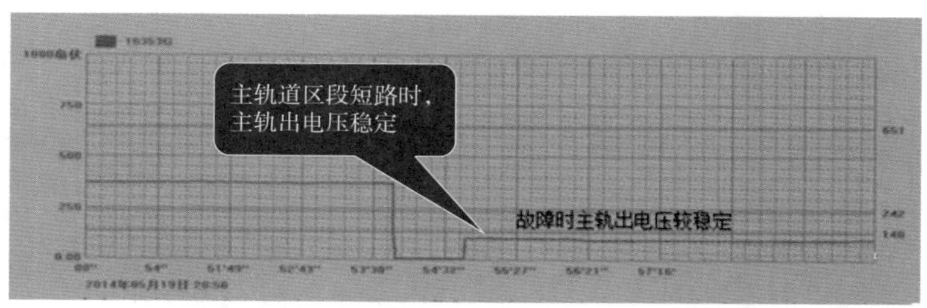

图 2－116　ZPW-2000 系列轨道电路区段室外短路主轨出电压曲线

(四)特殊情况说明

1. 邻近机械绝缘节第一个区段断轨。因断轨后一段钢轨长度不足，此时断轨判断条件(1)的前提不存在，分析需将红光带位置结合其他现象和数据进行判断。

2. 断轨处在桥梁或在轨枕上并刚好在固定弹簧的垫片中间时。断轨处在桥梁上时轨道信号可通过护轮轨沟通，断轨处在轨枕上并刚好在固定弹簧的垫片中间时轨道信号可通过弹簧垫片沟通，该情况下可能不会出现红光带，但轨道电压会有幅度较大的突变。

3. 中间分割点后方区段断轨。某些电路设计在有分割点区段，当运行前方区段红光带时，后方区段将切断发送通道出现占用状态，此时断轨判断条件(4)不成立，但可从时间顺序上进行细致分析。

六、某站 15655G 断轨

(一)故障概况

某日 05:48,某站 15655G 闪红光带。经检查确认 K1565＋758 处一侧钢轨在轨枕处断轨。

(二)集中监测数据

故障区段现场布置如图 2－117 所示。

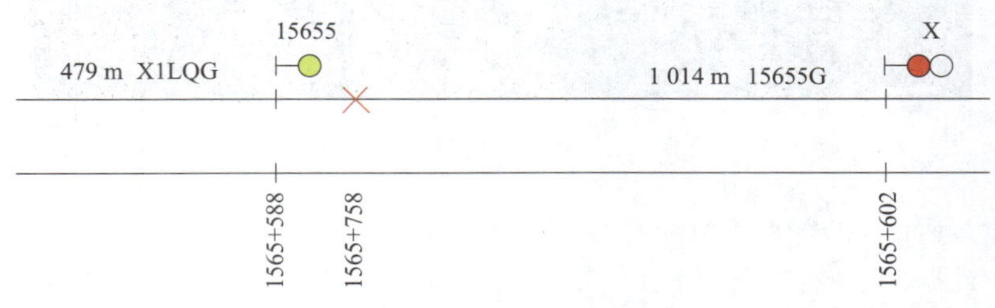

图 2－117　现场设备布置

查集中监测数据,15655G 主轨出电压频繁波动,05:47:32 主轨出电压 120.8 mV,轨道区段显示红光带,之后又在 05:48:05 和 05:50:28 出现红光带。小轨出电压 127.0 mV 无变化(图 2－118)。

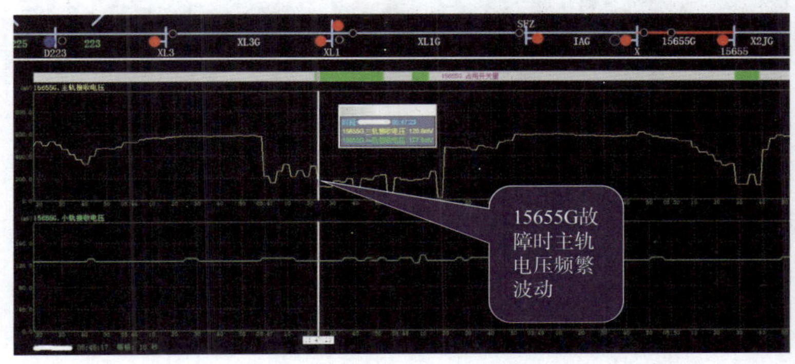

图 2－118　故障电压曲线

调阅 15655G 电缆侧接收电压曲线,电压曲线与主轨出电压同频波动,红光带时电压 1.3 V(正常电压 7.0 V);电缆侧发送电压 85.0 V(正常电压 87.1 V),曲线有纹波;发送电流 233.6 mA(正常电流 219.9 mA),如图 2－119 所示。

(三)数据分析

1. 因小轨出电压几乎无变化,可判断接收端从轨面至室内设备良好。

2. 因 15655G 是三接近区段,无可靠数据(一般通过运行前方区段小轨电压)判断从室内到送端轨面设备良好。

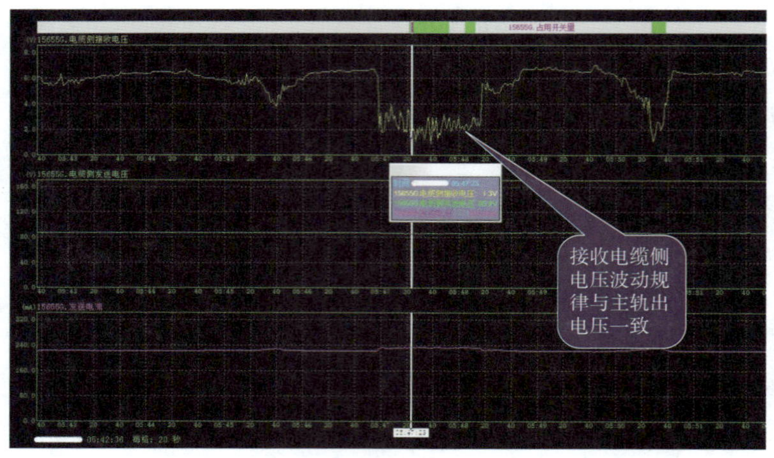

图 2－119　发送电缆侧电压、发送电流曲线

3. 该区段是闪红，也就是说电压存在恢复的情况。

查故障前数据，从 02:00 开始，15655G 主轨接收电压已出现波动，因主轨出电压大于 240 mV，轨道电路未出现红光带。从发送电流变化的情况看，从室内到送端轨面设备不良的可能性不大，如图 2－120 所示。

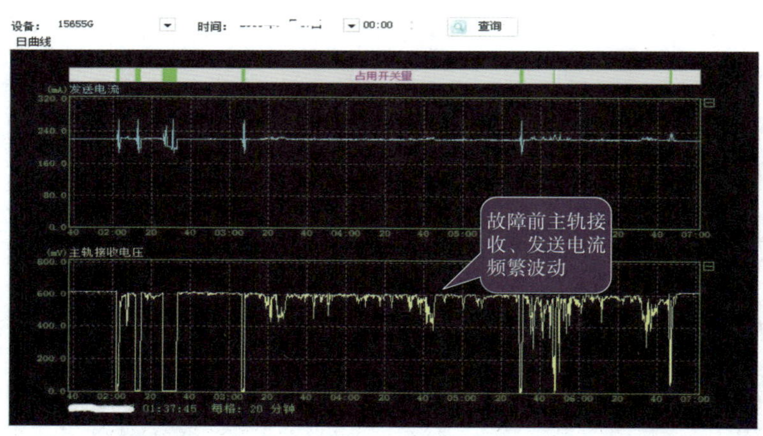

图 2－120　故障前主轨电压波动曲线

因主轨出电压频繁波动，且期间有列车通过，两轨条间短路的可能性不大（两轨条间短路主轨出电压比较稳定）。因此，该区段红光带可能是从室内到送端轨面设备不良或断轨。

（四）检查处理

应急处理人员在送端测试轨面电压基本正常，排除发送端室内至钢轨侧设备及电缆芯线正常，沿线路检查发现在 K1565＋758 处东边钢轨在轨枕处断轨，如图 2－121 所示。

（五）总结

当断轨处在轨枕上时，因工务扣件将断轨处连通，轨道电路可能不会出现红光带，但轨道

图 2－121　15655G K1565＋758 处现场钢轨断轨图片

电路信息传递通道的不稳定性造成主轨出电压会出现不规则的波动，此时对监测预警信息的分析显得尤为重要，特别是一、二级预警信息，需逐条进行分析，及时发现设备存在的问题。

七、某站 15057G 断轨

（一）故障情况

某日 22:35，某站 15057G 在列车通过后红光带不消失，经检查确认是 K1505＋705 左侧钢轨。

（二）集中监测数据分析

断轨位置示意如图 2－122 所示。

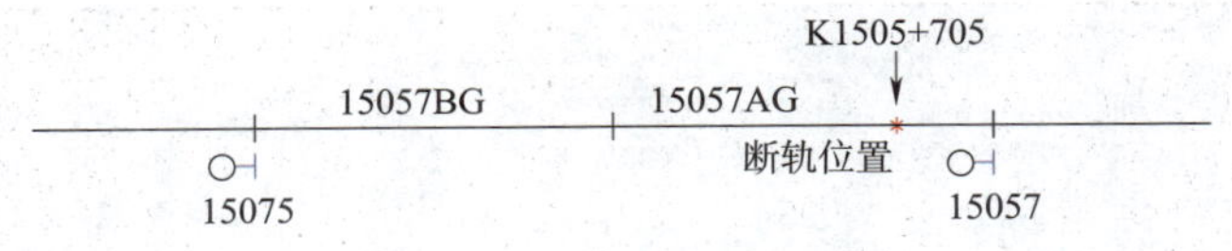

图 2－122　断轨位置

调阅集中监测数据，15057G 红光带时：

1. 15057AG 小轨电压无变化，主轨电压由 563 mV 下降到 43 mV，如图 2－123 所示。

2. 15057AG 模拟网络盒电缆侧发送电压由 62.5 V 上升到 64.5 V，电缆侧接收电压由 6.9 V 下降到 0.5 V，如图 2－124 所示。

3. 15057AG 功出电压无变化，发送电流由 253 mA 下降到 237 mA，如图 2－125 所示。

4. 前方区段 15057BG 主轨电压无变化，小轨电压由 135 mV 下降到 103 mV，如图 2－126 所示。

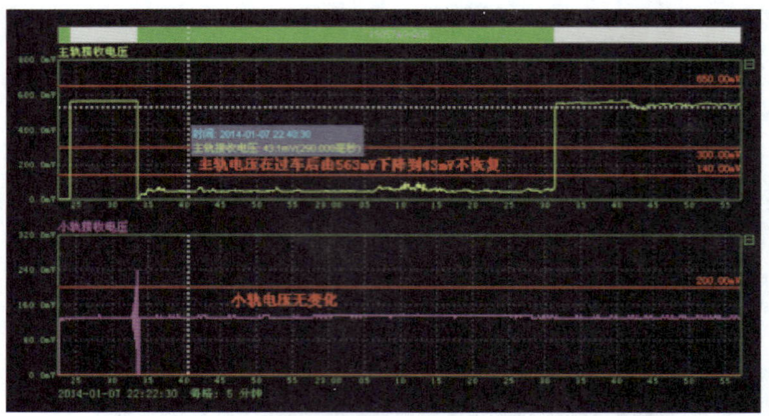

图 2－123　15057AG 轨道电压曲线

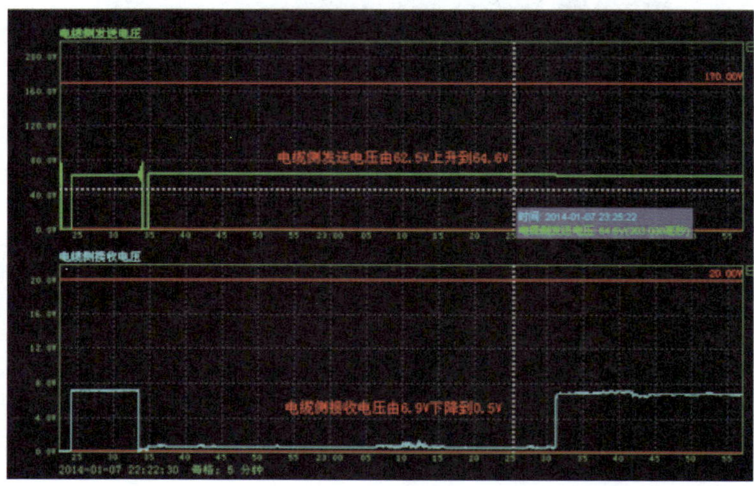

图 2－124　15057AG 发送(接收)电缆侧电压

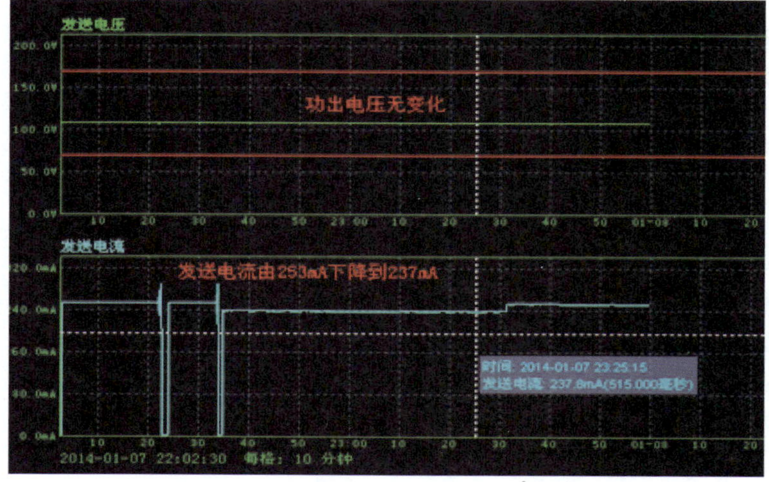

图 2－125　15057AG 功出电压、电流曲线

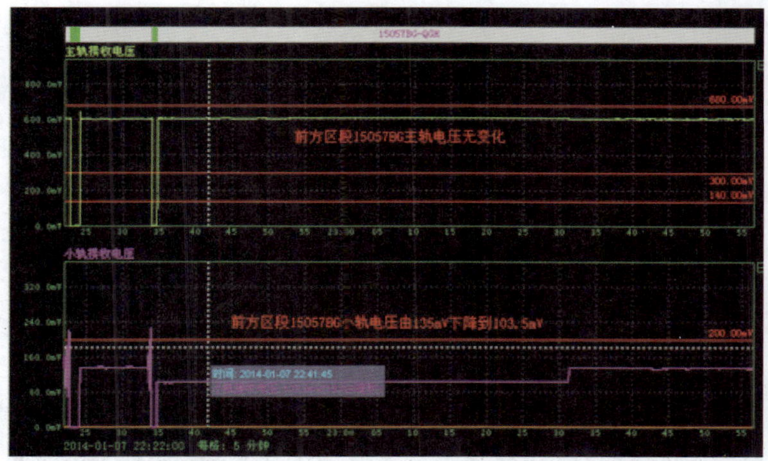

图 2—126　15057BG 主轨、小轨电压曲线

综上分析，15057G 红光带时，15057AG 主轨电压下降，相邻区段的小轨电压无变化；15057BG 主轨电压无变化，解调的 15057AG 小轨电压下降，且 15057AG 主轨电压下降比例高于小轨电压，根据五点电压分析法（表 2—3）可以判定是 15057AG 主轨线路问题导致故障发生。

图 2—3　五点电压分析法

故障位置	现象					备注
	前方主轨电压	前方小轨电压	本区叚主轨电压	本区段小轨电压	后方主轨电压	
送端通道		↓	↓			主轨、小轨等比下降
受端通道			↓	↓		主轨、小轨等比下降
送端调谐区	↓		↓			
受端调谐区			↓		↓	
主轨线路		↓	↓	不变		
		↓	↓	不变		主轨下降比例高于小轨

（三）现场处理

现场处理人员通过检查发现钢轨断轨，断轨位置为 K1505＋705 左侧钢轨。

（四）总结

当 ZPW-2000 系列轨道区段发生故障时，要及时分析本区段主轨、小轨电压，前方区段主轨、小轨电压，以及后方区段主轨电压，根据五点电压分析法就能准确判断故障的大致范围，然后到现场进行检查、测试、处理。

八、某站 16499G 闪红故障

(一)故障概况

某日 16:13 某站 16499G 闪红光带,该站小轨检查纳入联锁条件。故障查找原因为站联电缆通道不良。

(二)监测分析与处理

1. 调阅 16499G 电压曲线,16499G 主轨出电压平稳无变化,查看后方区段 16485G 功出低频,16485G 功出低频在 16:13:15 由 11.4 Hz 突变至 26.8 Hz,持续时间 1 s,此时正好列车占用 16485G,如图 2—127 所示。

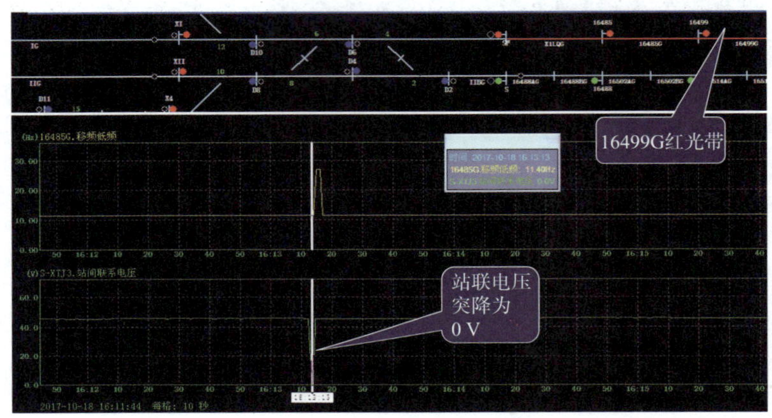

图 2—127　16499G 闪红光带时集中监测数据

2. 分析图纸,16499G 发送端是站间区间分界点,小轨电压由相邻站 16511G 解调接收后,再将 16499G 的小轨电压条件通过站联电缆传递开关量信息(小轨检查纳入闭塞分区调整条件)。在 16499G 主轨出电压正常,相邻区段 16511G 小轨电压也正常情况下,检查小轨道站联条件,16511G 传递小轨条件电缆芯线为 S-XTJ3,在 16:13:13 S-XTJ3 站联电压由 45.8 V 突降到 0 V,持续时间 1 s,16499G 因缺少小轨条件(XJG)而显示红光带。

(三)检查处理

联系邻站共同检查 S-XTJ3 站联通道及小轨道继电器,经排查为站联电缆通道不良造成。

(四)总结

1. 区间轨道电路闪红光带需综合分析主轨入、轨出、功出、小轨电压,逐一排除问题点,缩小故障范围。

2. 小轨纳入检查的区间轨道电路红光带时,对站间分界区段要检查站联电压情况。

3. 分界点区段出现故障,两站同时派人检查,节约故障处理时间。

九、铁路桥上轨道电路红光带

（一）故障概况

某日 18:13—19:20，某区间下行 14891BG 红光带（该区段位于铁路大桥上），闭塞分区现场布置如图 2－128 所示，原因是 14891BG 内的 3 根轨距杆分别将主钢轨与护轮轨短路，两根护轮轨又被第 9 块横向钢梁短路，造成 14891BG 红光带。

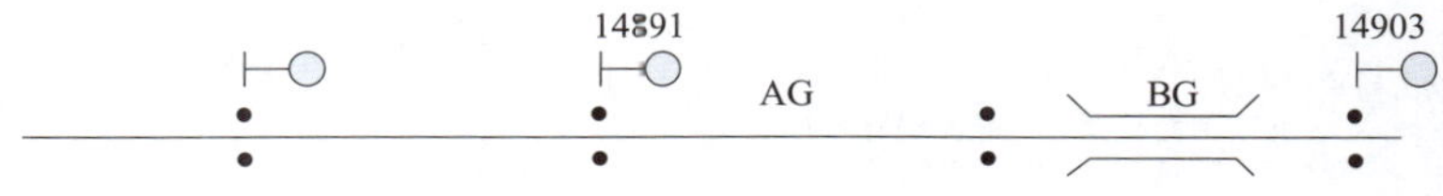

图 2－128 14891BG 闭塞分区图

（二）监测曲线分析

1. 调阅集中监测相关数据，（14891AG 与 14891BG 的关系是列车先压 AG 区段，后压 BG 区段）14891AG 主轨电压为 2.8 mV（发送因 BG 故障被切断），小轨电压 135.7 mV（接收通道正常）；14891BG 主轨电压为 178.2 mV（正常时：392 mV），小轨电压 0 V（正常时：121 mV）（见图 2－129）。前方 14903G 小轨电压：169.4 mV（正常时：130 mV）。

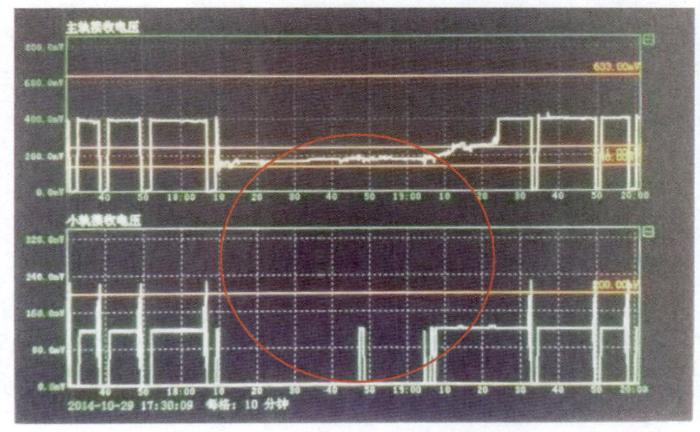

图 2－129 14891BG 故障曲线

2. 本区段主轨出下降、前方区段小轨出稳定，说明发送通道良好，本区段小轨电压为 0 是因为后方区段发送通道被切断，不是因为接收通道不良，主轨电压波动幅度比断轨小，说明短路的可能性更大（现场处理时没有调阅发送功出电流曲线，不能做出更准确判断）。

（三）检查处理

1. 工务检查线路正常，排除断轨可能。

2. 现场检查 14891BG 区段大桥上新加装了 4 根轨距杆（分别在 K1490＋150/K1490＋180/K1490＋200/K1490＋190），测试轨面电压只有 750 mV，用脚踏 K1490＋190 处轨距杆电压有 100 mV 左右变化。于是拆除了该轨距杆西边接头，轨面电压上升到 850 mV，室内人员测试 14891BG 主轨电压数据由 178.2 mV 上升到了 250 mV，红光带消失。对 K1490+200 处轨距杆进行敲击检查，轨面电压有 100 mV 变化，拆除该轨距杆西边接头后室内 14891BG 轨出 1 电压上升到 395 mV(故障前电压为 392 mV)，电压恢复正常。

3. 检查发现东西边护轮轨均与大桥钢梁碰触导通。

4. 原因分析，14891BG 内的 3 根轨距杆分别将主钢轨与护轮轨短路，两根护轮轨又被第 9 根横向钢梁短路(图 2—130、图 2—131)。

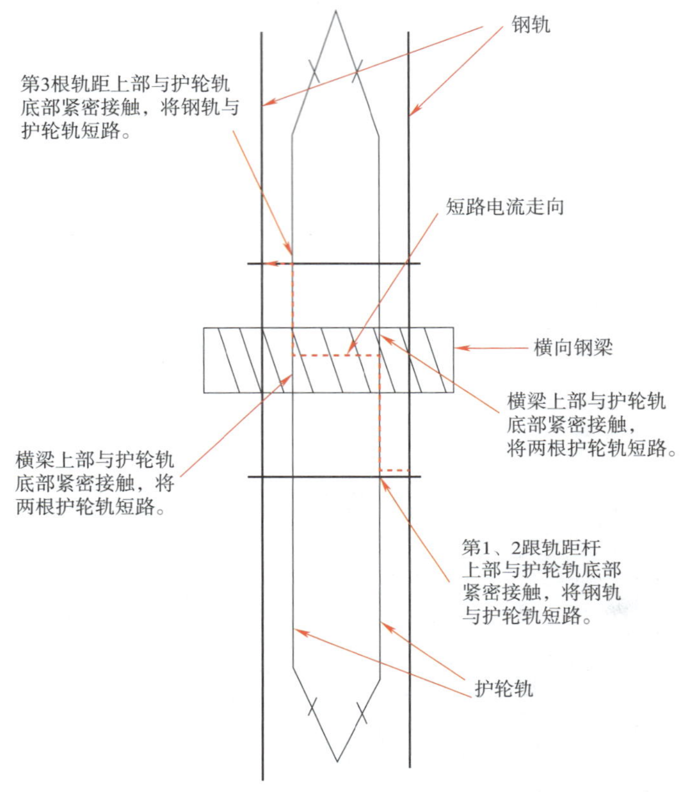

图 2—130　铁路桥上轨道电路区段短路示意

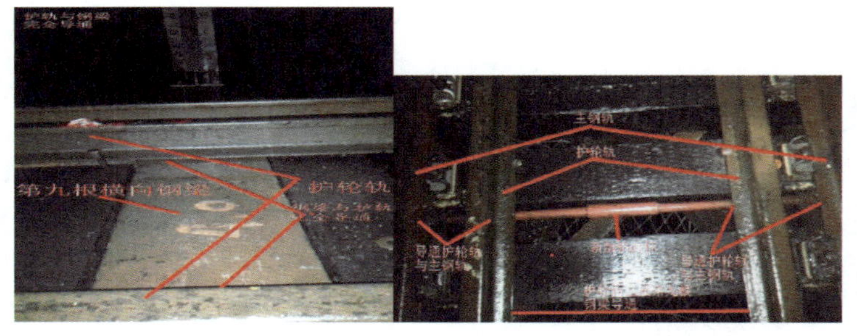

图 2—131　护轮轨碰钢梁、轨距杆将钢轨与护轮轨短路图片

(四)总结

1. 对铁路大桥上的轨道区段检查时，要认真检查护轮轨之间是否被导通。

2. 检查轨距杆是否有可能将主钢轨与护轮轨短路(轨距杆与护轮轨间要有空隙或进行绝缘物理隔离),特别是新加装的轨距杆,因杆上有油漆,加装后不会立即短路,在列车运行震动过程中油漆破损会造成点接触而短路。

十、X1JG 信号电缆混线故障

(一)案例概况

2016 年 10 月 16 日 07:51—09:36,某站 X1JG 出现红光带故障(图 2－132)。原因为 X-7 电缆盒 11 号、12 号端子至 X1JG 发送端匹配变压器 E1、E2 号端子间的电缆故障,倒换备用电缆后 X1JG 红光带恢复。

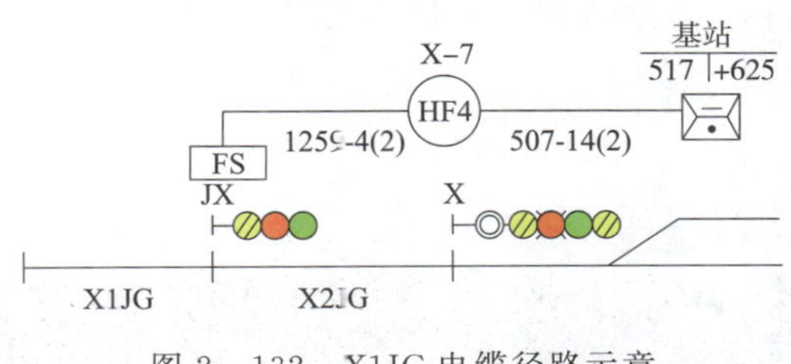

图 2－132　X1JG 电缆径路示意

(二)监测数据分析

(1)07:51:38,集中监测站场显示 X1JG 下行第一接近轨道区段出现红光带,如图 2－133 所示。

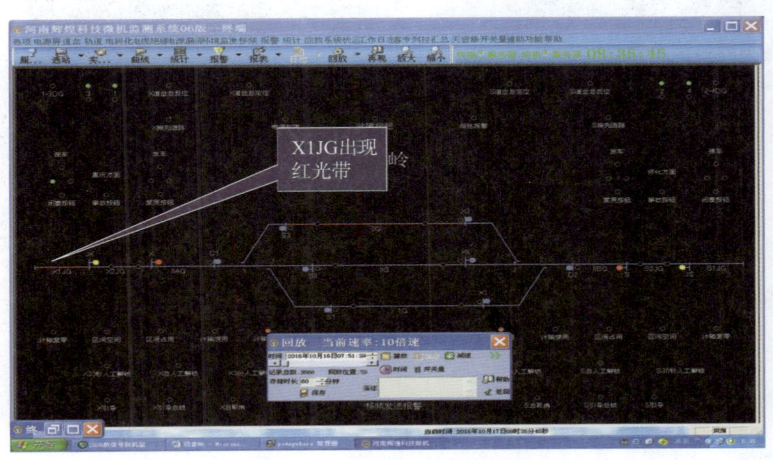

图 2－133　X1JG 出现红光带

(2)08:13:45,集中监测站场显示 X1JG 下行第一接近轨道区段红光带消失,如图 2－134 所示。

(3)08:17:02,集中监测站场显示 X1JG 下行第一接近轨道区段再次出现红光带,如图 2－135 所示。

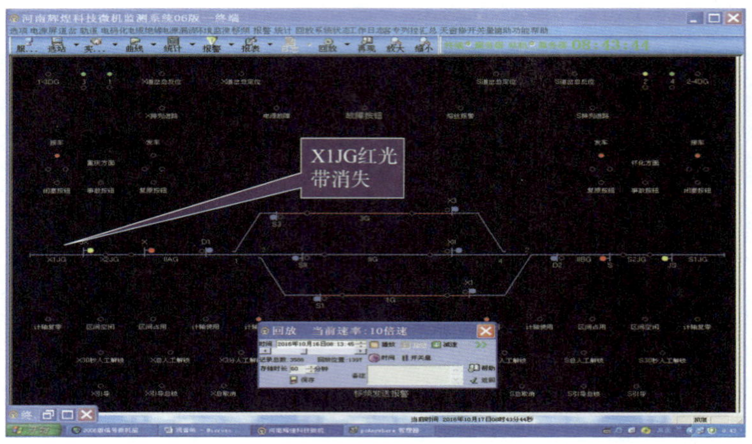

图 2－134　08:13:45,X1JG 红光带消失

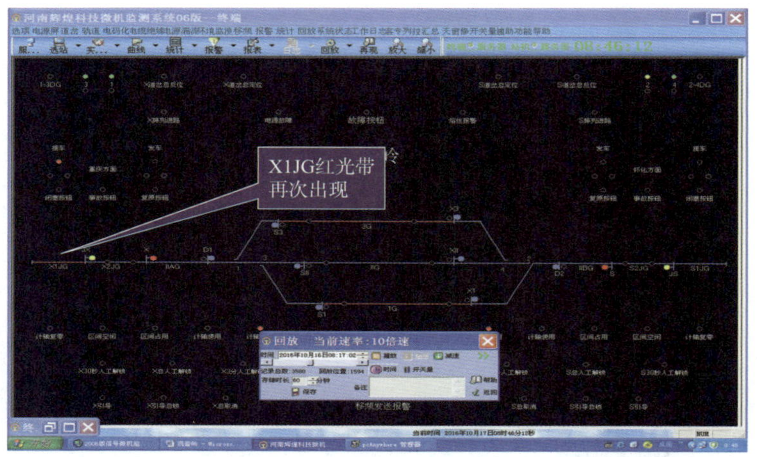

图 2－135　X1JG 再次出现红光带

(4)调阅集中监测 X1JG 下行第一接近轨道区段发送电压曲线,曲线显示故障时段发送电压值正常,如图 2－136 所示。

(5)调阅集中监测数据(图 2－137)X1JG 下行第一接近轨道区段接收电压曲线,X1JG 接收电压在 08:00 前后为 0 V,控制台无移频报警。

(三)检查处理

室内故障处理人员测试 X1JG 衰耗盒接收轨出 1 无电压,在分线盘测试 X1JG 发送电压为 19.4 V(发送电压比标准值低),测试接收电压为 0 V。甩开发送端电缆测试发送空载电压为 96 V,测试发送电缆环阻 58.5 Ω。根据信号电缆环阻公式进行计算:58.5/45＝1.3 km,初步判断在距信号楼大约 1.3 km 处发送端电缆存在短路问题(信号楼距 X1JG-FS 端电缆长度 1.766 km)。

室外处理人员测试 X1JG 发送端轨面电压为 0 V,匹配变压器电缆侧 E1-E2 电压为 0 V,

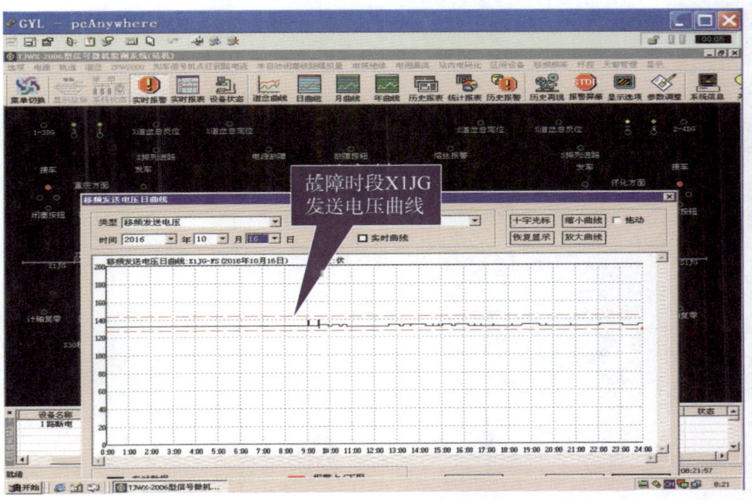

图 2－136　X1JG 发送电压曲线

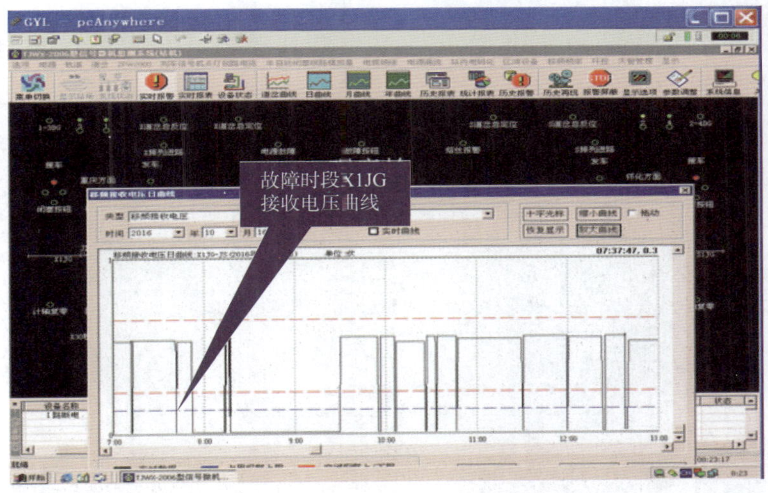

图 2－137　X1JG 接收电压曲线

甩开电缆，测试电缆端无发送电压，确定为分线盘至匹配变压器间信号电缆混线。使用备用电缆线导通室内分线盘至 X1JG 发送端匹配变压器后，红光带消失，测试电气参数恢复正常。

（四）总结

1. 落实集中监测电缆综合绝缘测试、分析，发现电阻值下降或波动时及时排除隐患。

2. 定期开展电缆故障应急抢修演练，提高职工的应急处置能力。

3. 清查应急备用电缆芯线的导通、标识、电气参数测试。

4. ZPW-2000 系列轨道电路备用芯线的倒换必须成对更换，且不得与同频区段在同一四芯组，以防止窜频问题。

十一、15909AG 电缆混线故障

（一）案例概况

某年 8 月 8 日，18:23 沪昆线××至××站区间下行线 15909AG 红光带故障，故障区间平面图如图 2—138 所示。

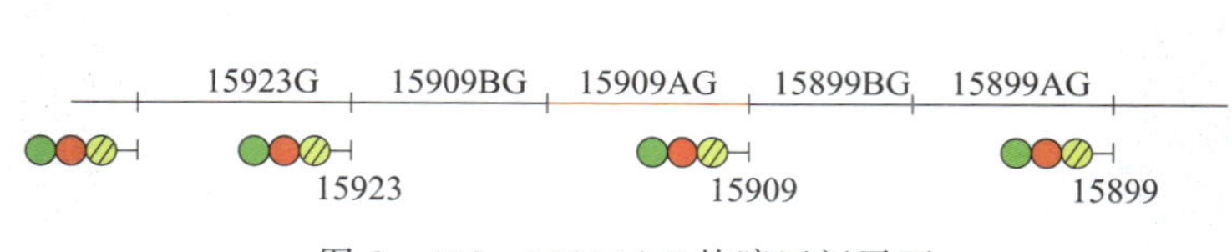

图 2—138　15909AG 故障区间平面

（二）集中监测数据分析

（1）调阅集中监测 15909AG 故障前后主轨入电压、小轨入电压、分线盘送端电压曲线，送端分线盘电压无变化、主轨入电压由 1 000 mV 下降到 0 V、小轨入电压由 125 mV 下降到 3.3 mV，如图 2—139 所示。

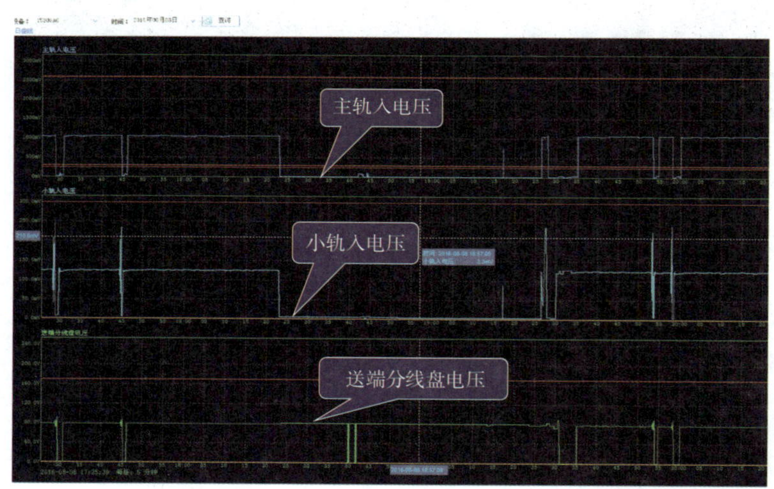

图 2—139　15909AG 故障时主轨入电压曲线

（2）调阅集中监测 15909BG 接收端电压，15909BG 接收端小轨出电压正常，说明 15909AG 发送端设备良好，问题出在接收端设备。

（三）检查处理

故障处理人员在室内区间综合柜（QZH1-D2-2、QZH1-D2-4）甩线测试 15909AG 主轨入电压 120 mV，小轨出 20 mV，室外测试 15909AG 接收端轨面电压 1.2 V，匹配变压器 E1/E2 端电压 475 mV，甩开 E1/E2 端电缆测试电压为 15 V，判断为匹配变压器 E1/E2 端至室内区

间综合柜间电缆不良，在距离接收端最近的电缆方向盒甩开15909AG接收端往室内1号、2号端子电缆，测试到电压150 mV，说明15909AG接收端匹配变压器至电缆方向盒存在混线，倒换备用电缆芯线后红光带消失（匹配变压器测试端子如图2－140所示）。

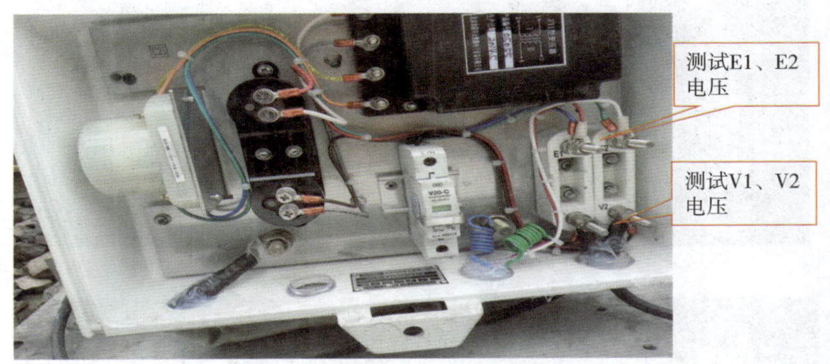

图2－140　匹配变压器测试端子

（四）总结

1. 可通过集中监测数据分析故障区段的发送端和接收端的主轨道、小轨电压，来判断是发送端或接收端故障，从而缩小故障范围，具体是器材故障还是电缆故障，需通过甩线判断，如果判断电缆故障，可采取成对更换备用电缆芯线来恢复设备。

2. 区间综合柜分线盘上的每根电缆备用芯线需标识清楚，并标示电缆径路图。

3. 备齐备品、仪表，加强备品检查。

十二、某高铁站4G轨道电路绝缘不良造成电压波动

（一）案例概况

4月20日车间监测分析员浏览发现某站4G轨出1电压有异常变化，轨出1电压变化范围为310～550 mV，变化幅度240 mV，原因是4G与68DG公共绝缘东侧钢轨绝缘因牵引电流灼伤导致绝缘不良。

（二）集中监测数据分析

1. 调阅集中监测数据，4G轨出1电压不定时发生突降，最低310 mV，如图2－141所示。

2. 检查相同时间相邻区段电压。北头相邻区段41DG为25 Hz轨道电路，轨道电压非常平稳无任何波动，如图2－142所示。

南头相邻区段68DG为ZPW-2000系列轨道电路，轨出1电压也平稳看不出异常变化，如图2－143所示。

3. 分析4G历史电压曲线。查4G前期电压曲线，发现当日06:05:15，4G在分路状态，分路电压由6 mV上升到23 mV，并一直维持在23 mV上下波动，如图2－144所示。

4. 分析相邻区段历史电压曲线。北头相邻区段41DG轨道电压非常平稳无任何波动。南头相邻区段68DG当日06:05:15在空闲状态，轨出1电压有一下降尖波，电压由557 mV下降到550 mV，如图2－145所示。

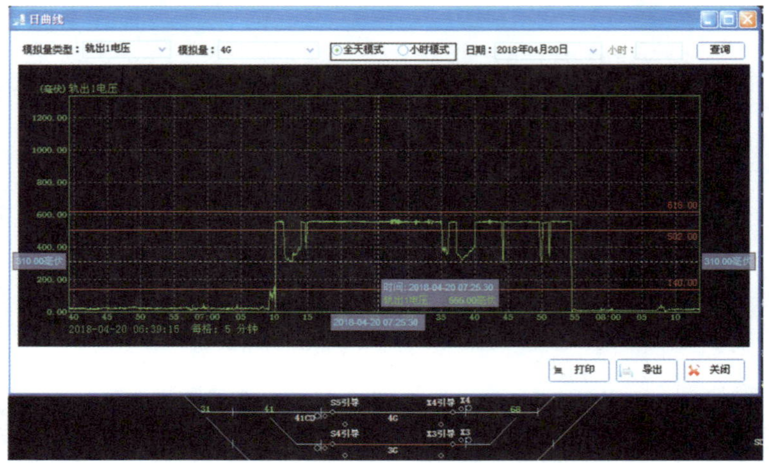

图 2－141　4G 电压曲线

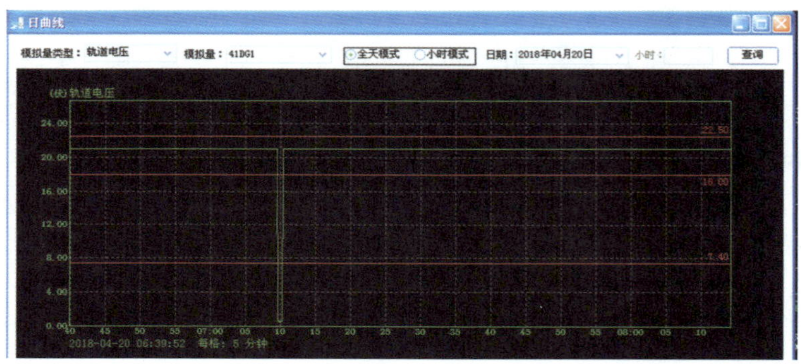

图 2－142　41DG 电压曲线

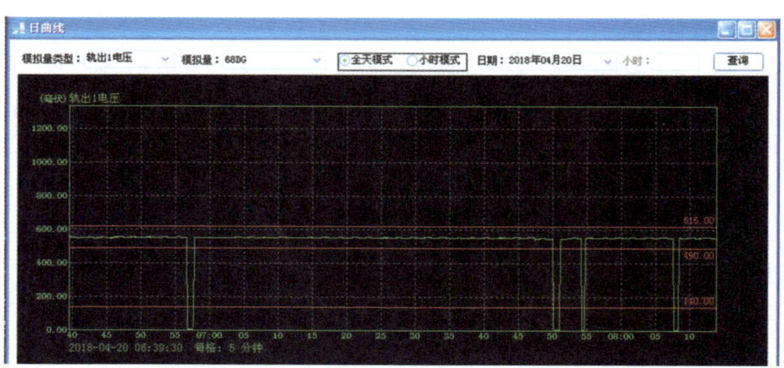

图 2－143　68DG 电压曲线

监测分析原因为 4G 与 68DG 公共绝缘损伤。68DG 送电端电压通过损伤的绝缘侵入 4G 受电端，导致 4G 分路电压波动，同时 68DG 送电端电压被分流，导致本区段受端电压稍微下降。

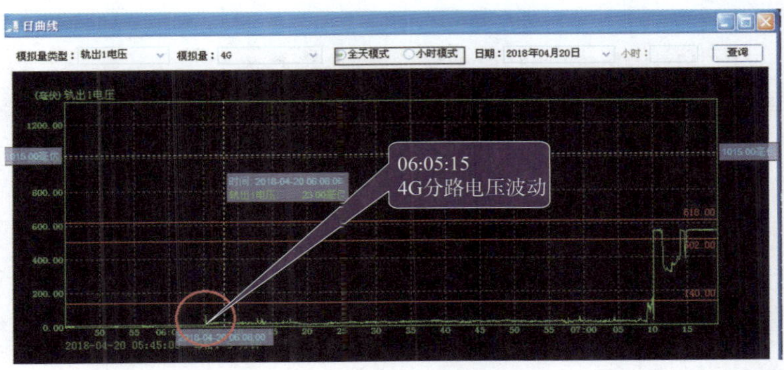

图 2－144　前期 4G 电压曲线

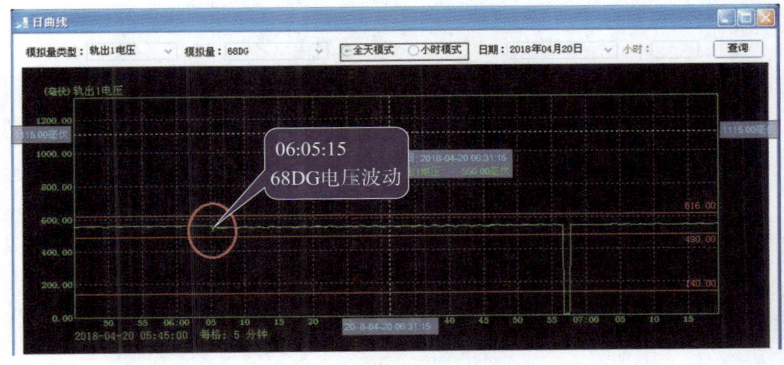

图 2－145　前期 68DG 电压曲线

（三）检查处理

根据分析情况，段指挥中心组织该站应急处理人员在室内进行测试，在室内接收端防雷模拟网络盘"电缆"侧测试本频和邻频电压，测试数据见表 2－4。

表 2－4　室内接收端防雷模拟网络盘"电缆"侧测试电压

设备名称	测试数值	
	中心频	电压值(V)
4G-JS	2000-Ⅱ(邻频)	1.612
	2600-Ⅱ(本频)	26.23
68DG-FS	2000-Ⅱ(本频)	76.93
	2600-Ⅱ(邻频)	2.179
68DG-JS	2000-Ⅱ(本频)	40.1
	2600-Ⅱ(邻频)	0.47
2G-JS	2000-Ⅱ(邻频)	0.132
	2600-Ⅱ(本频)	14.8
62DG-JS	2000-Ⅱ(邻频)	0.106
	2600-Ⅱ(本频)	39.52

同时为了对比，对正常区段 2G、62DG 也进行了测试。从测试数据可以看出，4G 接收中 2000-Ⅱ（邻频，68DG）干扰电压达 1.612 V，68DG 接收中 2600-Ⅱ（邻频，4G）干扰电压达 0.47 V，大幅度高于正常情况下干扰值。测试情况表明 4G 接收端和 68DG 发送端存在较高的相互干扰电压值。

根据分析和测试情况，申请要点上道检查。应急处理人员在 4G 南头发现 4G 与 68DG 公共绝缘节有拉弧灼伤痕迹（图 2—146）。测试东边绝缘节轨头电压 4.89 V，4G 对接头夹板（鱼尾板）电压 2.1 V，68DG 对鱼尾板电压 2.8 V。测试西边绝缘节轨头电压 3.6 V，4G 对鱼尾板电压0.6 V，68DG 对鱼尾板电压 0.6 V。判断南头 4G 与 68DG 公共绝缘东边绝缘损伤。

图 2—146　南头 4G 与 68DG 公共绝缘节拉弧灼伤痕迹

考虑到接收器具备选频功能，干扰电压不会造成继电器错误动作，绝缘也只是受到损伤，并未损坏失去绝缘作用，指挥人员决定联系工务在当晚天窗时段内进行绝缘更换。

在天窗时间内，更换了南头 4G 与 68DG 公共绝缘东边绝缘，在室内防雷模拟网络盘“电缆”端子测试邻频干扰电压不大于 0.1 V，干扰基本消除，4G 电压平稳，如图 2—147 所示。

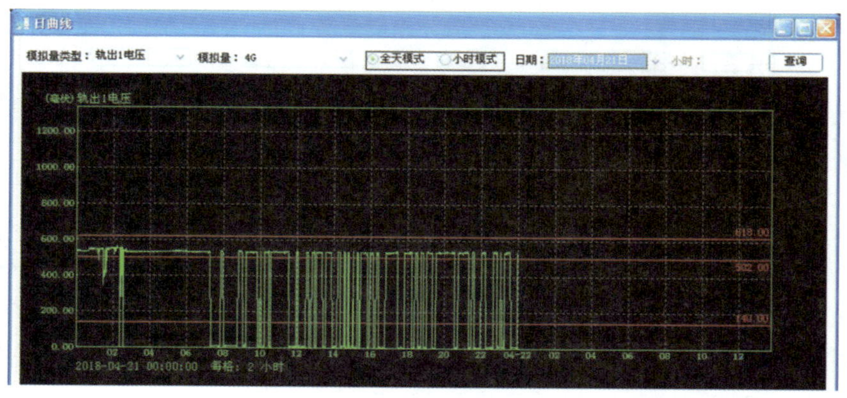

图 2—147　处理后 4G 电压曲线

（四）总结

1. ZPW-2000 区段机械绝缘不良时，同为 ZPW-2000 区段的相邻区段，电压变化不明显，细微的电压变化就必须引起高度重视。

2. 详细的测试数据是正确判断的依据，分析与测试数据相互佐证才能得出正确的判断结论。

十三、某高铁站防雷模拟网络盒不良

（一）案例概况

1 月 3 日 21:30，某高铁线路所的 15BG 红光带，发送器发送电流、电压超限报警，22:20，更换发送端防雷网络模拟盒后红光带恢复。

（二）监测数据分析

1. 监测实时报警分析

1 月 3 日 21:30，监测语音报警：一级报警，移频轨道电路移频发送器发送电压模拟量超下限，报警内容如图 2—148 所示。

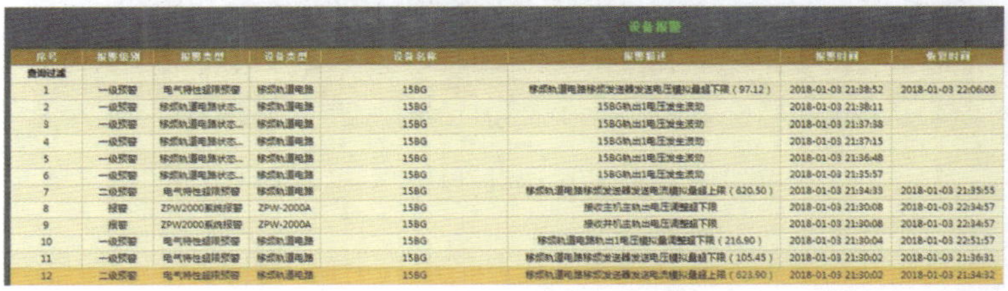

设备报警

序号	报警级别	报警类型	设备类型	设备名称	报警描述	报警时间	恢复时间
查询过滤							
1	一级预警	电气特性超限预警	移频轨道电路	15BG	移频轨道电路移频发送器发送电压模拟量超下限（97.12）	2018-01-03 21:38:52	2018-01-03 22:06:08
2	一级预警	移频轨道电路状态…	移频轨道电路	15BG	15BG轨出1电压发生波动	2018-01-03 21:38:11	
3	一级预警	移频轨道电路状态…	移频轨道电路	15BG	15BG轨出1电压发生波动	2018-01-03 21:37:38	
4	一级预警	移频轨道电路状态…	移频轨道电路	15BG	15BG轨出1电压发生波动	2018-01-03 21:37:15	
5	一级预警	移频轨道电路状态…	移频轨道电路	15BG	15BG轨出1电压发生波动	2018-01-03 21:36:48	
6	一级预警	移频轨道电路状态…	移频轨道电路	15BG	15BG轨出1电压发生波动	2018-01-03 21:35:57	
7	二级预警	电气特性超限预警	移频轨道电路	15BG	移频轨道电路移频发送器发送电流模拟量超上限（620.50）	2018-01-03 21:34:33	2018-01-03 21:35:55
8	报警	ZPW2000系统报警	ZPW-2000A	15BG	接收主机主轨出电压调整超下限	2018-01-03 21:30:08	2018-01-03 22:34:57
9	报警	ZPW2000系统报警	ZPW-2000A	15BG	接收并机主轨出电压调整超下限	2018-01-03 21:30:08	2018-01-03 22:34:57
10	一级预警	电气特性超限预警	移频轨道电路	15BG	移频轨道电路轨出1电压模拟量调整超下限（216.90）	2018-01-03 21:30:04	2018-01-03 22:51:57
11	一级预警	电气特性超限预警	移频轨道电路	15BG	移频轨道电路移频发送器发送电压模拟量超下限（105.45）	2018-01-03 21:30:02	2018-01-03 21:36:31
12	二级预警	电气特性超限预警	移频轨道电路	15BG	移频轨道电路移频发送器发送电流模拟量超上限（623.90）	2018-01-03 21:30:02	2018-01-03 21:34:32

图 2—148 设备报警

2. 查看设备状态

查看列控维修机移频柜状态图，各项设备状态灯均正常（图 2—149）。

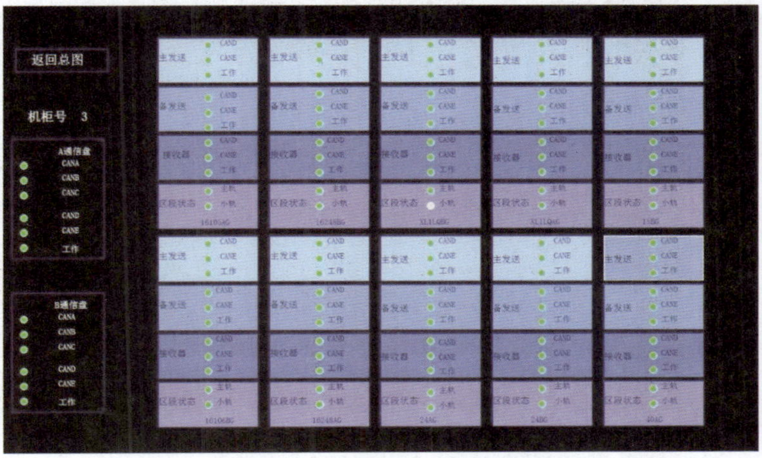

图 2—149 列控维修机移频柜状态

3. 监测曲线分析

发送功出曲线显示 21:30 发送器电压由 152 V 下降至 104 V,发送电流由 407 mA 上升至 627 mA,并随后发生异常的毛刺状波动,该区段轨出 1 电压由 306 mV 下降至 216 mV,如图 2—150 所示。

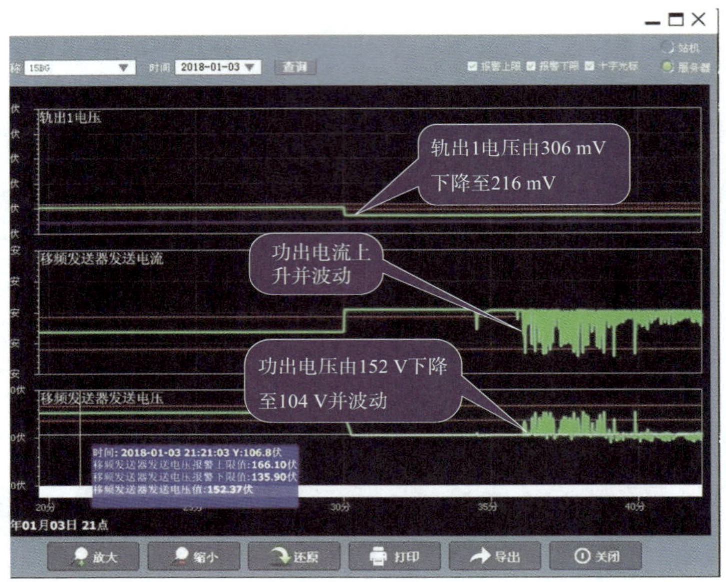

图 2—150 15BG 故障时电压、电流曲线

查运行前方相邻区段 15AG 小轨电压,由 150 mV 下降到 100 mV,如图 2—151 所示。

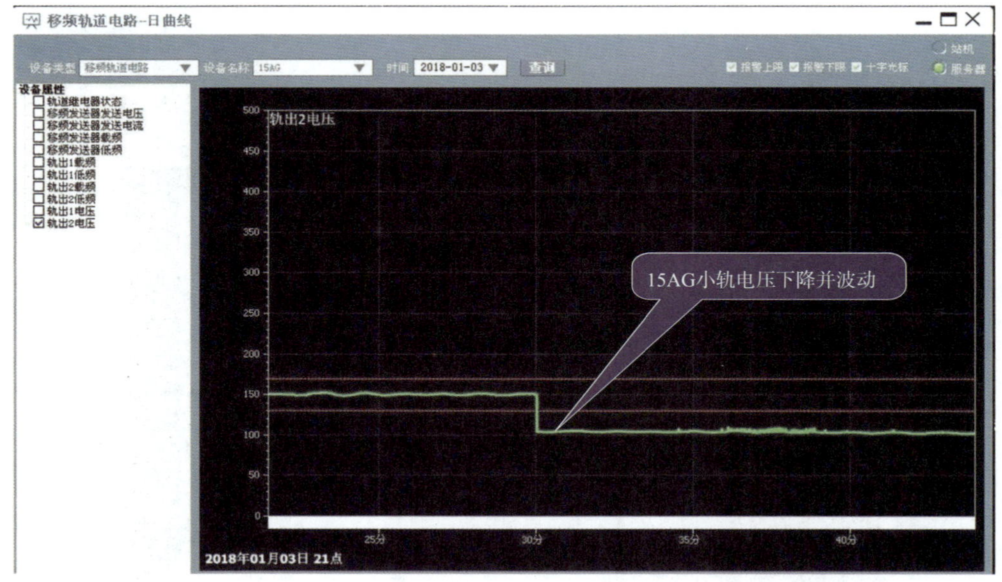

图 2—151 15AG 小轨电压曲线

本区段主轨道电压与相邻小轨道电压同时下降，本区段功出电流升高，判断为本区段发送端短路造成。

（三）检查处理

值班人员到达现场后，发现主发送盒工作灯闪红，切换到备用发送器后备发送工作灯依旧闪红，说明发送器正常。拔下发送端防雷模拟网络盒后，发送器工作灯恢复正常，更换15BG发送端防雷模拟网络盘后恢复正常。

（四）总结

1. 集中监测采集ZPW-2000系列轨道电路室内设备的工作数据较多，如电压、电流、低频、载频、CAN通信状态等，在分析故障的时候，要结合多个数据进行判断。

2. ZPW-2000系列轨道电路是无绝缘轨道电路，在分析数据的时候，要结合本区段、前方区段、后方区段的数据一起分析。

十四、某高铁站14337BG调谐匹配单元不良故障

（一）故障概况

某日14:28，某站下行线14337BG红光带，15:39工务签认设备正常，15:43电务签认设备恢复正常，原因是14337BG发送端调谐匹配单元不良。

（二）监测数据分析

1. 列车通过后14337BG红光带不消失。主轨出电压9 mV（正常值359 mV），小轨电压正常，如图2—152所示。

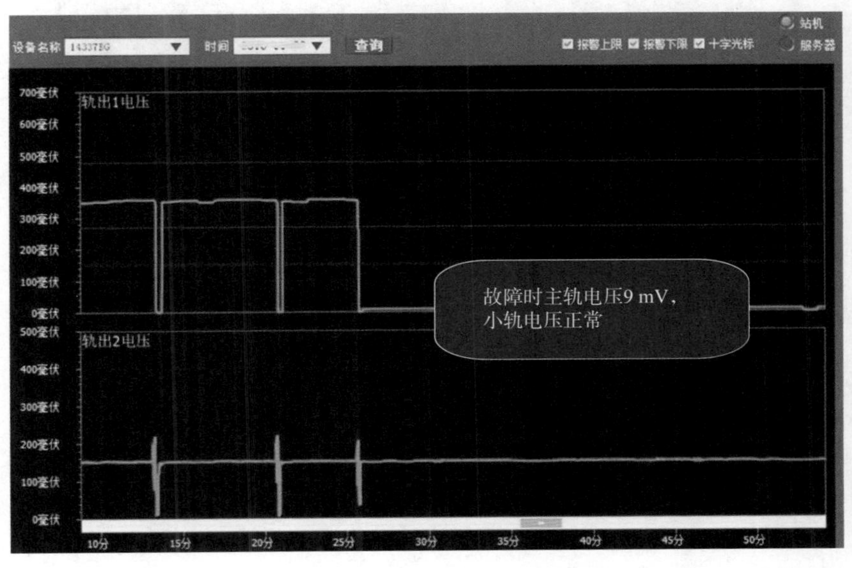

图2—152　14337BG红光带时主轨、小轨电压曲线

2. 故障时发送器发送电压由正常时 154.6 V 下降到 150.5 V(图 2－153),下降幅度 2.7%。

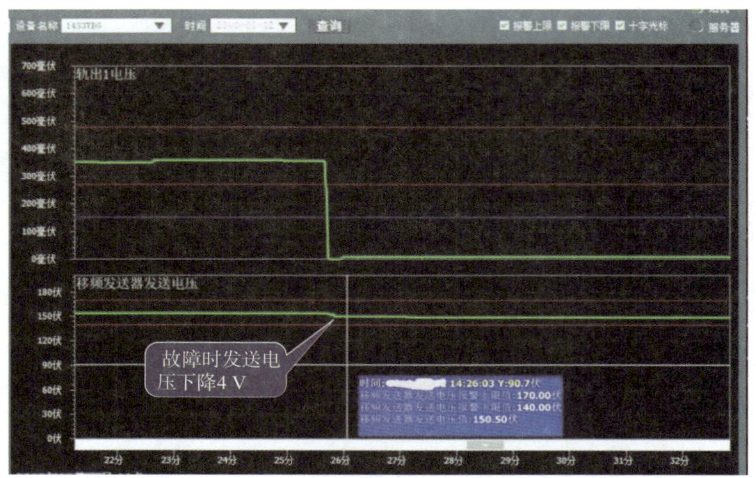

图 2－153　14337BG 发送电压曲线

3. 故障时发送器发送电流由正常时 358.5 mA 上升到 540.7 mA(图 2－154),上升幅度 50.1%。

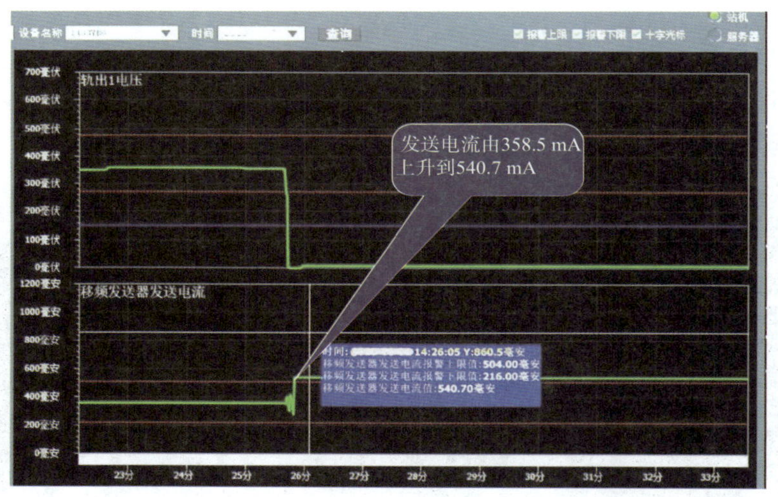

图 2－154　14337BG 发送电流曲线

4. 故障时列车运行前方 14337AG 主轨电压正常,小轨电压 5.6 mV(正常为 145.5 mV),如图 2－155 所示。

5. 数据分析

(1)根据监测数据,14337BG 故障时其衰耗器上测主轨出电压 9 mV(正常值 359 mV),小轨电压正常,可以排除接收端设备问题。列车运行前方 14337AG 衰耗器上测主轨电压正常,小轨电压 5.6 mV(正常为 145.5 mV),可以判断故障范围在轨道发送端(室内至轨面)。

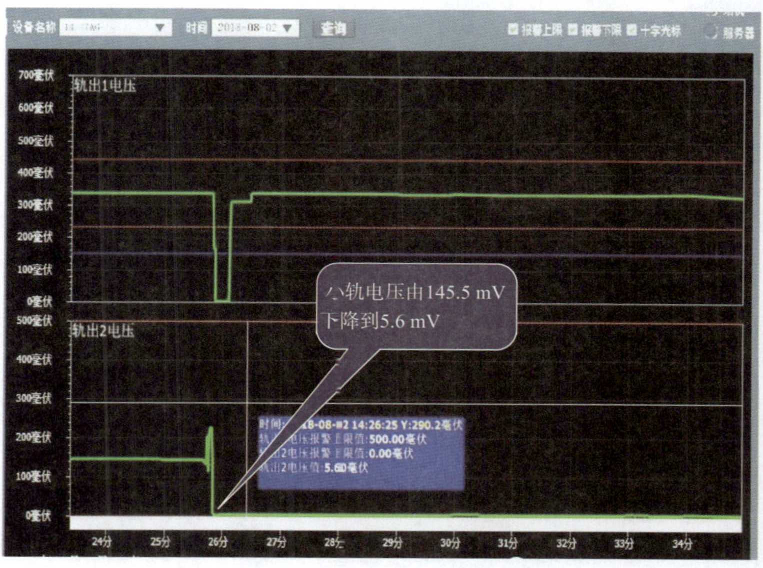

图 2－155　运行前方 14337AG 小轨电压曲线

(2)14337BG 区段载频 2 300 Hz，故障时发送器发送电压由正常时 154.6 V 下降到 150.5 V，发送电流由正常时 358.5 mA 上升到 540.7 mA，如图 2－156 所示，根据《ZPW-2000A 轨道电路发送端电缆及 PT 内匹配变压器开路、短路对发送功出电压和电流的影响分析》提供的仿真测试数据和监测数据进行对比分析(距离为电缆芯线长度加模拟网络盒补偿长度之和)，发送功出电压比正常值仅下降 4.1 V，说明一是短路故障，二是距离室内发送端最远。

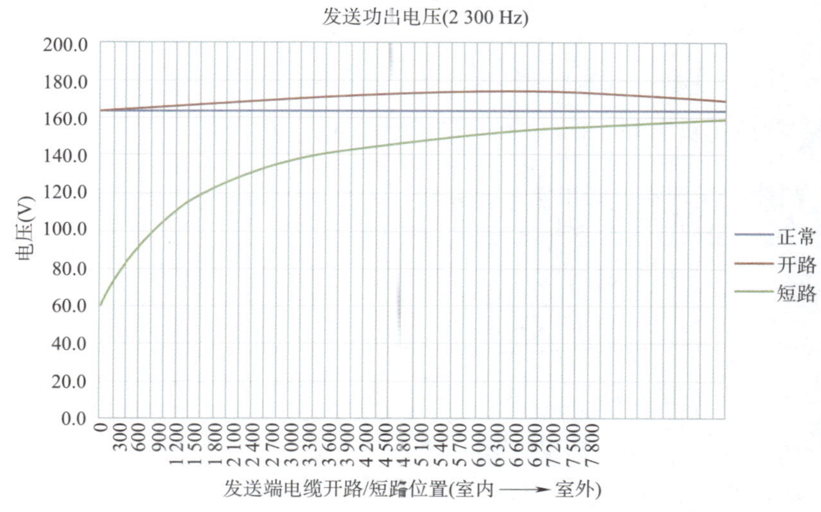

图 2－156　送端电缆开、短路发送功出电压曲线

14337BG 故障时发送器发送电流由正常时 358.5 mA 上升到 540.7 mA，升高 182.2 mA，如图 2－157 所示，说明一是短路故障，二是短路点距离室内发送端约 6 000～6 300 m。

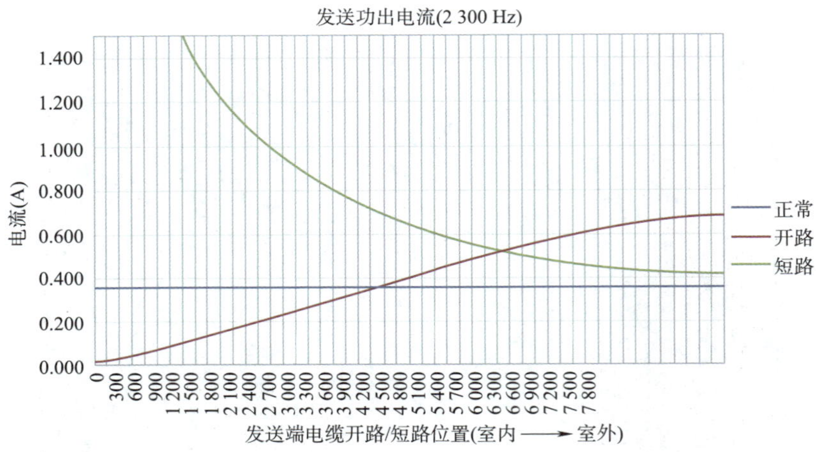

图 2—157　送端电缆开、短路发送功出电流曲线

14337BG 故障时发送器发送电压由正常时 154.6 V 下降到 150.5 V，低于 162 V，如图 2—158 所示，说明匹配调谐单元 E1E2 侧短路。

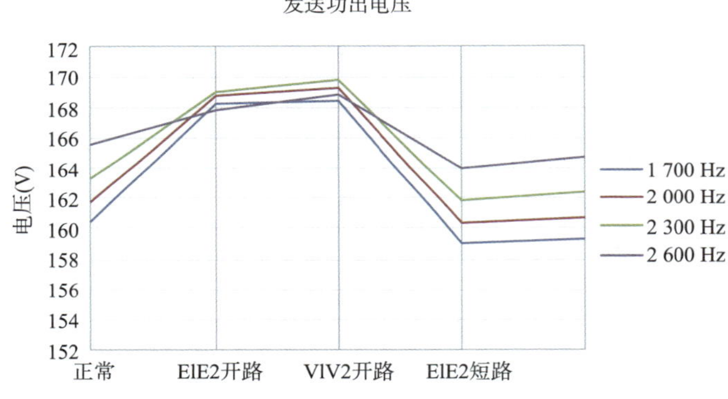

图 2—158　电缆补偿全长 10 km，匹配变压器两侧开路、短路发送功出电压曲线

14337BG 故障时发送器发送电流由正常时 358.5 mA 上升到 540.7 mA，如图 2—159 所示，上升 182.2 mA，说明匹配调谐单元 E1E2 侧开路。

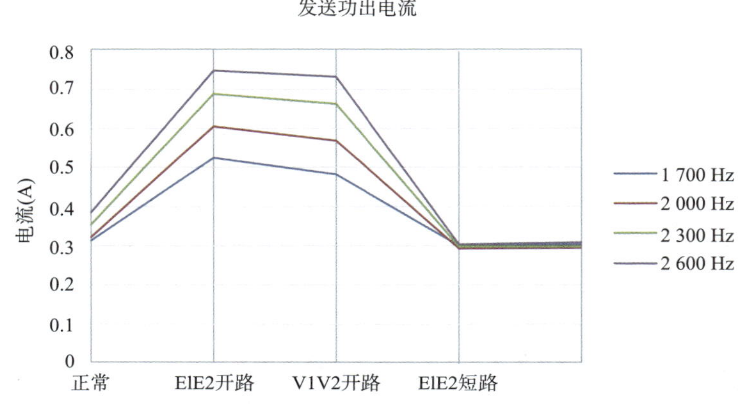

图 2—159　电缆补偿全长 10 km，匹配变压器两侧开路、短路发送功出电流曲线

(3)综上数据分析，问题点在发送室外设备，其中三项对比数据为室外短路故障，一项对比数据为室外开路故障，故重点查找室外设备及电缆芯线短路点。

(三)检查处理

1. 应急处理人员携带调谐匹配单元赶往 14337BG 送电端，测试轨面电压 170 mV，调谐匹配单元电缆侧电压 458 mV，甩开 E1、E2 端子测试电缆芯线空载电压 170 V(图 2－160)，证明送端调谐匹配单元短路。更换送端调谐匹配单元后轨道电路各项测试参数恢复正常。

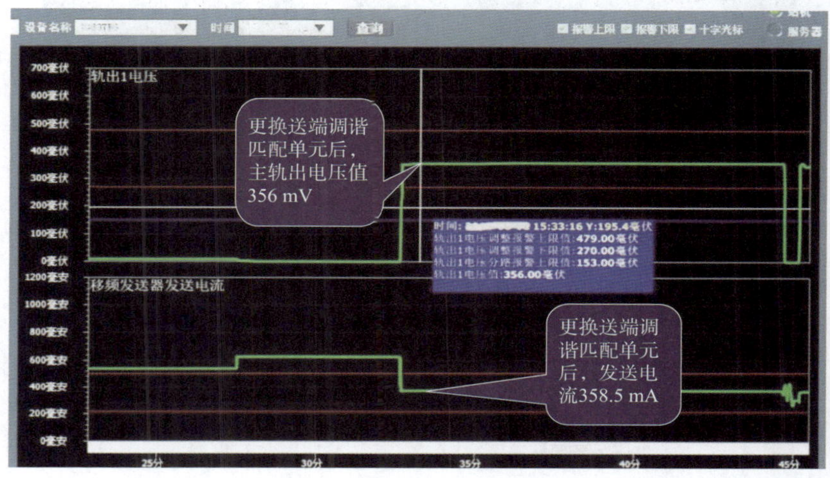

图 2－160　更换送端调匹单元后 14337BG 轨出 1 电压和发送电流曲线

2. 器材鉴定情况

(1)电容器：单频频率 40 Hz、电压 1.49 V、E1-E2 端电压 0.14 V(标准 7.5～11 V)不合格。

(2)线圈：单频频率 2 000 Hz、电压 3.0 V、E1-E2 端电压 0.69 V(标准 14～17 V)不合格。

结论：该 ZPW・PT-2300 调谐匹配单元两项指标不合格，该调谐匹配单元不合格(该 ZPW・PT-2300 调谐单元为返厂修器材)。

(四)总结

1. 本区段主轨电压异常，小轨电压正常，相邻区段小轨电压异常，可怀疑为发送侧设备或电缆芯线异常。

2. 分析对比送端电缆开、短路时发送功出电压曲线、功出电流曲线，匹配变压器两侧开路、短路的发送功出电压曲线、功出电流曲线对于缩小故障范围，压缩处理时间至关重要。

十五、某高铁站发送盒不良造成 11705G 区段红光带

(一)故障概况

9 月 3 日 08:59，某高速线中继站 5 管内 CTC 显示 11705G 红光带，监测终端显示 11705A/BG 显红光带。查找原因为 11705AG 主发送盒不良，更换后恢复。

（二）集中监测数据分析

1. 故障时监测终端显示 11705BG 编码信息为灰色，检查该区段低频信息为检测码 27.9 Hz，接收电压与正常值一致，11705AG 红光带，接收入口主轨电压 180 mV（图 2－161）。因 11705AG 红光带导致 11705BG 发送检测码 27.9 Hz，故障发生在 11705AG。

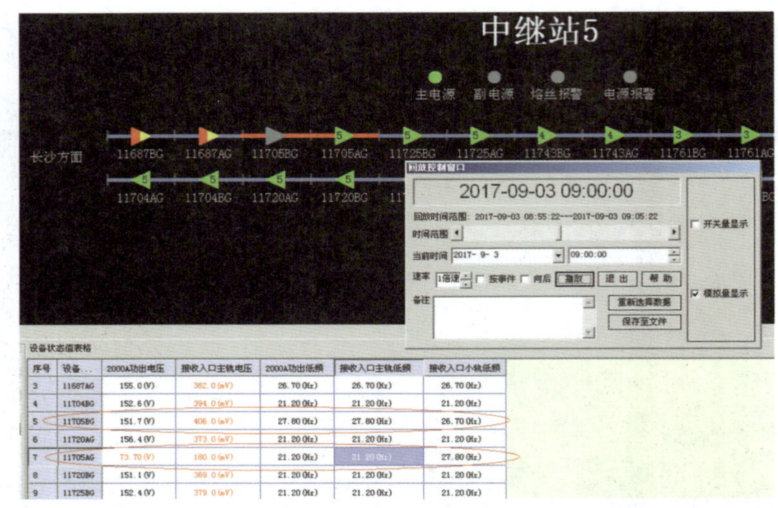

序号	设备...	2000A功出电压	接收入口主轨电压	2000A功出低频	接收入口主轨低频	接收入口小轨低频
3	11687AG	155.0(V)	382.0(mV)	26.70(Hz)	26.70(Hz)	26.70(Hz)
4	11704BG	152.6(V)	394.0(mV)	21.20(Hz)	21.20(Hz)	21.20(Hz)
5	11705BG	151.7(V)	406.0(mV)	27.80(Hz)	27.80(Hz)	26.70(Hz)
6	11720AG	156.4(V)	373.0(mV)	21.20(Hz)	21.20(Hz)	21.20(Hz)
7	11705AG	73.70(V)	180.0(mV)	21.20(Hz)	21.20(Hz)	27.80(Hz)
8	11720BG	151.1(V)	369.0(mV)	21.20(Hz)	21.20(Hz)	21.20(Hz)
9	11725BG	152.4(V)	379.0(mV)	21.20(Hz)	21.20(Hz)	21.20(Hz)

图 2－161　中继站 5 故障时显示及相关数据

2. 调阅 11705AG 故障时模拟量数据，11705AG 发送电压 73.7 V，且频繁波动（正常值 157 V）、接收入口主轨电压 180.0 mV（正常值 403 mV），如图 2－162 所示。

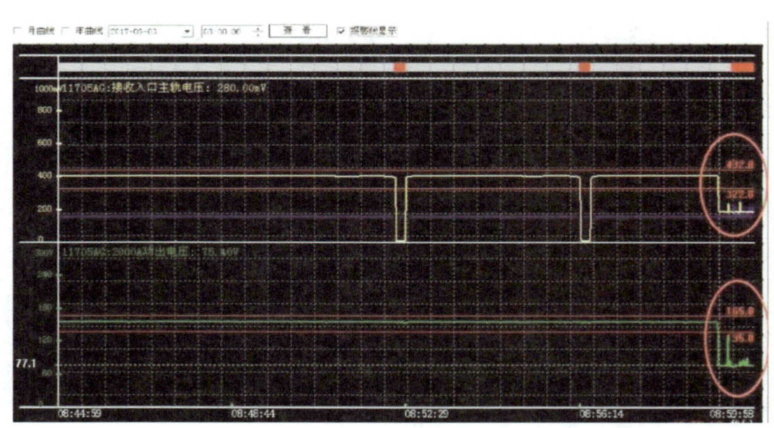

图 2－162　11705AG 故障时发送电压和接收入口主轨电压曲线

3. 综合分析为 11705AG 主发送盒不良，因发送器功出电压下降不足 70%时，通常不会自动切换至＋1 冗余发送器（11705AG 发送电压由正常值 157 V 下降到 73.7 V，下降了 83.7 V，下降幅度为 53.1%），而主发送器运用状态不正常，功出电压下降，导致接收入口主轨电压（180 mV）低于接收盒工作值。

（三）处理

应急处理人员到机械室更换 11705AG 主发送盒后设备恢复正常。

（四）总结

1. 区间自动闭塞分区分割点 AG、BG 同时红光带，首先要调阅数据，并结合 ZPW-2000 系列轨道电路工作原理，以确定具体故障区段。

2. 发送功出电压频繁波动下降，而主发送器不能自动切换到备发送器时，应急人员要详细分析移频状态图、功出电压、功出电流、主轨出、小轨出的变化规律，逐一排除问题点。

十六、某高铁站 12260AG 发送盒不良红光带故障

（一）故障概况

某日 15:19，某区间上行线 12260AG 闪现红光带。15:29 电务签认设备恢复正常。16:16，12260AG 再次闪现红光带，16:26 电务签认设备恢复正常。查找原因为 12260AG 发送器不良。

（二）集中监测数据分析

1. 本区段主轨、小轨电压分析

15:19:38，12260AG 接收入口主轨电压由 452 mV 下降到 186 mV，之后在 186～243 mV 间抖动，区段红光带。

15:20:52，12260AG 接收入口主轨电压由 186 mV 上升到 386 mV，红光带消失。

15:21:46，12260AG 接收入口主轨电压自 386 mV 下降到 186 mV，之后在 186～243 mV 间抖动，区段红光带。

12260AG 红光带时本区段接收入口小轨电压 156 mV 无变化（图 2－163）。

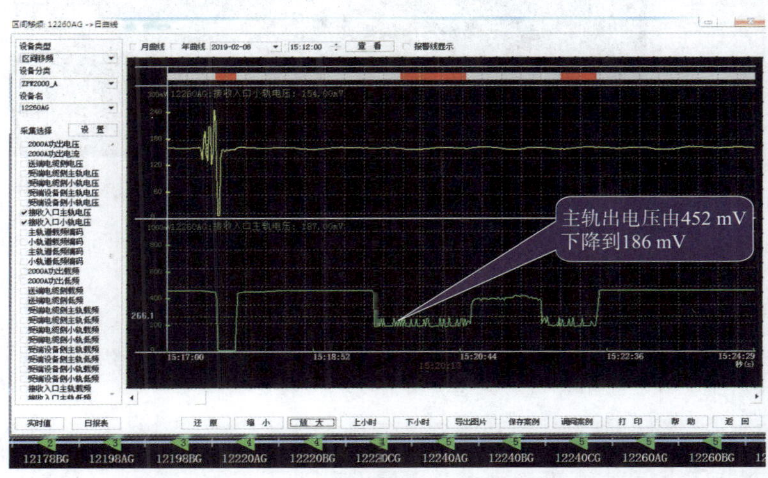

图 2－163　故障时 12260AG 接收入口主、小轨电压曲线

2. 功出电压、电流分析

12260AG 红光带时移频发送功出电压由 151 V 下降到 74.2 V 并在 74.2～136.6 V 间波动，移频发送电流由 307 mA 下降到 227 mA 并在 53～227 mA 间波动(图 2－164)。

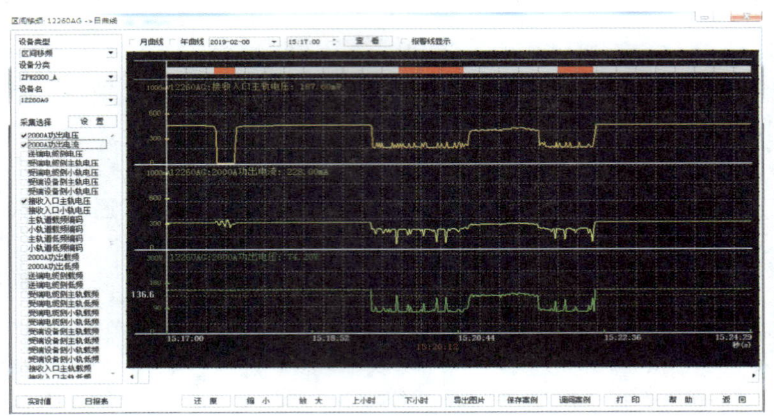

图 1－164　故障时 12260AG 功出电压、电流曲线

3. 前方区段小轨电压分析

12260AG 故障时，运行前方区段 12240CG 接收入口小轨电压由 147 mV 下降到 61 mV，之后在 61～86.7 mV 间波动(图 2－165)。

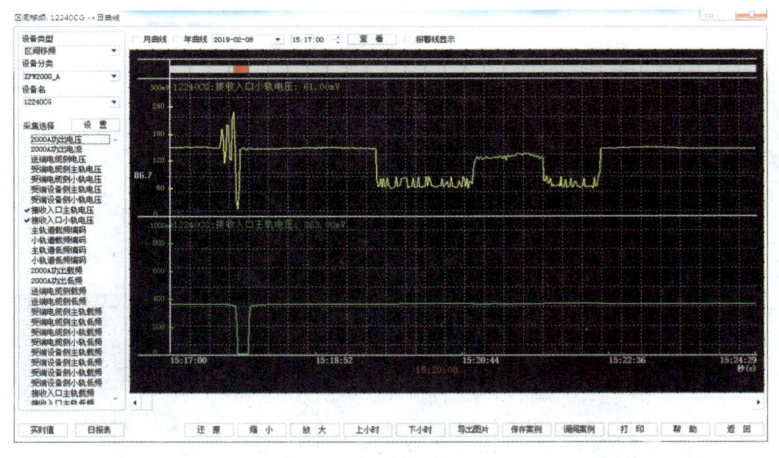

图 2－165　12260AG 故障时，运行前方区段 12240CG 接收入口小轨电压曲线

4. 移频机柜工作状态

12260AG“主 FS 状态”“主 FSCAND”“主 FSCANE”工作状态显示正常(图 2－166)，故障时发送器未发生切换。

5. 故障时 12260AG 区段主轨电压下降，前方 12240CG 区段小轨电压下降，本区段解调的小轨电压稳定，根据五点电压分析法可以判定是发送通道故障。本区段移频状态图上主发送器状态正常，说明没有切换到备发送器，同时发送功出电压、电流同时下降，可以怀疑是主发送器故障导致红光带。

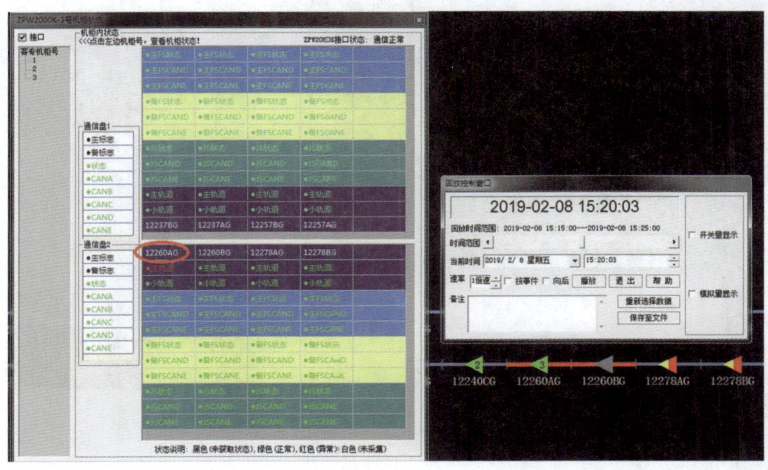

图 2－166　故障时 12260AG 发送器工作状态

（三）现场处理

应急处理人员 16:25 更换 12260AG 主发送器后，设备恢复正常。后经分析为 12260AG 主发送器内部元器件不良，造成 12260AG 发送功出电压突降至 73 V，主发送器瞬间工作状态异常，但功出电压没有降至转换的门限值，故主发送器没有转换至备发送器工作，导致 12260AG 红光带。

（四）总结

1. 发生 ZPW-2000 系列轨道电路红光带时，首先根据本区段主轨、小轨电压，前方区段小轨电压变化情况分析判断故障的范围是发送通道，还是接收通道问题。

2. 主发送器移频率状态图正常，容易误导处理人员的判断，因此要同时分析发送功出电压、电流曲线来确定是主发送器的问题。

十七、某高铁中继站发送盒不良造成多个区段红光带故障

（一）故障概况

7 月 24 日 05:55 至 06:36，某中继站管内 14541AG、14541BG、14561AG、14561BG、14561CG、14564BG、14564CG、14564DG、14584AG、14584BG 共十个区段闪红光带。主要原因是 7 月 23 日 14541BG 主发送盒报警“设备工作状态故障”，移频机柜 3 的 1 主 FS(对应 14541BG)“状态”灯亮红灯(图 2－167、图 2－168)。工区利用 7 月 24 日天窗更换 14541BG 主发送盒后闪现红光带。

（二）监测数据分析

1. 根据报警，工区怀疑是发送器模块故障导致报警，然后利用天窗对 14541BG 主发送盒进行更换，更换后有 10 个区段闪现红光带(图 2－169)。

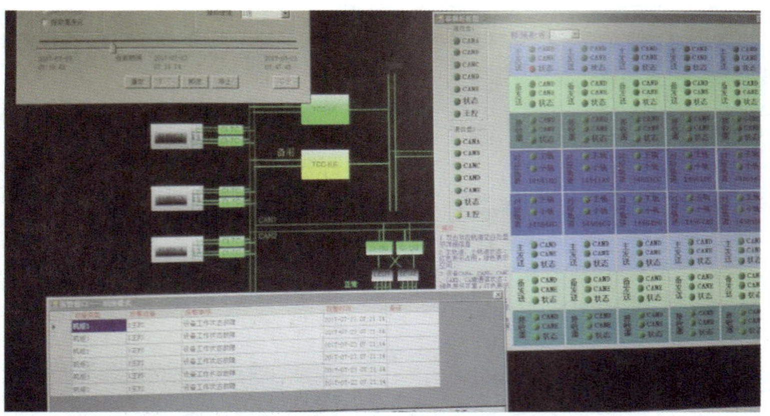

图 2－167　14541BG 主 FS 更换前移频轨状态

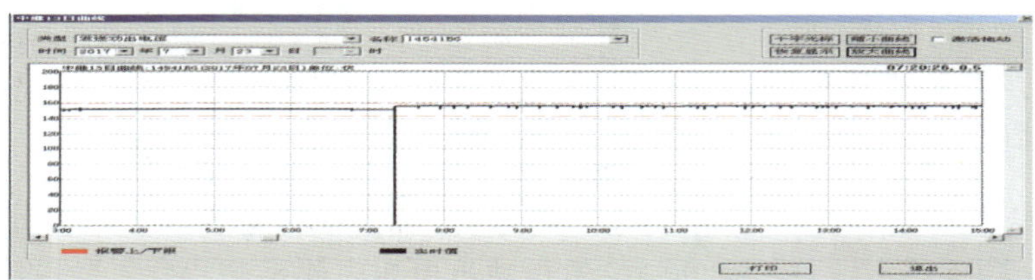

图 2－168　14541BG 主 FS 更换前的功出电压曲线

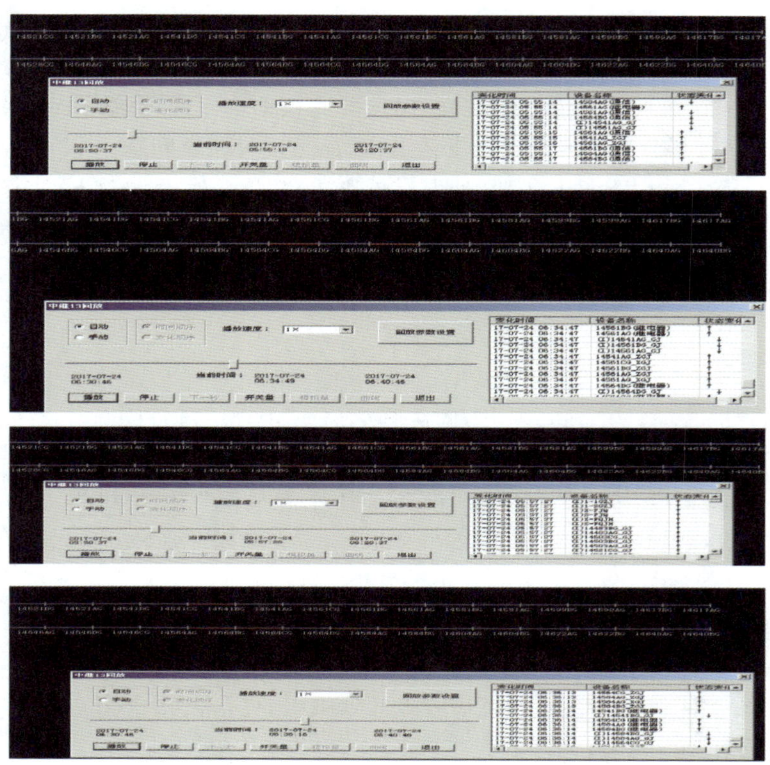

图 2－169　14541BG 主 FS 更换后 10 个区段闪红光带

2. 查看列控维修机故障报警，7 月 24 日 05:53:01 机柜 3 的 1(14541BG)主 FS 再次出现设备工作状态报警，“状态”灯亮红灯，如图 2—170 所示。

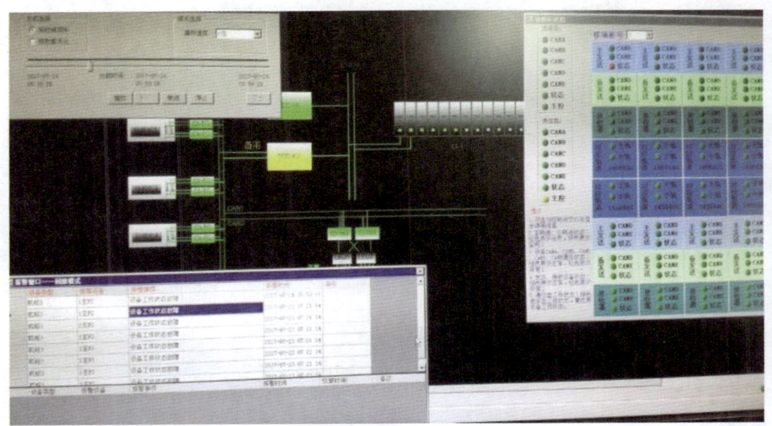

图 2—170　14541BG 主 FS 更换后移频状态报警

3. 05:53:08 机柜 3 的 1(14541BG)主 FS 的“CANE”灯亮红灯，如图 2—171 所示。

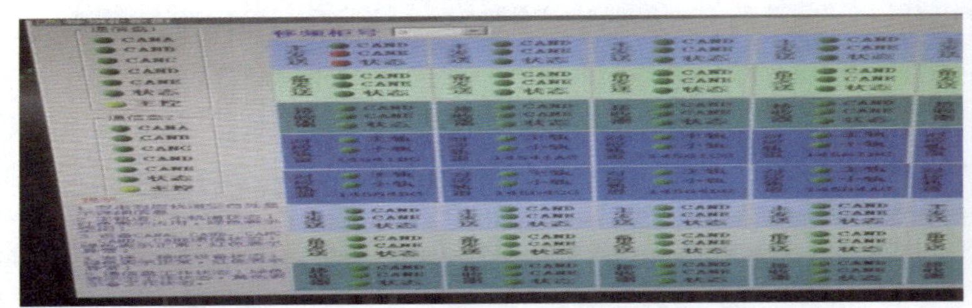

图 2—171　14541BG 主 FS 更换后 CANE 灯亮红灯

4. 05:54:40 机柜 3 的通信盘 1、通信盘 2、上述 10 个区段的主 FS、备 FS、接收器的 CANE 灯全部亮红灯，如图 2—172 所示。

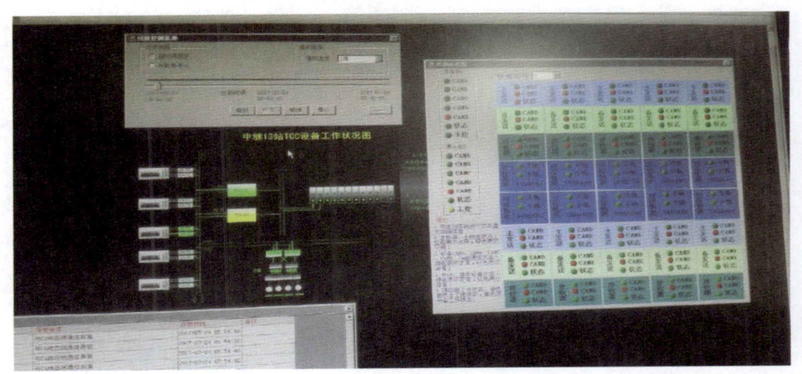

图 2—172　14541BG 主 FS 更换后 10 个闭塞分区主、备 FS、接收器 CANE 灯全亮红灯

5. 05:55 上述 10 个区段闪现红光带，发送盒的发送功出电压全部不能正常输出，如

图 2—173 所示。

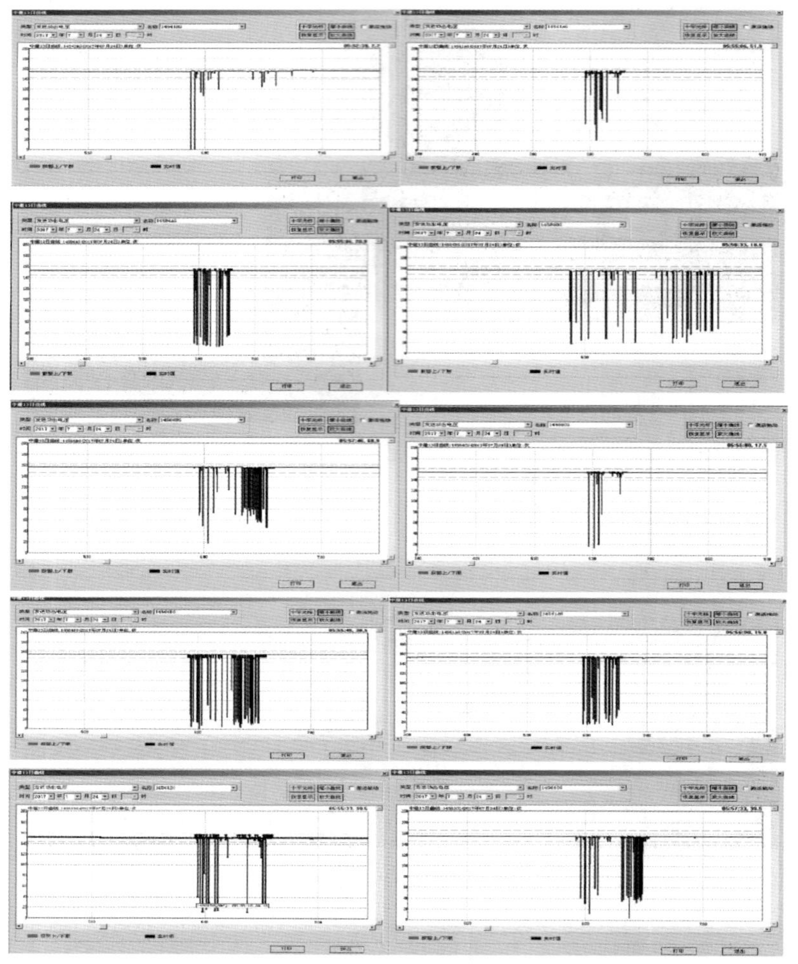

图 2—173　14541BG 主 FS 更换后十个闭塞分区闪红光带时发送功出电压波动

查看以上列控系统报警，现场 7 月 24 日天窗点内更换 14541BG 主发送盒前，只有"设备工作状态"报警和"通信状态"报警。分析原因：现场更换 14541BG 发送盒前操作不规范（发送器更换时断路器不断电），造成 14541BG 的主 FS 的 CANE 线短路，从而同一个机柜（机柜 3）的 10 个区段的主 FS、备 FS、接收器的 CANE 全部短路（CANE 亮红灯），造成前述 10 个区段发送盒发送功出电压不能正常输出，出现闪红光带。

（三）检查处理

现场处理人员再次更换 14541BG 主发送盒后设备恢复正常。

（四）总结

发送器（接收器）因工作不稳定导致产生报警情况在现场频繁出现。报警出现的形式有：发送器（接收器）工作状态报警、移频柜 CAND（CANE）通信报警、发送器无输出、接收器不工作等现象，这些故障出现时会以一种形式出现或者多种形式并存。处理的思路是更换报警的设备或者逐个更换 CAND(CANE)总线上的设备。处理时注意要断开移频柜后面的发送器(接收器)断路器，防止因错误操作引起 CAN 通信异常，造成总线上的其他设备工作不稳，引起大面积红光带故障。

十八、某高铁站 14078BG 电缆混线红光带故障

(一)案例概况

1 月 3 日 06:13—07:40，京广高铁中继 11 站上行线 14078G 红光带。

1 月 4 日 10:02—10:24、11:41—11:52，12:13—13:05 该区段多次闪红光带。13:15 再次瞬间红光带，14:49 签认设备恢复正常，同时申请岳阳东—赤壁北间上行 K1407＋751 至 K1405＋521 处限速 45 km/h，15:50 登记恢复常速，故障位置示意如图 2－174 所示。

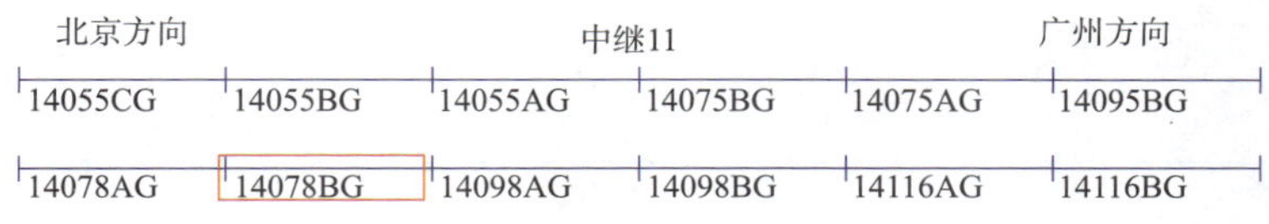

图 2－174　14078BG 现场位置

(二)监测曲线分析

1. 1 月 3 日 06:13，14078BG 故障时轨出 1 电压为 6.9 mV(正常值 453 mV)，轨出 2 电压为 3.8 mV(正常值为 147 mV)，移频发送电压 150 V(正常)无变化；07:28 左右故障自动恢复，以上参数回归正常值，如图 2－175 所示。

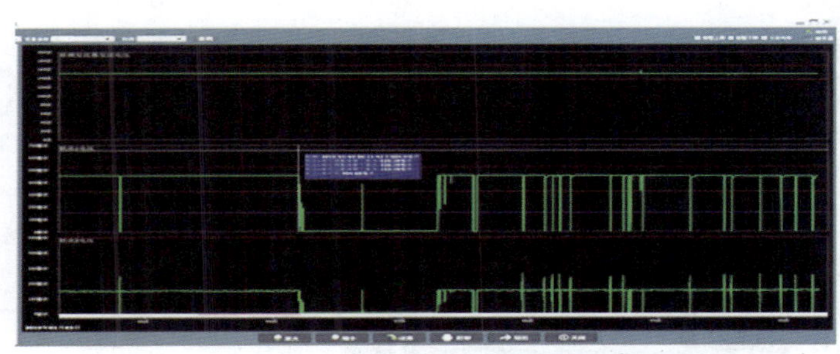

图 2－175　14078BG 主轨、小轨电压曲线

2. 1 月 3 日 06:13，14078BG 故障时移频发送电流 304 mA(正常 315 mA)；07:28 左右故障自动恢复，以上参数回归正常值，如图 2－176 所示。

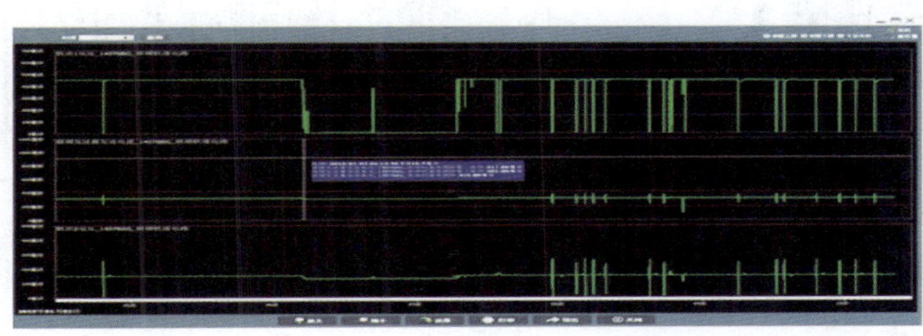

图 2－176　14078BG 故障临时恢复时的曲线

3. 通过对 14078BG 主轨、小轨电压曲线，14078AG（图略）小轨电压曲线分析可以判定故障范围在 14078BG 接收通道。

（三）现场处理

1. 处理人员到现场之后首先测试了故障区段接收端正常时、故障时、模拟故障（在接收端 E1、E2 处电缆短路）数据见表 2－5。

表 2－5　三种状态下的轨道数据

序号	后方相邻区段 14098AG	故障区段 14078BG				前方相邻区段 14078AG
	主轨出（mV）	发送电压（V）	发送电流（mA）	主轨出（mV）	小轨出（mV）	主轨出（mV）
正常	436	152	323	446	156	447
故障	436	152	303	0	0	447
模拟	436	152	306	0	0	447

故障时数据特点为：

（1）14078BG 主轨出和小轨出电压同时下降为 0 V；

（2）14078BG 前后方相邻区段主轨出电压保持不变；

（3）14078BG 功出电流下降 11 mA。

根据上述数据特点及现场测试情况可以确定 14078BG 故障点在接收端通道。

2. 故障时测试 14078BG 接收端模拟网络电缆侧电压降低至 0.1 V，可以判断故障点在接收端室外通道。现场处理人员更换室内模拟网络盒，红光带恰好在此时恢复。

3. 1 月 4 日故障再次发生时更换室外调谐匹配单元，并测试现场所有补偿电容，期间红光带自动恢复，但轨出 1 电压 330 mV，未恢复至故障前 440 mV，此后过车再次闪现红光带，再更换支线电缆芯线后故障恢复，电压曲线趋于平稳，轨出 1 电压值仍为 330 mV，如图 2－177 所示。

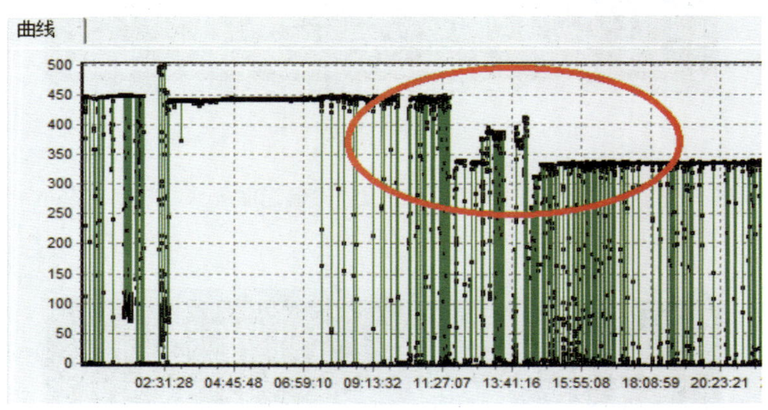

图 2－177　更换分支电缆后的电缆曲线

4. 1月4日晚上天窗再次更换室内模拟网络盒后轨出1电压恢复正常值，如图2—178所示。

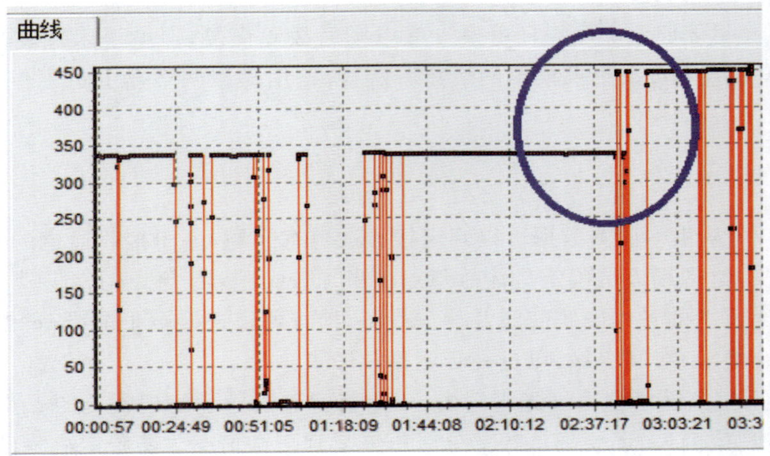

图2—178 再次更换室内模拟网络盒后的曲线

经测试，日间处理故障时甩开的支线电缆内部短路，线间电阻为3 Ω(现场图片如图2—179所示)。“天窗”内在接收端电缆不同位置进行模拟测试，电缆与轨旁设备连接处E1、E2短路时的数据与故障时更为接近(表2—5)。

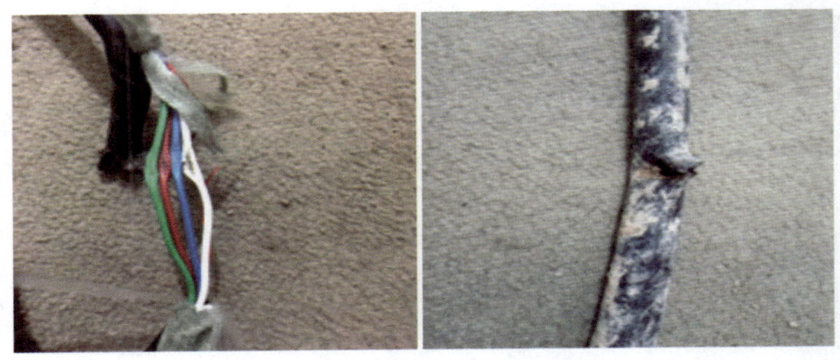

图2—179 现场电缆受伤图片

5. 1月4日晚，通过室内测试发现，模拟网络盒B电缆侧和设备侧电压恢复时与正常时的比例有异(表2—6)

表2—6 正常工作与更换支线电缆后临时恢复时的电压对比

测试位置	正常数据	恢复后数据	下降比例
受端电缆侧电压	7.75 V	7.5 V	3.2%
受端设备侧电压	2.2 V	1.67V	24%
受端轨出电压	440 mV	330 mV	25%

6. 14078BG红光带故障存在两处故障点：

(1)接收端支线电缆不良。该电缆内部混线，导致轨道电路间断性闪红光带，此为主要原因。测试电缆对地绝缘情况：红线 4.2 MΩ、白线 0.08 MΩ、蓝线 4.2 MΩ、绿线 0.5 MΩ；测试电缆线间绝缘情况：红白间 1.7 MΩ、红蓝间 0 MΩ、红绿间 2.4 MΩ、白蓝间 1.7 MΩ、白绿间 0.3 MΩ、蓝绿间 2.2 MΩ。

(2)模拟网络盒不良。1 月 4 日更换支线电缆后故障恢复，但电压未恢复故障前数据(较之前低 100 mV)，直至再次更换模拟网络盒后恢复，备用模拟网络盒上道工作 38 h 后性能下降所致。

（四）总结

1. 本案例中，从集中监测数据可以判定接收通道有问题，由于接收通道的范围较长，加上红光带频繁消失，给现场人员确定具体故障点带来了较大困难。现场在处理类似问题时，可以逐步更换接收通道上的备用电缆芯线及相关设备，检查通道连接端子配线，对被更换的电缆芯线测试对地综合绝缘、线间绝缘，以进一步明确故障点。

2. 换上备用模拟网络盒后红光带消失，一定程度上误导了处理人员的思路。在实际处理中，不仅要确认现象消失，还要确认各部分电压恢复到正常情况才能确定故障已经处理完毕。

3. 通过发送电流与本区段轨出 2 电压变化，综合判断故障点距发送端的远近至关重要，短路点在轨面时，发送电流会稍有上升，但本区段轨出 2 变化不至于降低到 0。

第三章 信号机监测曲线典型案例分析

集中监测系统实时监测、记录信号机点灯电路灯丝继电器(DJ、2DJ)工作交流电流,并设定上、下限数值,以判断信号机是否正常工作,对异常情况进行预警,为信号维护人员处理信息机隐患提供参考数据,以实现对信号机设备的状态修。

第一节 区间通过信号机典型案例分析

区间通过信号机由本区段轨道继电器(GJ)、二灯丝继电器(2DJ)及列车运行前方第一、第二区段轨道继电器(1GJ、2GJ)控制点灯电路,灯丝继电器(DJ)前接点与轨道继电器(GJ)前接点并联后控制列车运行后方区段发码通道,以实现红灯转移功能。集中监测系统对区间通过信号机灯丝继电器(DJ、2DJ)、轨道继电器(GJ)工作状态监测,主要采集灯丝继电器(DJ、2DJ)交流电流值及开关量,轨道继电器(GJ)开关量等信息。

通过对区间通过信号机灯丝继电器(DJ)交流电流异常升高故障案例的分析,研判混线问题的处所。将灯丝继电器(DJ)交流电流曲线、DJF开关量状态及TDCS信号机显示三点结合,分析集中监测通过信号机绿灯不点亮案例,以缩小信号机故障范围。

一、区间信号机集中监测采样原理

集中监测设备对区间信号机的采样主要由灯丝继电器(DJ、2DJ)电流采样和继电器开关量采样组成。

1. DJ、2DJ 电流采样

DJ、2DJ 电流的采样原理如图 3-1 所示,使用电流采集模块,安装在对应的灯丝继电器底座后面,模块的 A 孔所穿过的电流采集线对应模块输出的 a 端子,模块的 B 孔所穿过的电流采集线对应模块输出的 b 端子。

2. 继电器开关量采样

对继电器开关量的采样原理如图 3-2 所示,主要采集 GJF、1GJF、2GJ、QGJF、QZJF、QFJF、DJF、2DJ、FBJ 继电器的接点。通过采集继电器的接点使集中监测通过信号机显示相应灯光,区间轨道区段显示相应的红光带。

二、通过信号机点红灯时 DJ 电流异常升高

(一)案例概况

某年 3 月 2 日 13:37,某站的 13645 通过信号机灯丝继电器(DJ)电流一级预警"13645-DJ 红灯 DJ 点灯电流 550.1 mA 超报警上限 180 mA"。

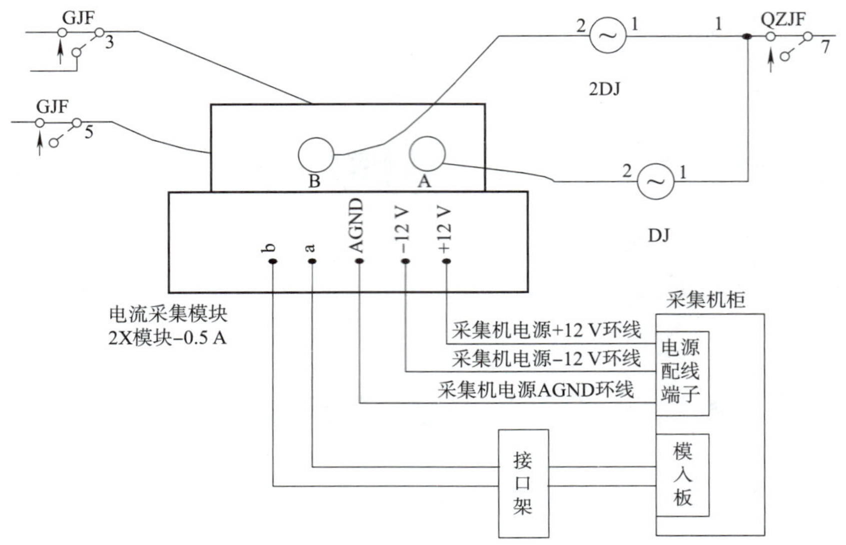

图 3－1　区间信号机 DJ 电流采样原理

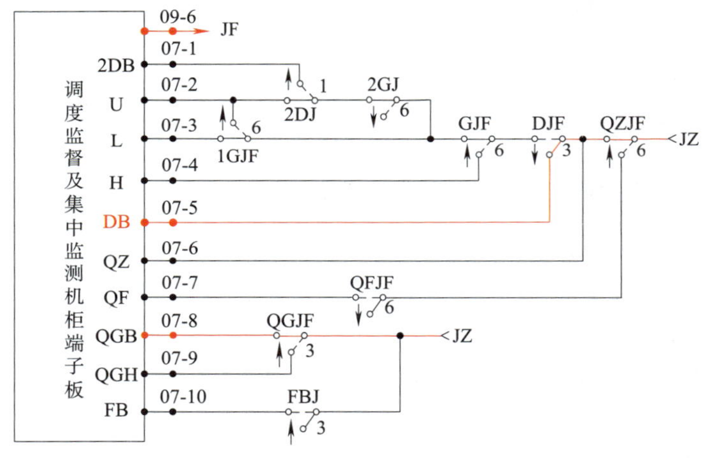

图 3－2　继电器开关量采样原理

(二)监测数据分析

1. 集中监测图形分析

(1)13:37:33,13645 信号机点绿灯时,灯丝继电器点灯电流正常(158.6 mA),13:37:34,13645 信号机点红灯,灯丝继电器点灯电流升高到 310 mA,13:37:36 灯丝继电器点灯电流直线升高到 550.1 mA,在 13645 信号机点红灯期间灯丝继电器点灯电流一直大于 300 mA,如图 3—3 所示。

(2)13:38:30—13:47:30,13645 信号机依次点亮黄灯、绿黄灯、绿灯时,灯丝继电器点灯电流均在标准范围内,电流曲线正常。13:47:31—13:48:30,13645 信号机点红灯时,灯丝继电器点灯电流再次直线升高到 550.1 mA,如图 3—4 所示。

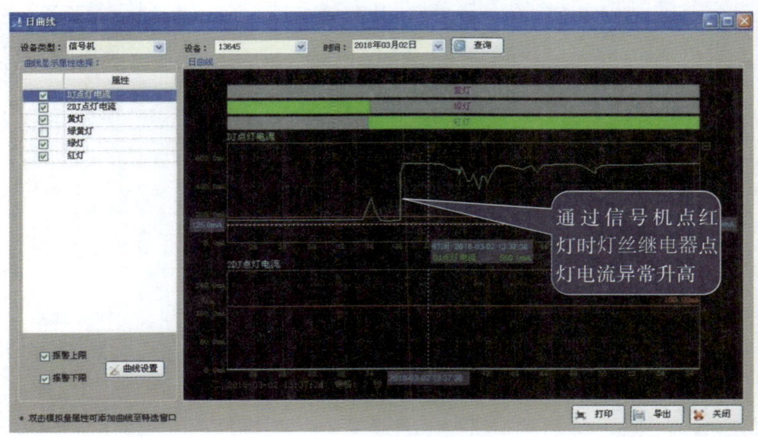

图 3—3　13645 信号机灯丝继电器点灯电流异常升高

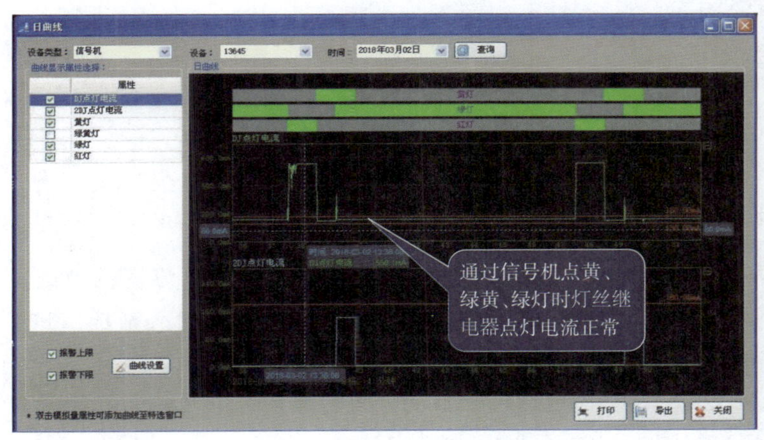

图 3—4　13645 信号机灯丝继电器点灯电流正常

(3)综上初步分析为，13645 信号机点黄灯、绿黄灯、绿灯时灯丝继电器点灯电流正常，说明室内点灯电源和灯丝继电器正常。13645 信号机点红灯后灯丝继电器点灯电流直线升高到 550.1 mA，说明红灯点灯电路存在混线故障，初步判断为电缆芯线混线、智能点灯单元混线、信号机机构配线存在混线问题。

2. 电路分析

根据通过信号机点灯电路图分析，13645 信号机点黄灯、绿灯时 QJZ220、QJF220 电源经过灯丝继电器线圈、GJF 励磁第 3 组、第 4 组前接点接通信号电缆芯线，连通室外智能点灯单元及黄灯、绿灯灯泡。13645 信号机点红灯时 QJZ220、QJF220 电源经过灯丝继电器线圈、GJF 落下第 3 组、第 4 组后接点接通信号电缆芯线，连通室外智能点灯单元及红灯灯泡，如图 3—5 所示。

根据集中监测灯丝继电器点灯电流采集电路图分析，通过信号机在点亮红灯、黄灯、绿灯时，点灯电流的采集是同一通道(图 3—1)。

综上，点黄灯、绿灯时灯丝继电器点灯电流正常，点红灯时灯丝继电器点灯电流异常升高，说明点灯电路室内公共部分正常，问题出在 GJF 落下第 3 组、第 4 组后接点连接的室外设备部分。

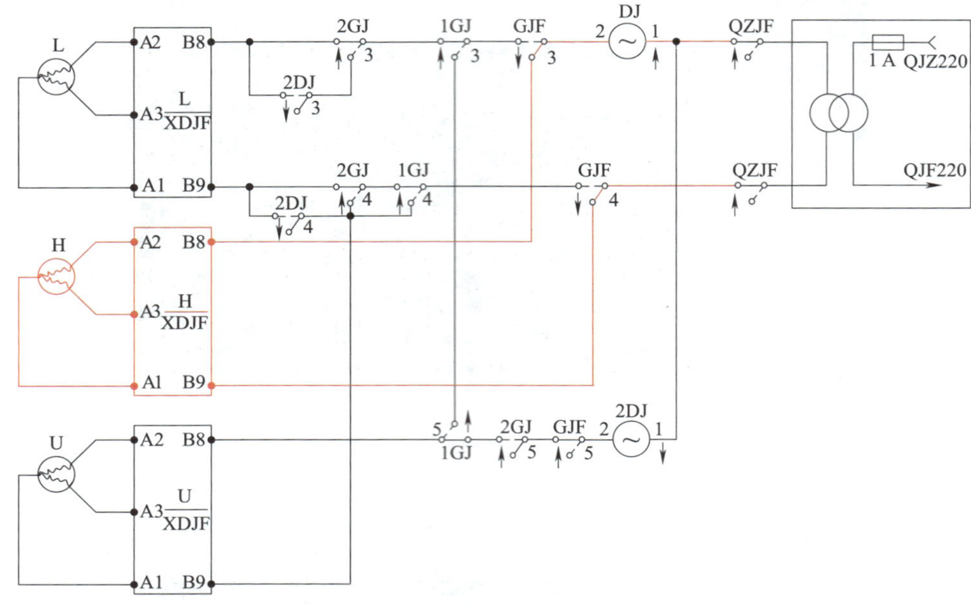

图 3－5　通过信号机点灯电路

（三）检查处理

13645 信号机点红灯时，用钳形电流表对灯丝继电器点灯电流进行测试，点灯电流为 600 mA，灯丝继电器处于励磁状态，且发出嗡嗡颤抖音（由于电流过大造成），进一步确定为红灯室外点灯电路存在混线问题。

室外检查 13645 信号机红灯灭灯，测试信号机智能点灯单元插座一次侧为 0.8 V，拆除智能点灯单元后，测试智能点灯单元插座一次侧配线电压为 185 V，排除信号电缆芯线间混线问题。更换红灯点灯单元后，灯丝继电器点灯电流恢复正常，电流值 153.2 mA，如图 3－6 所示，确定为红灯点灯单元内部一次侧短路。

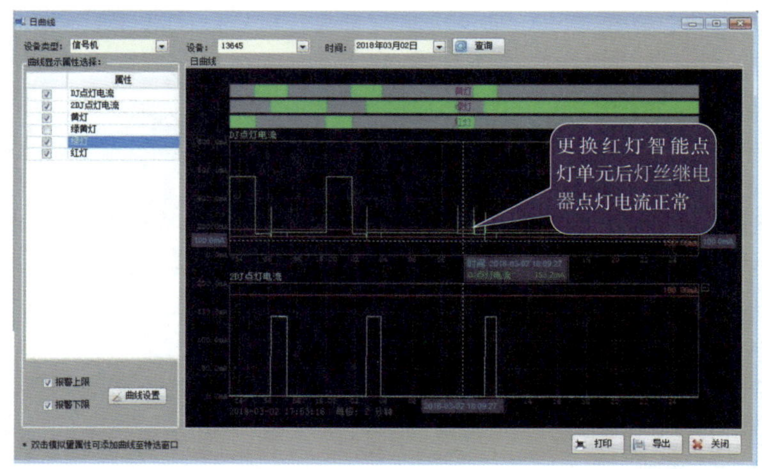

图 3－6　13645 信号机 DJ 灯丝继电器点灯电流曲线

(四)总结

1. 本案例具有一定的隐蔽性。红灯点灯单元内部一次侧短路时,DJ 灯丝继电器点灯电流直线升高到 550.1 mA 使 DJ 灯丝继电器处于励磁状态,一方面集中监测采集的是 DJF 灯丝继电器复式的接点状态,如图 3-7 所示,使集中监测站场显示 13645G 有车占用时 13645 信号机红灯亮灯;另一方面 TDCS 采集的是点灯电路的电流,虽然点灯单元短路使点灯电流达到 550.1 mA,但是 TDCS 采集到 13645 信号机红灯有点灯电流后仍然显示红灯。实际室外 13645G 有车占用时 13645 信号机红灯处于灭灯状态。

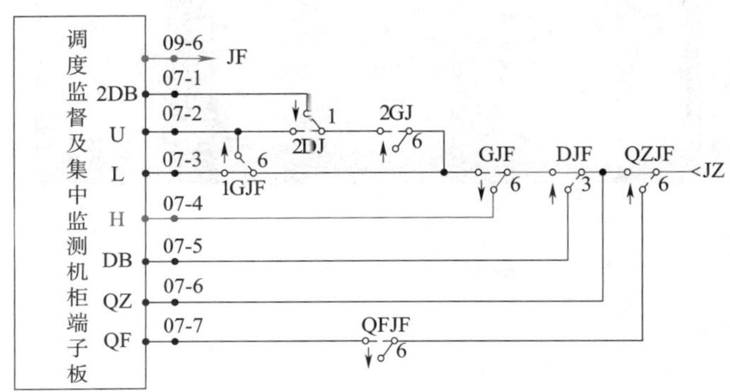

图 3-7　集中监测采集区间设备信息电路

2. DJ、2DJ 灯丝继电器属于电流型继电器,为确保灯丝继电器工作可靠,将点灯电流一般调整在 140～150 mA,如果点灯电流低于 110 mA 可能会造成通过信号机运用异常。

(1)DJ 灯丝继电器在通过信号机点亮黄灯、绿黄灯、绿灯情况下,发生点灯电流不达标而落下时,不影响地面发码信息和通过信号机显示,集中监测区间站场防护相应闭塞分区的通过信号机无显示。

(2)DJ 灯丝继电器在通过信号机点亮红灯情况下,发生点灯电流不达标而落下时,将切断列车运行方向后一闭塞分区的地面发码通道使防护后一闭塞分区的通过信号机显示红灯(即红灯转移),集中监测区间站场显示防护列车占用闭塞分区的通过信号机无显示,防护后一闭塞分区的通过信号机显示红灯。

(3)2DJ 灯丝继电器在通过信号机点亮绿黄灯情况下,发生点灯电流不达标而落下时,不影响地面发码信息,但地面通过信号机显示黄灯(机车信号为半绿半黄灯,如图 3-8 所示),集中监测区间站场防护相应闭塞分区的通过信号机无显示(2DJ↓→DJ↓→DJF↓),此时集中监测区间站场出现防护列车占用闭塞分区的通过信号机显示红灯,列车运行后方第一闭塞分区通过信号机显示黄灯,列车运行后方第二闭塞分区通过信号机无显示。

三、某通过信号机绿灯不点亮

(一)案例概况

2018 年 3 月 20 日 03:58—06:29,某站的 8057 通过信号机点绿灯时室内外均显示灭灯,点绿黄灯时,室外亮黄灯,室内 TDCS 亮黄灯,集中监测灭灯。

图 3—8　机车信号与地面通过信号机显示

（二）监测数据分析

1. 集中监测图形分析

（1）集中监测显示，8057 通过信号机灭灯（正常时应亮绿黄灯），且 8057-DB 开关量显示采集到电压，并有“区间移频设备报警”信息输出，如图 3—9 所示。控制台无区间信号机断丝报警信息。

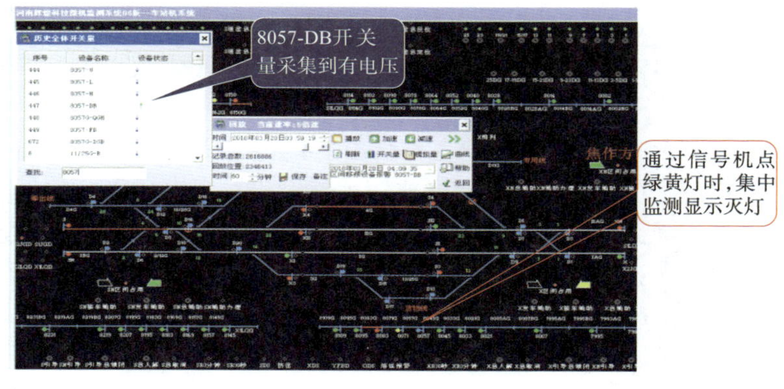

图 3—9　8057 通过信号机点绿黄灯时集中监测显示灭灯

（2）03:58:19—04:09:24 集中监测显示，8057 通过信号机从点黄灯到点绿黄灯、绿灯时，DJ 灯丝继电器点灯电流由 129 mA 直线下降到 0 A，如图 3—10 所示。

2. 电路分析

（1）根据通过信号机点灯电路图分析：

8057 通过信号机点单黄灯时，黄灯点灯电路为：QJZ220—QZJF 前接点—DJ 灯丝继电器线圈—$GJF_{31\text{-}32}$—$1GJ_{31\text{-}33}$—$1GJ_{53\text{-}51}$—信号电缆芯线—黄灯智能点灯单元 XDJF-B8—黄灯智能点灯单元 XDJF-B9—信号电缆芯线—$1GJ_{43\text{-}41}$—$GJF_{42\text{-}41}$—QZJF 前接点—QJF220。此时 DJ 灯

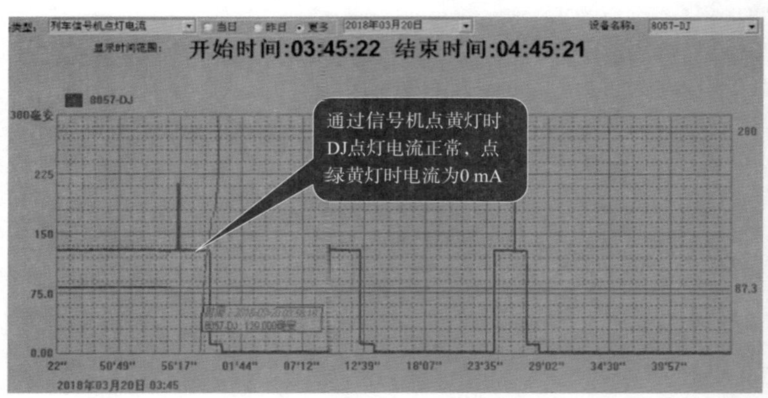

图 3－10　8057 通过信号机 DJ 灯丝继电器点灯电流曲线

丝继电器电流 129 mA，工作正常，说明 DJ、GJF 和 1GJ 正常工作。

8057 通过信号机点绿黄灯（图 3－11）时，绿灯点灯电路为：QJZ220—QZJF 前接点—DJ 灯丝继电器线圈—GJF_{31-32}—$1GJ_{31-32}$—$2GJ_{31-33}$—$2DJ_{31-32}$—信号电缆芯线—绿灯智能点灯单元 XDJF-B8—绿灯智能点灯单元 XDJF-B9—信号电缆芯线—$2DJ_{42-41}$—$2GJ_{43-41}$—$1GJ_{42-41}$—GJF_{42-41}—QZJF 前接点—QJF220；黄灯点灯电路为：QJZ220—QZJF 前接点—2DJ 灯丝继电器线圈—GJF_{51-52}—$2GJ_{51-53}$—$1GJ_{51-52}$—信号电缆芯线—黄灯智能点灯单元 XDJF-B8—黄灯智能点灯单元 XDJF-B9—信号电缆芯线—$2GJ_{43-41}$—$1GJ_{42-41}$—GJF_{42-41}—QZJF 前接点—QJF220。说明通过信号机点绿黄灯时，绿灯点灯电路实时检查 2DJ 灯丝继电器在励磁状态，即实时检查黄灯正常工作。此时绿灯处于灭灯状态，DJ 灯丝继电器电流 0 mA，说明 2DJ、绿灯电缆配线、绿灯室外智能点灯单元、绿灯信号灯泡存在问题。

8057 通过信号机点单绿灯时，绿灯点灯电路为 QJZ220—QZJF 前接点—DJ 灯丝继电器线圈—GJF_{31-32}—$1GJ_{31-32}$—$2GJ_{31-32}$—信号电缆芯线—绿灯智能点灯单元 XDJF-B8—绿灯智能点灯单元 XDJF-B9—信号电缆芯线—$2GJ_{42-41}$—$1GJ_{42-41}$—GJF_{42-41}—QZJF 前接点—QJF220。此时绿灯仍处于灭灯状态，DJ 灯丝继电器电流仍为 0 mA，绿灯灭灯与 2DJ、2GJ 无关，问题公共部分在绿灯电缆配线、绿灯室外智能点灯单元、绿灯信号灯泡。

（2）根据集中监测对通过信号机点灯采集电路图分析，采集通过信号机的红灯、黄灯、绿灯电路串联了 DJF 第 3 组前接点。当 DJ 落下时，DJF 随之落下接通 DB 灯丝报警，使集中监测显示“区间移频设备报警”，同时切断集中监测区间通过信号机点灯显示，使集中监测区间通过信号机灭灯（图 3－12）。

（3）TDCS 对区间通过信号机绿灯、黄灯、红灯的点灯电路电流分别感应采集，当绿灯、黄灯、红灯单灯位工作正常，TDCS 感应采集相应电流后显示对应灯光，如不正常则不显示对应灯光。当通过信号机点亮绿黄灯时，TDCS 仍感应采集相应电流后显示对应灯光，如感应绿黄灯电流正常，则显示绿黄灯；如感应绿灯电流正常，黄灯电流不正常，则显示绿灯；如感应黄灯电流正常，绿灯电流不正常，则显示黄灯；如感应绿黄灯电流均正常，则无显示。

（4）造成控制台无区间信号机断丝报警信息的原因有智能点灯单元不良、智能点灯单元未接通信号点灯电源。

（5）综合 8057 通过信号机点绿灯时室内外均显示灭灯。点绿黄灯时，室外亮黄灯，室内

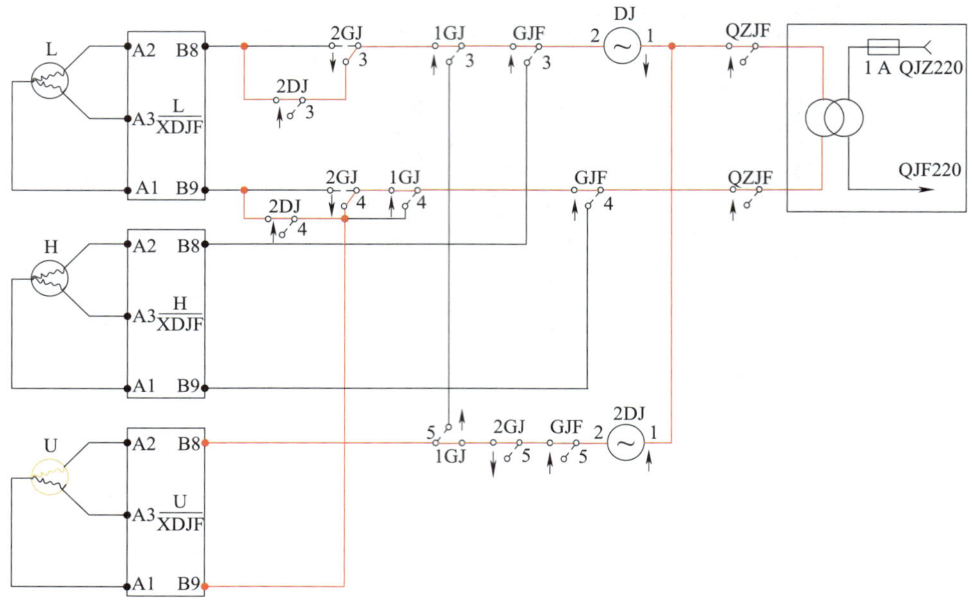

图 3—11　通过信号机点绿黄灯时电路

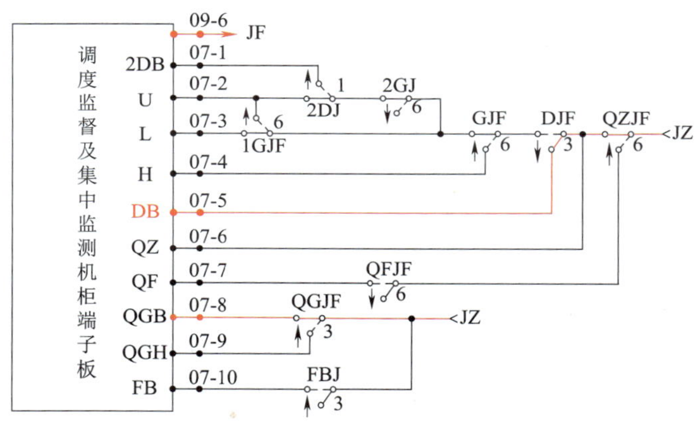

图 3—12　集中监测采集区间设备信息电路

TDCS 亮黄灯，集中监测灭灯的现象。可以判断为绿灯点灯电路问题，且问题点可能在绿灯电缆配线、绿灯室外智能点灯单元、绿灯信号灯泡。

（三）检查处理

在 8057 通过信号机应点亮绿灯或绿黄灯时，测试分线盘绿灯电压值，发现无电压输出，说明绿灯点灯电路开路点在室内。再测试区间组合侧面绿灯点灯端子有电压，开路点在分线盘至组合侧面配线，临时拉通配线后 8057 通过信号机绿灯点亮，如图 3—13 所示。

（四）总结

1. 通过信号机在出现 DJ 点灯电流为 0 问题时，需观察信号机点红灯、黄灯、绿黄灯、绿灯

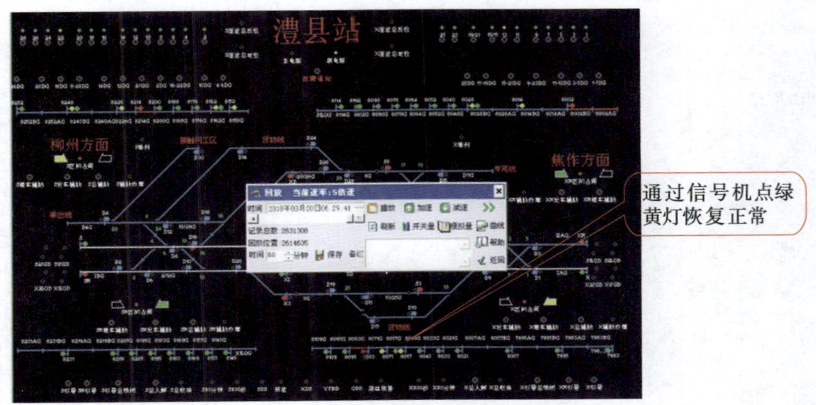

图 3－13　8057 通过信号机点灯电路恢复正常

时是否存在共性。如四种显示 DJ 点灯电流均为 0 mA，说明室内未送电，若某一个灯位出现 DJ 点灯电流为 0，则重点查此灯位点灯电路，若仅点绿黄灯时出现 DJ 点灯电流为 0，则重点检查 2DJ 点灯电流。

2. 智能点灯单元在接通点灯电源时才检查信号灯泡主丝的完整性。

3. 集中监测对通过信号机点灯情况的监测，采用的是采集是各继电器的接点状态，在 DJ 点灯电流为 0 而落下时，在集中监测桌面将显示此架通过信号机灭灯。

4. 结合 TDCS 站场显示，判断点灯电路是否有电流输出。

5. 通过信号机随其防护的闭塞分区及列车运行前方闭塞分区的占用情况而点亮相应的信号灯，在确认点灯电路无点灯电流的情况下，可采用电压测试法进行查找（注意闭塞分区的占用情况）。

第二节　站内信号机典型案例分析

集中监测系统对站内信号机灯丝继电器（DJ、2DJ）工作状态监测，主要采集灯丝继电器（DJ、2DJ）交流电流值、列车信号机主灯丝断丝状态等信息。

通过分析调车信号机室内外显示不一致问题，研判配线错误处所。对比分析出站信号机点黄灯和点绿黄灯时灯丝继电器（DJ、2DJ）交流电流曲线的变化，判断点灯电路开路点大概范围，以缩小信号机故障查找范围。

一、站内信号机集中监测采样原理

集中监测设备对站内信号机的采样主要是灯丝继电器（DJ、2DJ）电流采样。

对灯丝继电器（DJ、2DJ）电流的采样（图 3－14），使用电流采集模块，安装时对应的灯丝继电器底座后面，模块的 A 孔所穿过的电流采集线对应模块输出的 a 端子，模块的 B 孔所穿过的电流采集线对应模块输出的 b 端子。

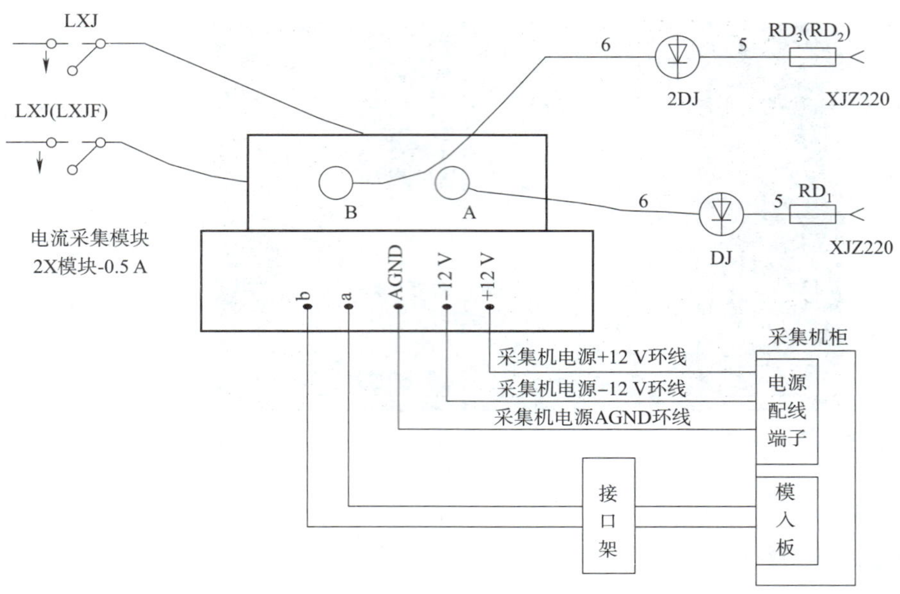

图 3－14　站内信号机 DJ 电流采样原理

二、某调车信号机乱显示

（一）案例概况

某年某站大修后排列调车进路，控制台、集中监测均显示防护该进路的调车信号机显示白灯，但司机反映室外点亮蓝白灯。

（二）监测数据分析

1. 集中监测图形分析

集中监测的站内显示信息由计算机联锁工控机提供，计算机联锁通过采集 DXJ、DJ 状态来判断并显示调车信号机的灯光。因计算机联锁在排列、锁闭进路后，防护该进路的调车信号机显示白灯，集中监测也同样显示白灯。

2. 电路分析

（1）根据调车信号机点灯电路图分析，调车信号机点蓝灯时 XJZ220 电源经过 DJ 灯丝继电器线圈—DXJ 落下第 3 组后接点—接通信号电缆芯线（A 线）—连通室外蓝灯智能点灯单元—接通信号电缆芯线（BAH 线）—XJF220（图 3－15），信号灯泡正常时显示蓝色灯光。

（2）当点灯电路 A 线与 BAH 线交叉配置后，调车信号机点蓝灯时 XZ220 电源经过 DJ 灯丝继电器线圈—DXJ 落下第 3 组后接点→接通信号电缆芯线（BAH 线）—连通室外蓝灯智能点灯单元—接通信号电缆芯线（A 线）—XJF220（图 3－16），信号灯泡正常时仍然显示蓝色灯光。不能检测出配线错误。

（3）在点灯电路 A 线与 BAH 线交叉配置的情况下，排列进路并开放调车信号时，调车信号机点灯电源 XZ220 经过 DJ 灯丝继电器线圈—DXJ 励磁第 3 组前接点—接通信号电缆芯线

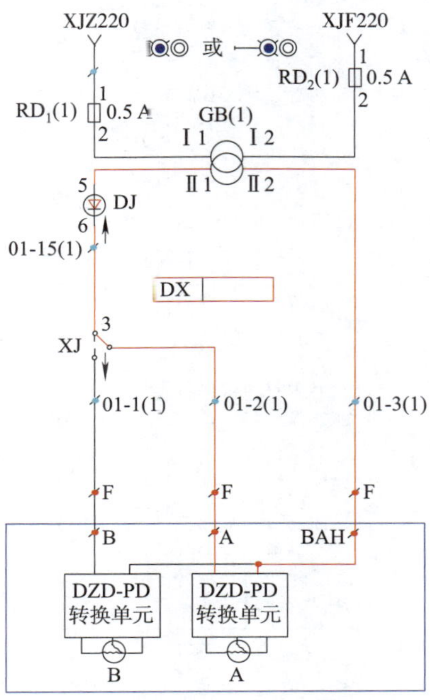

图 3－15　调车信号机点蓝灯电路

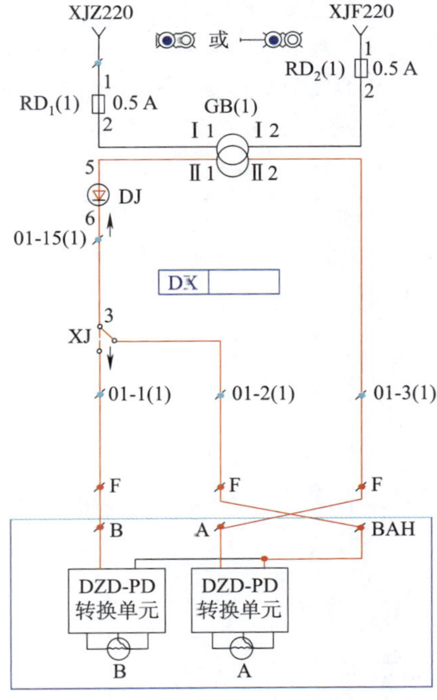

图 3－16　调车信号机点蓝灯电路(配线交叉)

(B 线)—连通室外白灯智能点灯单元—连通室外蓝灯智能点灯单元—接通信号电缆芯线(A 线)—XJF220(图 3－17)，信号灯泡正常时室外显示蓝白色灯光，出现乱显示问题。

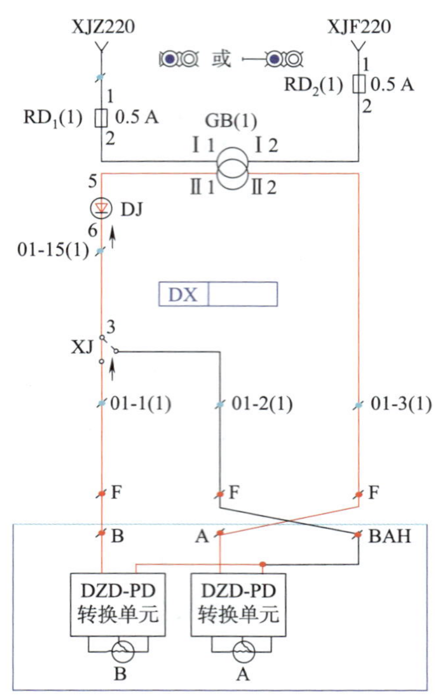

图 3—17　调车信号机点蓝白灯电路(配线交叉)

(三)检查处理

调车信号机出现蓝白灯同时点亮的情况,主要原因有分线盘到组合侧面的 A 与 BAH 多股铜线配线交叉、电缆终端盒内点灯配线 A 与 BAH 多股铜线错误交叉。最简单处理办法在电缆终端盒内倒换 A 与 BAH 多股铜线,并对配线套管进行标示。

(四)总结

设备大修或新开线路,对每一架调车信号机均要开放信号,室内外同时核对显示是否正确,以防止配线错误造成乱显示问题。

三、某出站信号机信号不能开放

(一)案例概况

某年 10 月 29 日,某站的 S4 出站信号机黄灯、绿黄灯信号均不能正常开放。

(二)监测数据分析

1. 集中监测图形分析

(1)调阅集中监测 S4 信号机故障时 DJ、2DJ(灯丝继电器)点灯电流曲线,在出站信号机点亮黄灯时 DJ 电流为 5.3 mA,点绿黄灯时 DJ 电流为 0、2DJ 电流为 3.9 mA,如图 3—18 所示。

(2)调阅 S4 信号机故障前一天的集中监测 DJ、2DJ(灯丝继电器)点灯电流曲线,在出站信号机点亮黄灯时 DJ 电流为 122 mA,点绿黄灯时 DJ 电流为 129 mA、2DJ 电流为 102 mA(图 3—19),黄灯点灯电流波动明显,且比绿灯点灯电流低。

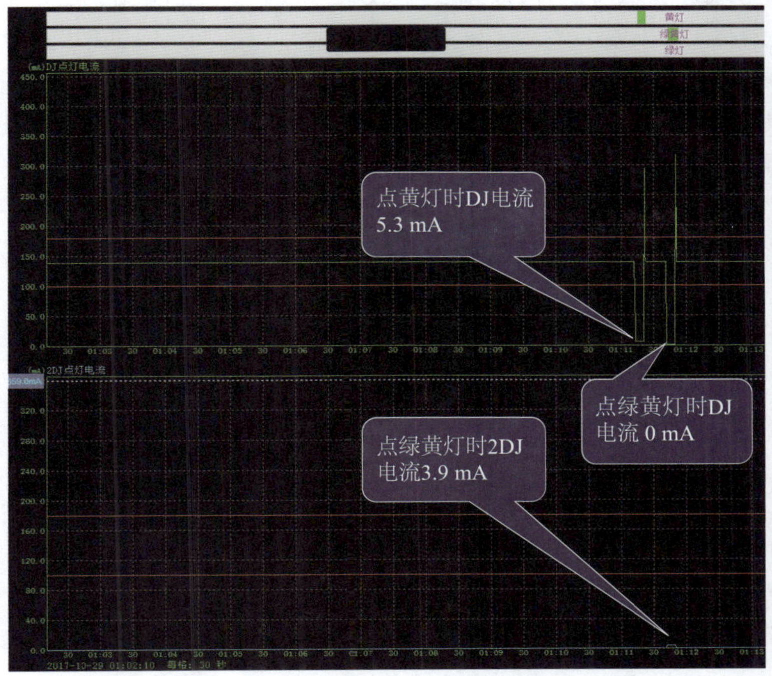

图 3－18　S4 出站信号机灯丝继电器电流曲线

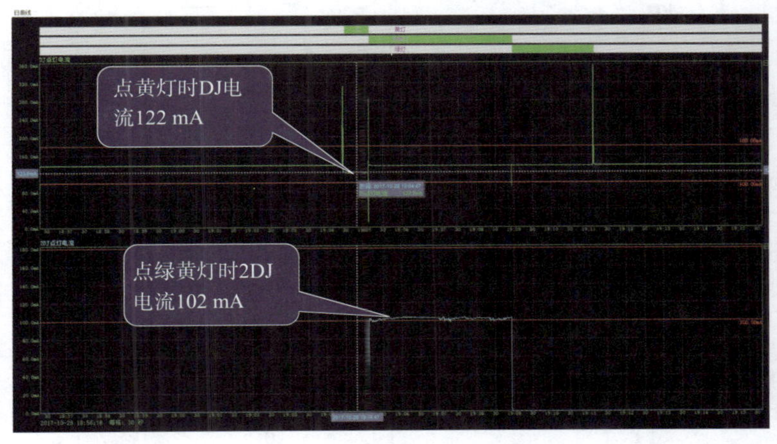

图 3－19　S4 出站信号机灯丝继电器电流曲线

2. 电路分析

(1)根据出站信号机点灯电路图分析，S4 出站信号机点黄灯时 XJZ220 电源经过 DJ 灯丝继电器线圈—LXJ 励磁第 1 组前接点—LJ 落下第 1 组后接点—LUJ 落下第 1 组后接点—LUJ 落下第 4 组后接点—接通信号电缆芯线—连通室外黄灯智能点灯单元—LXJ 励磁第 3 组前接点—XJF220 电源，因点灯电流只有 5.3 mA 不能使 DJ 励磁，计算机联锁采集不到 DJ 前接点停止驱动 LXJ 励磁，使 LXJ 落下接通红灯电路，而接通黄灯点灯支路时 DJ 灯电流 5.3 mA 说明黄灯室内至室外点灯变压器 I 次侧回路构通。

(2)S4 出站信号机点绿黄灯时，黄灯支路 XJZ220 电源经过 2DJ 灯丝继电器线圈—LXJ 励磁第 5 组前接点—LJ 落下第 3 组后接点—LUJ 励磁第 4 组前接点—接通信号电缆芯线—连通室外黄灯智能点灯单元—LXJ 励磁第 3 组前接点—XJF220 电源；绿灯支路 XJZ220 电源经过 DJ 灯丝继电器线圈—LXJ 励磁第 1 组前接点→LJ 落下第 1 组后接点—LUJ 励磁第 1 组前接点—2DJ 励磁第 3 组前接点—接通信号电缆芯线—连通室外绿灯智能点灯单元—LXJ 励磁第 3 组前接点—XJF220 电源(图 3—20)。

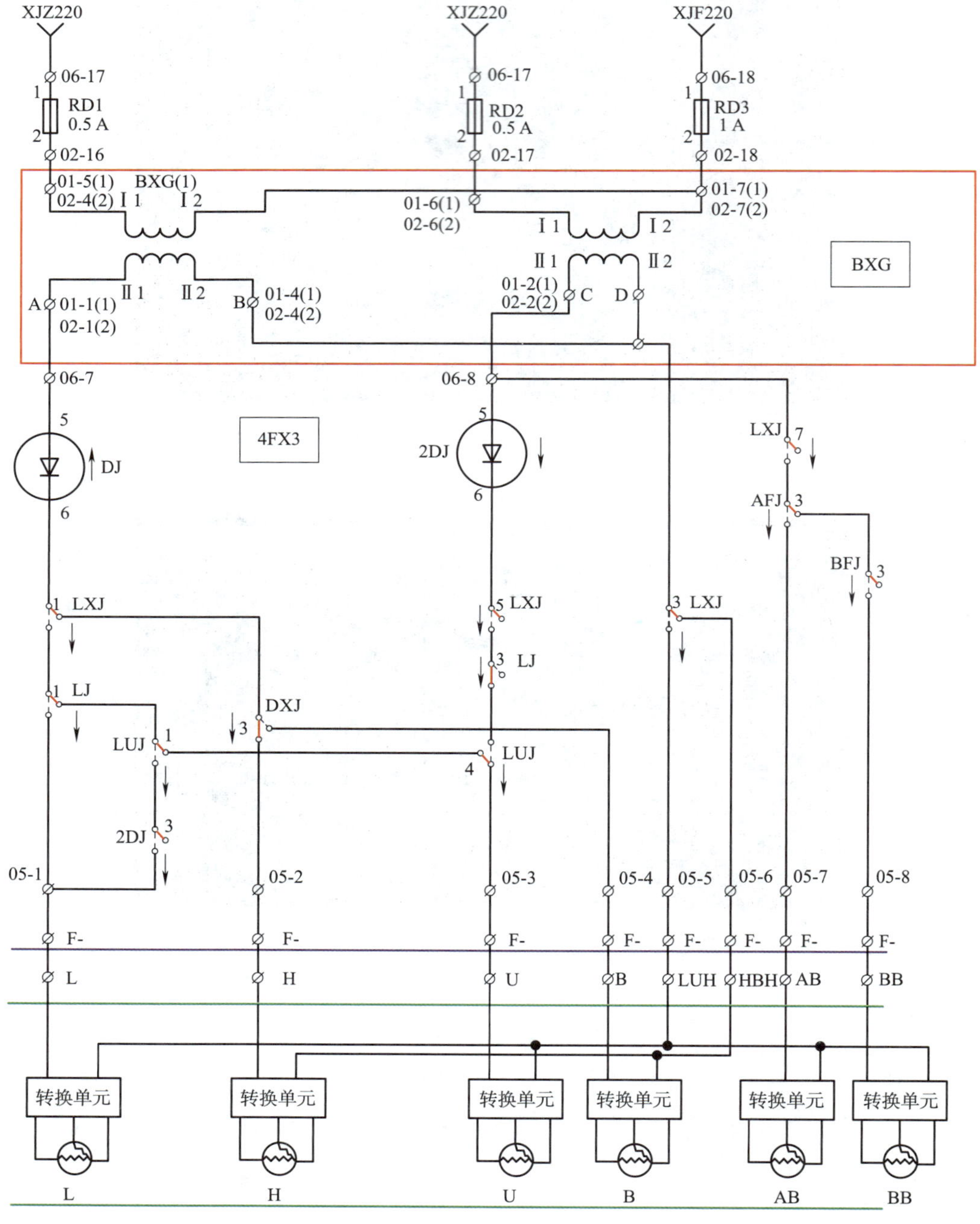

图 3—20　出站信号机电路

因黄灯点灯电流只有 3.9 mA 不能使 2DJ 励磁，2DJ 落下切断绿灯点灯支路，使 DJ 点灯电流 0，计算机联锁采集不到 DJ、2DJ 前接点停止驱动 LXJ 励磁，使 LXJ 落下接通红灯电路。

(3)综上分析，黄灯点灯支路存在开路点，造成点黄灯 DJ 电流 5.3 mA，点绿黄灯时 2DJ 电流 3.9 mA，而微弱的点灯电流说明点灯单元Ⅰ次侧接通，开路点在点灯单元Ⅱ次侧。

(三)检查处理

经现场检查测试黄灯智能点灯单元Ⅱ次侧电阻无穷大，更换点灯单元后能正常开放黄灯及绿黄灯信号。

(四)总结

当某一灯位 DJ 点灯电流下降且有明显波动时，应及时组织人员进行隐患排查，可以通过更换设备器材的方法逐一排除隐患。